粤港澳大湾区绿色发展丛书

A Study on Sustainable Development Model of Chinese City

Green and Low Carbon Practice in Shenzhen

中国城市可持续发展模式研究

深圳绿色低碳实践

唐杰 叶青 等 著

本书由低碳缘起、低碳之路、低碳未来三篇组成，详尽阐述了深圳市建设低碳城市的发展与创新、理论与实践，为相关研究人员提供了丰富的数据资源与典型事实案例，为政策制定者提供了城市低碳发展的理论依据与实施操作指南。

东北财经大学出版社
Dongbei University of Finance & Economics Press

大连

图书在版编目（CIP）数据

中国城市可持续发展模式研究：深圳绿色低碳实践 / 唐杰，叶青等著.—大连：东北财经大学
出版社，2019.8（2022.8重印）
（粤港澳大湾区绿色发展丛书）
ISBN 978-7-5654-3516-4

Ⅰ．中… Ⅱ．①唐… ②叶… Ⅲ．城市经济-绿色经济-研究-深圳 Ⅳ．F299.276.53

中国版本图书馆CIP数据核字（2019）第086051号

东北财经大学出版社出版发行
　　大连市黑石礁尖山街217号　邮政编码　116025
　　网　　　址：http://www.dufep.cn
　　读者信箱：dufep @ dufe.edu.cn
大连图腾彩色印刷有限公司印刷

幅面尺寸：170mm×240mm　字数：264千字　印张：19.75
2019年8月第1版　　　　2022年8月第2次印刷
责任编辑：李　季　刘　佳　　责任校对：王　娟　石建华
封面设计：冀贵收　　　　　　　版式设计：钟福建
定价：66.00元

编委会

统稿人

唐　杰　叶　青

各章负责人
（按音序排列）

李安刚　李梦楠　高　红　葛兴安　刘俊跃

马晓明　王　东　余　璟　邹　杨

各章撰稿人

郑剑娇　李　芬　计军平　廖世明　赖玉珮　辛志宇

王　静　叶　微　梁植军　段　滢　胡广晓　李　珏

刘馥尔　张曦文　林丹妮　吴家杰　关玉儒　夏昕鸣

邹姝鉴　张兢兢　蒋晶晶　张致鹏　李　宁

气候变化已成为全球化的现象和国际社会面临的共同挑战。2015年12月，第21届全球气候变化大会在巴黎成功召开，达成了人类历史上应对气候变化的第三个里程碑式的国际法律协定——《巴黎协定》。《巴黎协定》确定了将全球温升控制在工业化前水平2℃以内并努力控制在1.5℃以内、温室气体排放尽早达峰、本世纪下半叶温室气体排放和吸收相平衡的全球长期目标，彰显了绿色低碳发展的国际趋势。全球应对气候变化进入了新的历史时期。

低碳发展是我国促进可持续发展的现实需要，与我国推动生态文明建设的战略选择相一致。目前，作为世界上最大的发展中国家、第二大经济体和主要碳排放国家，中国积极应对气候变化，明确提出到2020年单位GDP二氧化碳排放比2005年降低40%～45%的控制温室气体排放行动目标，同时落实"2030年左右二氧化碳排放达到峰值且将努力早日达峰"的目标。当前我国正处在全面建成小康社会的决胜阶段，处于工业化、城镇化快速发展的重要阶段，发展经济和改善民生的任务十分繁重。在能源资源短缺和全球排放空间有限的背景下，统筹经济发展、消除贫困，实现应对气候变化与发展经济共进双赢是我国今后一段时期重要任务之一。因此，形成以节约能源、提高能效、优化结构、低碳生产和消费方式为特征的低碳发展模式，既是我国转变经济发展方式、推进能源革命、实现可持续发展的内在需要，也是实现全球长期目标、维护全球生态安全、构建人类命运共同体的责任担当。

作为中国最年轻的特大城市，改革开放40多年来，深圳市运用极其有限的资源，以相对低的资源环境代价，在国内实现了多项领先的经济社会发展指标。尽管工业化、城市化程度高，经济增长速度快，但深圳市政府很早就意识到了自身发展存在的挑战（一是土地、空间的有限性；二是能源、水资源的高耗性；三是实现万亿元GDP需要更多劳动力投入，人力资源短缺；四是环境承载力容量瓶颈的忧虑），增长的可持续性正在减弱，发展的空间逐渐缩小。

因此，深圳市紧扣国家和时代脉搏，结合自身发展的需求，把握低碳发展方向，勇担重任。作为中国首批13个低碳试点省市和7个碳排放权交易试点地区之一，深圳率先提出了"深圳质量"的理念，将转型发展、创新发展、和谐发展、低碳发展作为可持续发展的重要路径，低碳发展的主要指标完成情况良好，走出了一条创新驱动、低碳引领的经济发展之路。在经济总量保持较高水平增长的情况下，深圳碳排放增幅呈现连续收窄趋势。"十二五"时期，深圳在保持经济中高速增长、经济总量突破1.75万亿元的基础上，万元GDP的能耗、水耗累计分别下降19.5%和44.7%，化学需氧量、氨氮、二氧化硫和氮氧化物的排放量累计分别下降45.8%、37%、43.5%和23.8%。2016年则实现万元GDP能耗、水耗分别再下降4.1%和8.9%，化学需氧量、氨氮、二氧化硫、氮氧化物排放量分别下降8.6%、5.2%、10.2%和3.4%，PM2.5的平均浓度为27微克/立方米，下降10%，继续处于国内城市领先水平，实现了经济质量和生态质量"双提升"。

2013年以来，以入选国家首批碳交易试点省市为契机，深圳市碳排放交易所率先启动碳交易，"碳市"交投活跃，是全国首个总成交量达百万吨级、总成交额突破亿元大关的碳交易平台，市场流转率稳居全国第一。面对低碳发展的新形势和新要求，深圳市进一步改革创新、先行先试，大力推动深圳国际低碳城建设，选择在龙岗坪地这块规划面积为53平方公里的试验田，通过绿色基础设施，搭建一个自持续、自规避、自循环、自优化的生态安全格局，聚集国内外资源和各类高端要素，重点示范各种低碳技术和低碳发展理念，将低碳融入城市规划、能源、建筑、交通、产业和生活各个方面，致力于打造国家低碳发展试验区和国际低碳合作示范区，使绿色低碳发展成为提升深圳城市发展质量的显著标志和靓丽名片。

深圳市作为特大型城市，在社会经济快速发展过程中人均碳排放始终处于较低水平，这与欧美发达城市在经济发展过程中碳排放水平经历"低—高—低"过程的本质不同。由此，可为中国其他城市提供一条在经济快速发展过程中维持较低碳排放水平的路径。

生态文明作为一种相对工业文明的低碳转型新范式，贵在实践探索，也需要学术提炼。在此背景下，本书从制度先行、城市规划与土地利用、清洁能源、高效产业、低碳交通、绿色建筑、生态环境、低碳试点、碳交易和公众参与等诸多领域进行系统分析和解读，展现了近年来深圳市的低碳发展模式与路径。本书期望为政策制定者提供城市低碳发展的理论依据与路径指南，相信会对目前中国城镇化进程中低碳发展的策略和实践提供样本范例，并起到积极的推动作用。

编委会

2019年1月

　　本书从世界城市低碳发展与中国低碳发展出发，旨在通过对深圳市低碳基础、低碳模式与路径、低碳未来挑战等的系统梳理与时序分析，展现深圳市勇担历史使命、丰富全国乃至全球低碳试点城市的理论和实践的气魄与成效。本书为相关研究者或工程师提供了丰富的数据资源与大量的低碳资料，为政策制定者提供了深圳市低碳发展的理论依据与路径指南。

　　本书由城市低碳缘起、深圳低碳概览及情况分析、深圳绿色低碳实践、深圳绿色低碳未来共四篇组成，详尽阐述了深圳市建设低碳城市的沿革与创新、理论与实践。

　　在第一篇"城市低碳缘起"中，分为两章展开。第一，回顾全球城市低碳发展历史进程与主要研究成果。第二，介绍中国的低碳发展目标与要点、碳减排实践活动。

　　在第二篇"深圳低碳概览及情况分析"中，分为三章展开。第一，描述了深圳市土地空间、人口、资源禀赋、环境容量等客观约束条件，以及2005年的低碳工作基础。第二，紧扣国家低碳减排战略要求，提出深圳市低碳发展目标，并取得良好成效。第三，通过情景分析法对深圳未来碳排放进行情景分析，并提出电力领域、制造业领域、交通领域和建筑领域的低碳发展路径。

　　在"第三篇深圳绿色低碳实践"中，分为十一章展开。第一，回顾深圳市"十一五""十二五"期间的低碳工作重点，提出契合发展形势的低碳发展模式与路径；第二，总结与低碳发展相关的法规体系、综合规划体系、技术标准、经费保障等各项制度；第三，选取城市规划与土地利用中的低碳要素，对组团式城市规划、生态控制线和土地集约利用进行详述；第四，从能源基础设施供应能力、能源结构优化、单位GDP能耗等方面阐述清洁能源成效；第五，通过万元GDP能耗、产业结构、战略性新兴产业等的成果来阐述高效产业的发展状况；第六，从交通碳排放总体情况、公共交通、新能源汽车、绿色港口、绿道网以及其他低碳交通举措，对低碳交通进行详尽介绍；第七，展示涵盖绿色建筑规模化、节能的监管与节能改造、可再生能源建筑、住宅产业化、绿色施工与运营等环节和领域的绿色之路；第八，从生态文明建设、废弃物资源利用、水源管理、生态环境治理等方面展示深圳在生态环境方面所做的努力；第九，以深圳国际低碳城和光明新区"凤凰城"低碳生态城区为例，对低碳试点的成果进行详细的展示；第十，回顾深圳碳市场、碳金融的发展历程；第十一，总结国际合作、低碳组织、公众活动等在低碳发展方面的成果，体现公众参与的热情。

在第四篇"深圳绿色低碳未来"中，分为两章展开。第一，分析深圳市低碳发展面临的挑战，借鉴对比国际先进低碳城市经验。第二，从十大领域提出深圳市未来低碳发展的制度框架。

目　录

第一篇

城市低碳缘起

第一章

全球城市低碳发展

一、城市低碳发展的缘起

城市是人类文明的起源地和人口经济的聚集地，是建筑、工业、交通、物流的集中地，但也是现代文明与自然环境保护之间冲突最为激烈的领域。

城市是全球物质能源消费和温室气体排放的主体。科学研究表明，当前气候变暖是由人类活动造成的可能性从90%提高到了95%。[①]而城市作为人类活动的主要场所，尽管其面积仅占地球表面积的2%，但其运转和发展却导致巨大的化石能源消耗，排放了大量的温室气体，其比重约为全球排放总量的75%左右，产生的污染约为全球的80%。[②③]全球城市化过程持续推进，城市面积范围扩张迅速，然而在气候变化面前，城市显得越来越脆弱。近年来，诸如暴风雪、寒流、暴雨、热浪等极端天气事件在全球发生的频率增加，强度也加大，已经对城市经济发展和居民生活构成威

---

① 段居琦,徐新武,高清竹. IPCC第五次评估报告关于适应气候变化与可持续发展的新认知[J]. 气候变化研究进展,2014,10(3):197-202.

② Stern N. The economics of climate change: the Stern report[R]. Cambridge,UK, 2007.

③ 林姚宇,吴佳明. 低碳城市的国际实践解析[J]. 国际城市规划,2010,25(1):125-128.

胁，而中国城市也难以幸免。把研究重心放在城市，一方面它是许多重大环境问题的受害者，也是极端天气等气候变化影响频繁的重要区域；另一方面城市具有相对较多的经济资源可供使用，影响气候变化的能力较强。世界观察研究所出版的《地球白皮书2007—2008：城市的未来》中明确指出，只有城市才是解决气候变化的"钥匙"。①因此，城市是区域碳减排的重要单元和研究主体，是实现全球减碳和低碳城市化的关键所在。②

　　建设绿色低碳城市是碳减排、减缓气候变化的重要途径。据估计，到2050年将有70%的人口居住在城市，随着消费水平的提高与城市人口的增加，城市的碳减排潜力巨大。作为低碳经济发展之路上最重要的实施平台，城市是碳排放的复杂驱动器。一方面，作为社会经济活动的中心，城市通过化石能源消费影响碳循环和气候系统变化；另一方面，作为生产消费行为和技术发展变革的创新中心，城市通过生产消费模式转变、技术发展进步而削减碳排放。通过功能调整、职能转变、格局优化，温室气体减排与管理能有效整合城市发展战略，能源利用效率提高、使用气候友好型能源资源、改变生活方式等城市政策将在塑造和改变城市与区域及全球的联系中起重要作用。碳排放与城市化过程相互交织，低碳城市是遏制全球升温的首要选择。

　　因此，应对气候变化、保护环境、治理污染，实现全球可持续发展，城市的作用举足轻重。

二、全球城市低碳发展趋势、特点和关键节点

（一）全球城市低碳发展趋势

　　全球应对气候变化进程是在联合国的推动下、从国家间多边对话和谈

---

①　Worldwatch Institute. State of the world 2007：our urban future[M]. London：Routledge，2013.

②　孙存周，刘军芳，张国亮. 低碳城市发展模式与建设途径[J]. 创新科技，2010(12)：26-27.

判开启的。1992年签订的《联合国气候变化框架公约》成为应对气候变化国际合作与行动的主要平台。以国家为主的多边合作是应对气候变化的主旋律，国际机构、私营部门、研究机构、公众、社团等社会多方也始终积极参与这一进程，并且其作用越来越重要。随着2015年《巴黎协定》的签署与生效，应对气候变化行动进一步多元化、多面化、深入前行。与此同时，一些国家作为履约主体在相关行动上却停滞、摇摆甚至倒退，比如世界经济总量第一的美国以要振兴该国煤炭业等为由退出了《巴黎协定》，但中国、欧盟各国和其他绝大多数国家都坚定地走在低碳发展的道路上，而且城市和地方作为一级重要立法、行政和决策层，越来越显出其实践引领作用。

打造低碳城市，实现可持续发展目前已成为世界各地的共识和潮流，国际大都市以建设发展低碳可持续城市为荣。自从英国在2003年发表的蓝皮书中首先提出了"低碳经济"的概念后，又陆续衍生出了"低碳建筑""低碳城市"等新概念。低碳城市（low-carbon city），就是以低碳的理念重新塑造城市，城市经济、市民生活、政府管理都以低碳理念和行为为特征，用低碳的思维、低碳的技术来改造城市的生产和生活，推动绿色低碳交通、绿色低碳建筑和绿色低碳消费观念，加大低碳技术的创新力度，从而最大限度降低温室气体排放，实现城市的可持续发展和低碳排放，甚至是零碳排放，形成健康、简约、低碳的社会生活和消费潮流，最终实现城市可持续发展的目标。随后，丹麦、美国、日本等国家也纷纷提出建设"低碳城市"的口号。许多世界级城市，比如纽约、东京、伦敦等先后提出要建设低碳城市，同时也制订了相关规划或行动计划。

近年来，中美城市在应对气候变化和低碳发展方面的务实行动与积极互动尤其引人瞩目。国家统计局发布的《中华人民共和国2016年国民经济和社会发展统计公报》中显示，中国有57.4%的人口生活在城市地区，而根据世界银行发展数据库，美国城镇化率则超过80%，推动城市地区碳排放达峰并持续下降对中美两国有效应对气候变化都具有重要意义。2014年11月12日，中美两国首脑在北京共同发表了《中美气候变化联合声明》。在这一具有历史意义的声明中，双方领导人共同提议召开中美气候智慧型/低碳城市峰会。这是两国元首在低碳领域确定召开的唯一峰会，凸显了中美对城市在应对气候变化和低碳发展领域重要作用的认同。低碳与智慧的双重命名，深刻说明在这一共识当中，低碳成为推动向智慧高效经济转型和创新发展的抓手。2015 年 9 月，首届中美城市峰会在洛杉矶召开。北京、广州、深圳、贵阳、武汉、青岛、镇江、晋城、金昌、延安等低碳试点城市代表以及四川省、海南省代表参加了峰会。美方参会的有加利福尼亚、康涅狄格、波士顿、洛杉矶、旧金山、盐湖城、西雅图、凤凰城、亚特兰大、迈阿密等州市代表。中美省州和城市代表展开了热烈的交流和对话，就各自城市低碳减排的做法和经验进行了深入交流。2016 年 6 月，第二届中美气候智慧型/低碳城市峰会在北京成功举行，更多的中美城市派出代表团参会，讨论与合作更加深入。两次峰会圆满地落实了领导人共识，为推动中美两国可持续发展和全球应对气候变化作出了积极贡献。虽然 2017 年原定在波士顿召开的第三届中美气候智慧型/低碳城市峰会并未如期举行，但有理由相信中美地区层面的省州和城市之间的行动和交流不会停滞不前。这一方面是因为全球可持续、绿色、低碳发展的大趋势不会改变；另一方面也因为城市持续不断地在务实创新行动方面踏实前行。

　　非国家行为体成为低碳发展和全球气候治理的重要力量，低碳发展的潮流不可逆转。虽然全球气候治理的核心机制仍由主权国家来主导，但非国家行为体在历次气候变化重大会议和事件中扮演了重要的角色。特别是在由"自上而下"的京都模式向以"自下而上"为主的巴黎模式的转变中，除了公共部门外，私营部门和社会组织呈现出更为强劲的发展势头，并逐步形成一种包容性跨国伙伴关系网络形态。[①]在后巴黎时代，它们日益成为应对特朗普去气候化政策的中坚力量。各个城市逐步认识到自身环境的脆弱性，并期望构建一个合作平台分享各自的治理经验和教训，城市

---

① 李昕蕾. 非国家行为体参与全球气候治理的网络化发展：模式、动因及影响[J]. 国际论坛，2018(2)：17-26.

间进行低碳技术合作和创新，来达到应对全球气候变暖这一跨边界弥散性问题，并以此增强城市在全球气候治理中的话语权和影响力。城市间这种非国家层次的低碳合作趋势，催生了跨国城市气候网络的构建和项目的落地，形成了许多气候网络组织，比如气候领导城市团体（C40）、国际太阳能城市倡议（ISCI）、地方环境倡议国际委员会的城市气候保护项目（ICLEI's CCP）、气候变化中性网络（The Climate Neutral Network）等。这些气候组织和机构为全球多层次气候治理拓展了一个崭新的互动维度，进一步增强了全球城市之间的应对共同环境问题的行动能力，有力地促进了城市低碳可持续发展。[①]

中国发展低碳可持续的生态城市，是落实科学发展观、践行五大发展理念、建设节约型社会的综合实践与创新，完全符合"美丽中国""低碳发展、绿色发展、循环发展""人民对美好生活的向往"等的理念和思路，是实现中国经济可持续发展的必由之路，是划时代潮流，是一场全球性革命，涉及范围广泛，包括生产方式、生活方式和价值观念等方方面面。中国城市的可持续发展，需要建立在城市实际地理条件、资源条件、气候条件、经济结构等多方面的基础之上；同时，要结合全球国际先进城市经验，重点城市面临何种关键挑战、具体技术解决思路和创新方案等重要核心问题，进而为城市绿色低碳转型和可持续发展提供帮助和借鉴，因此意义重大。

（二）发达国家和主要城市低碳发展过程特点

根据2017年世界资源研究所官网发布的报告，目前全世界已经有49个国家的碳排放实现达峰，占全球碳排放总量的36%。其中，有19个国家早在1990年以前就实现了碳排放达峰：阿塞拜疆、白俄罗斯、保加利亚、克罗地亚、捷克、格鲁吉亚、德国、匈牙利、哈萨克斯坦、拉脱维亚、摩尔多瓦、挪威、俄罗斯、爱沙尼亚、塞尔维亚、斯洛伐克、塔吉克斯坦、罗马尼亚、乌克兰。除了挪威和德国之外，这些国家主要曾经是苏

---

① 李昕蕾,任向荣.全球气候治理中的跨国城市气候网络——以C40为例[J].社会科学,2011(6):37-46.

联的加盟共和国和东欧社会主义国家，1990年以后的经济衰退和转型导致了碳排放达到峰值。在1990—2000年间实现碳排放达峰的国家有14个：法国（1991）、立陶宛（1991）、卢森堡（1991）、黑山共和国（1991）、英国（1991）、波兰（1992）、瑞典（1993）、芬兰（1994）、比利时（1996）、丹麦（1996）、荷兰（1996）、哥斯达黎加（1999）、摩纳哥（2000）、瑞士（2000）。在2000—2010年间碳排放达峰的国家有16个：爱尔兰（2001）、密克罗尼西亚（2001）、奥地利（2003）、巴西（2004）、葡萄牙（2005）、澳大利亚（2006）、加拿大（2007）、希腊（2007）、意大利（2007）、西班牙（2007）、美国（2007）、圣马力诺（2007）、塞浦路斯（2008）、冰岛（2008）、列支敦士登（2008）、斯洛文尼亚（2008）。预计日本、马耳他、新西兰、韩国的碳排放在2020年以前达峰，而中国、马绍尔群岛、墨西哥、新加坡的碳排放预计在2030年以前达峰。届时全球将有57个国家实现碳排放达峰，占全球碳排放的60%。

美国是发达国家中为数不多的、近期实现峰值的国家。美国能源信息署2017年公布的数据显示，美国碳排放已于2007年左右达峰，其绝大部分州市也是这个时间段达峰，但大多不稳定。这可为中国城市达峰提供近期的经验借鉴。例如，美国纽约市在建筑节能和电力系统改革方面的经验，芝加哥、底特律和休斯敦等重工业城市工业转型的经验，对中国城市而言都具有较高的针对性和较强的参照性。美国在人均排放达峰的时候，人均国内生产总值为4万美元左右，美国人均排放峰值大概是20吨。欧盟达峰的时候人均国内生产总值大概是2万美元左右，德国和英国人均排放峰值大概是14吨或者11吨。

（三）与全球城市低碳发展相关的重要节点

1.《联合国气候变化框架公约》

1992年5月9日联合国政府间谈判委员会就全球气候变化问题形成《联合国气候变化框架公约》（United Nations Framework Convention on Climate Change，简称《框架公约》，英文缩写为UNFCCC）。1992年6月4日这项公约在巴西里约热内卢举行的可持续发展问题世界首脑会议（地球首脑会议）上通过。它是为全面控制二氧化碳等温室气体排放，以应对全球气候变暖给人类经济和社会带来不利影响的全球第一个国际公约，也是国际社会在对付全球气候变化问题上进行国际合作的基本框架。"将大气中温室气体的浓度稳定在防止气候系统受到危险的人为干扰的水平。这一水平应当在足以使生态系统能够自然地适应气候变化、确保粮食生产免受威胁并使经济发展能够可持续地进行的时间范围内实现。"这是《框架公约》的最终目的。

为达到控制温室气体的目标，《框架公约》规定了五个基本原则：①"共同而区别"的原则，发达国家要率先控制温室气体排放；②控制发展中国家的温室气体排放应该结合国家实际；③所有缔约方有必要预测、防止和减少引起气候变化的因素，并对此采取行动；④各缔约方具有可持续发展权，应当予以尊重；⑤促进和增强国际间的合作，不得以应对气候变化为由制造国际贸易壁垒。

《框架公约》本身的不足之处在于并未明确到底要将大气中的温室气体稳定在什么浓度水平上。一旦这一浓度水平得以确定，将对全球经济活动产生重大影响。防止全球变暖引起的气候变化问题，表面上是减少温室气体排放量的环境问题，但实质上牵涉了各个缔约方能源消费总量和效率问题，具有重大的政治和经济意义。所以，自《框架公约》生效以来，各个缔约方，尤其是对现在"温室气体"增加负主要责任的工业化国家，几乎均未采取有效措施来限制CO_2排放。

《框架公约》缔约方不定期地进行磋商，以探讨全球应对气候变化的途径，到2017年已经先后召开了23次公约缔约国大会（COP）。

2.《京都议定书》

《京都议定书》（英文：Kyoto Protocol，又译《京都协议书》《京都条约》）是《框架公约》的补充条款。它是在日本京都由《框架公约》参加国第三次会议于1997年12月制定的。它规定《框架公约》所列缔约方应遵循"共同但有区别的责任"原则，完成"量化减排目标"。规定第一承诺期是从2008—2012年，该期间主要工业发达国家要控制6种温室气体的排放量，并制定了量化目标，即与1990年相比平均减少5.2%，其中分别对各国目标作了具体规定，如欧盟、美国和日本分别削减温室气体排放8%、7%和6%。限排的6种温室气体具体为：二氧化碳（CO_2）、甲烷

（CH₄）、氧化亚氮（N₂O）、氢氟碳化物（HFCs）、全氟化碳（PFCs）、六氟化硫（SF₆）。

为了控制温室气体排放，《京都议定书》确立了三个灵活的合作机制：国际排放贸易机制 ET、联合履行机制 JI 和清洁发展机制 CDM。例如，清洁发展机制指的是，工业化国家的机构或投资企业可以通过在发展中国家参与实施促进发展中国家低碳可持续发展的减排项目，从而获取"核证的减排量"。

《京都议定书》通过后还需要各国签署，议定书的生效需要 55 个《框架公约》缔约方的批准，并且所有批准国中附件一国家 1990 年 CO_2 排放量总和必须至少占当年 CO_2 排放总量的 55%。当上述两个条件同时满足时，议定书在其后第 90 天生效。条约最终于 2005 年 2 月 16 日开始生效。

《京都议定书》是全球各国第一次通过带有强制性的法规来限制温室气体排放。它提供了四种减排方式用于各国完成减排目标：第一，发达国家之间排放额度交易，即如果一个国家没有完成削减任务目标，允许它通过购买由于超额减排而富余额度的国家的额度；第二，"温室气体排放量"指的是"净排放量"，即实际排放量与森林碳汇吸收量之差额；第三，通过清洁发展机制，发达国家利用减排项目帮助发展中国家减排，二者共同实现温室气体的减排；第四，"团体方式"，即欧盟可以作为一个统一体，允许个别国家没有达到减排目标，甚至上升，但是总体达到减排目标，也视为完成减排。

3."巴厘岛路线图"

2007 年，在印度尼西亚巴厘岛举行了《框架公约》第十三次缔约方会议暨《京都议定书》缔约方第三次会议。来自《框架公约》的 192 个缔约方以及《京都议定书》176 个缔约方的 1.1 万名代表参加了此次大会。该会议重点研究了 2012 年之后的全球气候问题，比如如何控制温室气体排放，全球如何应对气候变化问题，发达国家需要承担的责任是什么，即"后京都"问题。这次大会为应对全球气候变化、遏制温室气体排放等问题创造了机遇，是世人关注的焦点。经过 2 个星期的艰苦谈判后，大会终于于 2007 年 12 月 15 日通过了应对气候变化的"巴厘岛路线图"，这为人类下一步应对气候变化提供了指引方向。

因此，"巴厘岛路线图"是全球人类应对气候变化历史中的一座新的里程碑，确定了后京都时代落实《框架公约》的领域，规定了减少温室气体的种类，也明确了主要发达国家的减排时间表和额度等系列问题，为进一步落实《框架公约》指明了方向。大会共有13项内容和1个附录。其主要内容包括：①适应气候变化，由《京都议定书》清洁发展机制资助的、在发展中国家进行的适应气候变化项目的基金安排，将在全球环境机构的管理下进行；②采取技术步骤，会议同意开启"战略性项目"，提高投资水平，让发达国家将其所拥有的减缓和适应气候变化技术转让给发展中国家，并且这些技术也是发展中国家所需要的；③减少发展中国家因森林砍伐而造成的温室气体排放，各方需要确认采取进一步行动减少这类排放，并支持相关能力建设。此外，大会还就IPCC第四份报告的重要性、小规模植树造林、碳捕捉与封存、最不发达国家适应气候变化等问题达成协议。

2009年12月，在丹麦首都哥本哈根，举行了《联合国气候变化框架公约》第十五次缔约方会议暨《京都议定书》第五次缔约方192个国家的谈判代表参加的会议，会议焦点集中于"责任共担"问题。本次会议计划就2012年全球温室气体排放问题作出安排。根据"巴厘岛路线图"的决定，大会最终达成了不具备法律约束力的《哥本哈根协议》，以防止2012年之后出现后京都时代的空白。虽然它维护了"共同但有区别的责任"原则，指出了发达国家应实行强制减排，发展中国家应采取自主减缓行动，并对全球长期目标、资金和技术支持、透明度等重要核心问题形成共同一致的看法。但是，发达国家的减排目标还不明确，资金问题没有完全落实，实质性的问题依然悬而未决，有关"巴厘岛路线图"的谈判在2010年（墨西哥的坎昆）、2011年（南非的德班）、2012年（德国的波恩）的联合国气候变化大会上被一直延续。

4.《巴黎协定》

2015年12月12日，在法国巴黎举行了《联合国气候变化框架公约》第二十一次缔约方会议，历经13天马拉松式的艰苦谈判之后，全球近200个缔约方一致通过了具有历史意义的全球气候变化新协定——《巴黎协定》。该协定也成为历史上首个关于气候变化的全球性协定。该协定在总体目标、责任区分、资金技术等多个核心问题上取得进展，在"令人失望"的哥本哈根会议之后，国家间的气候谈判异常艰难，而该协定又一次让所有国家回到共同的轨道上，因此是一个重要历史性的转折点。

　　该协定共有 29 项具体条款，涵盖减缓、适应、损失和损害、资金、能力建设和透明度等内容。同时，它也是一份全面、平衡、有力度、有法律效力的协定，是一份尽可能兼顾缔约各方核心关切内容，现阶段所能形成最大力度的减排协定。它确认了适应与减排同样重要，减排行动与相应支持同样不可或缺，各个缔约方的责任和义务尽可能对等，减排力度和经济发展相统一。协定各方同意根据全球可持续发展目标和减少贫困的要求，增强全球降低温室气体减排的力度，为大幅减少气候变化的风险和影响，设定了全球升温控制在与工业化时期相比不高于 2℃的目标，努力争取控制在 1.5℃以内。而且，该协定认为，发达国家应继续发挥表率作用，继续实现温室气体减排目标，同时发展中国家也应作出贡献，要根据自身国家实际情况，持续为强化减排作出努力，逐步完成减排或控制的目标。在发展中国家适应和减缓气候变化的资金方面，该协定规定发达国家需要给予支持，"2020 年后每年提供 1 000 亿美元帮助发展中国家应对气候变化"。《巴黎协定》确定了"国家自主贡献"机制，各国结合不同实际情况，提交国家自主贡献，同时需要不断增加自主贡献的强度和力度。另外，该协定构建了全球气候行动的盘点机制，即从 2023 年开始，每 5 年开展一次，督促各缔约方增强减排力度，最终完成全球设定的长期目标。[①]

三、有关城市低碳研究成果总结

（一）斯特恩报告

《斯特恩报告》是 2006 年世界银行前首席经济学家、英国经济学家

---

　　① 孟小珂. 巴黎气候变化大会达成历史性协定［EB/OL］.（2015-12-14）. http://pic.peo-ple.com.cn/n1/2015/1214/c1016-27926063.html.

尼古拉斯·斯特恩经过1年调研主持完成并发布的。这份长达700页的《斯特恩报告》指出：科学证据现在不容置疑，不断加剧的温室效应将会严重影响全球经济发展，其严重程度不亚于世界大战和经济大萧条，亟须作出全球反应。该报告包括了科学基础、气候变化中的经济学问题、减排行动的政策与经济因素、适应行动的效益分析以及全球合作应对气候的意义5个方面。该报告认为，气候变化是不争的事实，如果全球各国发展模式保持不变，大约到21世纪末，全球将升温2℃~3℃以上，负面结果便是世界总体经济的GDP比重损失将达到5%~10%，尤其是贫穷国家更为严重，经济损失会大于10%。如果现在立即行动，在2050年前将温室气体的浓度控制在450~550ppm的水平上，所需的减排成本将大大减少，大约仅占世界总体经济GDP的1%。此外，关于温室气体减排行动措施的建议，该报告认为长期稳定的碳价机制、低碳技术发展政策、消除阻碍减排行动的障碍因素，将非常重要和有效。全球合作和以适应为目标的气候行动目前在经济上是可行的，并有利于气候目标的实现。该报告指出，气候变化问题是迄今为止规模最大、范围最广的市场失灵现象，因此，这对经济学发展提出了独一无二的现实挑战，需要发挥经济学的重要作用。因此经济分析必须涵盖全球、着眼长期，把风险和不确定的经济因素摆在中心位置，并考虑发生重大的、非边际变化的可能。

（二）IPCC报告

IPCC评估报告提供有关气候变化、其成因、可能产生的影响及有关对策的全面的科学、技术和社会经济信息。这些已发表的材料组成了气候变化的全面科学与技术评估，一般分三册，每个IPCC工作组一册，另加综合报告。各工作组的报告由各章节、一个可任选的技术摘要和一个决策者摘要组成。综合报告是将评估报告和特别报告中包含的材料进行综合和整合。它以适合决策者的非技术性风格写成，涉及广泛的与政策相关但政策中立的问题。它由一个大报告及一个决策者摘要组成。IPCC先后于1990年、1995年、2001年、2007年和2014年完成了5次评估报告。IPCC发布的历次评估报告是国际社会和各国决策者制定相关政策的重要依据。

1990 年 IPCC 发表《第一次评估报告》，该报告对有关气候变化问题的科学基础进行了确认，该报告促成了 1994 年联合国大会作出制定《联合国气候变化框架公约》（UNFCCC）的决定。1995 年 IPCC 提交了《第二次评估报告》给 UNFCCC 第二次缔约方会议，并为京都议定书会议谈判提供了决策基础，作出了重要贡献。2001 年 IPCC 提交了《第三次评估报告》，对各种与政策有关的科学与技术问题进行了重点关注。2007 年 IPCC 完成了《第四次评估报告》，该报告评估结果认为 20 世纪后半叶是过去 1 300 年中最暖的 50 年，全球变暖的主要原因在于人类活动的影响，或然率在 90% 以上。《第五次评估报告》于 2014 年完成，其评估结果认为，1983—2012 年可能是史上最热的 30 年，或然率在 95% 以上。而从人类活动而产生的污染与排放的区域来看，主要原因可归于城市地区和城市化发展过程中。IPCC 发布的《第五次评估报告》表明，在全球能源消耗总量中，城市占比达到 67%~76%；在全球与能源相关的 CO_2 排放量中，城市占比达到 71%~76%。历次评估报告的主要内容概述见表 1-1。

表 1-1　　　　　　专栏：IPCC5 次评估报告的主要内容概述

---

1. 第一次评估报告

IPCC 第一次评估报告（FAR）完成于 1990 年。该报告指出，与 100 年前相比，全球平均气温已经上升 0.3℃~0.6℃（全球平均气温最高的前 5 个年份都发生在 20 世纪 80 年代），全球海平面平均上升 10~20cm，温室气体浓度尤其是二氧化碳由工业革命时候的 $230ml/m^3$ 上升到 $353ml/m^3$。同时，根据模型情景预测，如果不对温室气体的排放加以控制（BAU 情景），到 2025 年，大气温室气体浓度将增加一倍左右，全球平均温度到 2025 年将比 1990 年之前升高 1℃左右，到 21 世纪末将升高 3℃左右（比工业化前高 4℃左右）。海平面高度到 2030 年将升高 20cm，到 21 世纪末升高 65cm。报告还指出，预测也存在很多不确定性，尤其是气温变化的幅度、变化时间点，以及区域分布情况等，特别是降雨量的变化。依据所设情景，报告评估了农业、林业、自然地球生态系统、水文和水资源、海洋与海岸带、人类居住环境、能源、运输和工业各部门、人类健康和大气质量以及季节性雪盖、冰和多年冻土层受未来气候变化的影响情况，同时也给出了相应的应对措施和行动建议。

该报告主要基于不同复杂程度的大气—海洋—陆面耦合模式（CGCM）来评估和预测未来气候变化，探究假设大气 CO_2 浓度翻倍时，模型所呈现的气候变化的全球和区域特征等结果。

2. 第二次评估报告

第二次评估报告（SAR，1996）指出，自从1990年以来，由于获得了新的资料，在气候变化科学理论方面又取得了相当大的进展。该报告的新成果体现在4个方面：第一，模型预测增加了气溶胶浓度的冷却影响。模型结果显示，与1990年相比，预计2100年的全球平均温度将上升 $2℃$，变动区间为 $1℃\sim3.5℃$；海平面预计升高 $50cm$，变动区间为 $15\sim95cm$，升温会影响全球水循环速度提升，进而影响不同地区的洪涝干旱灾害，有的地区会更严重，而有的则可能缓解。第二，气候变化速度和程度，会对人类社会系统和自然系统产生重要影响，这种影响有有利和不利的方面，部分影响甚至存在不可逆性，因此各社会系统适应能力有较大差别。第三，为了维持温室气体的浓度保持在一定水平，该报告给出方法和措施建议。第四，政策制定需要考虑公平性，它对公约执行和可持续的实现产生了重要影响。

该报告指出，全球水文和水资源管理受气候变化的影响主要包括3个方面：第一，洪涝与干旱的强度和径流量的大小、时间，受降水特征的影响，如降水总量、降水频率和降水强度等等，但是具体区域影响大小还无法明确。第二，蒸散和土壤湿度，受气候条件影响，而这种影响属于非线性的，所以会出现较小的温度和降水波动，带来较大的径流变动，尤其在一些干旱和半干旱地区。第三，径流量也受所在纬度影响，与低纬度地区相比，高纬度地区存在蒸散减少和降水增多的双重叠加作用。全球升温也会通过影响降雪，进而影响春季径流。由于存在多种不确定性，气候变化会影响到经济社会的许多方面。

该报告对全球耦合气候模型进行了进一步优化，CO_2 浓度以逐年增加的方式直至翻倍，其中有2个模型还考虑了硫化物气溶胶。同时考虑温室气体增温效应和气溶胶冷却效应，使得模型更为真实。这表明，与20世纪气候变化特征的实际观测结果相比，模型模拟更为准确。同时，模型预测与1990年相比，至21世纪中期温度将升高大约 $1.5℃$ 左右。

3. 第三次评估报告

第三次评估报告（TAR）完成于2001年，该报告结果主要为3个方面：第一，相比第二次评估报告，近100年温度上升了 $0.1℃$，范围为 $0.4℃\sim0.8℃$，研究结果与卫星资料和探空信息得到相互验证。温度上升在更长的时间范围内来看，比如从1 000年甚至10 000年来看，也是非常引人注目的。而且，全球变暖可能与海平面上升和极端气候事件频发存在关联性。报告预测，21世纪全球平均气温会升高 $2.5℃$，升温幅度为 $1.4℃\sim5.8℃$。预测结果与前两次报告结果基本一致。报告也预测海平面上升范围为 $10\sim90cm$。第二，模拟不同气候变化情景对人类和自然系统的作用。径流量大小与未来气候情景息息相关，尤其是降水量情况。通过众多气候情景比较，得到一些较为相同的结果：地中海近邻区、中亚、非洲南部和澳大利亚的年平均径流量将要减少，而东南亚地区和高纬度地区会增加。其他地区没有得到相同的结果，存在较大差异和不确定性。第三，给出了诸多措施和政策建议，以控制温室气体排放和减缓气候变化，比如增加碳汇等方面。报告指出，社会、经济与技术发展水平将对减缓行动的内容、规模和时间产生重要影响等。该报告同时采用复杂和简洁的海洋气候耦合模型进行预测，发现21世纪温度变化范围为 $1.4℃ \sim 5.8℃$。第三次评估采用近20个AOGCM模式，使得模型预测更为稳健，结果可靠性得以提升。

4.第四次评估报告

第四次评估报告（AR4）完成于2007年。该报告基于前3次评估报告，结合2001年至2006年间发表的最新相关科学研究，进一步研究了气候变化预测问题以及不确定性。该报告更突显气候环境的变动情况，并对这种变动可能进行解释，同时结合气候环境的观测数据，对气候环境变动过程和原因进行追寻。第一工作组报告的决策摘要指出：第一，工业革命以来，全球温室气体浓度显著增加，如 CO_2、CH_4 和 N_2O，尤其 CO_2 浓度增加到了 $379ml/m^3$；第二，从1906年至2005年的一百年中，全球升温范围 $0.56℃\sim0.92℃$，高于第三次评估报告给出的范围值 $0.4℃\sim0.8℃$（第三次评估报告的时间范围为1901—2000年）；第三，从20世纪60年代开始，根据观测数据，全球海洋升温影响范围已经达到了 $3km$ 的海洋深度，上个世纪海平面升高了 0.17 米。通过观测数据和综合分析，该报告认为：①当代全球气候变暖的影响因素中，太阳辐射变化不是重要因素；②城市热岛效应与观测到的全球变暖之间关联性不大；③全球变暖的主要原因在于人类活动的影响。第二工作组报告的决策者摘要指出：第一，预计到21世纪中叶，湿热地区以及高纬度的年径流量将增加 $10\%\sim40\%$；在中纬度地区的干旱区年径流量将减少 $10\%\sim30\%$，这些干热区将面临着严重的用水压力；第二，干旱影响区的范围将进一步扩大，同时，暴雨发生频率增加，洪涝风险增大；第三，冰川和雪盖储水量减少。

关于情景模拟结果，第四次评价报告指出：由于海洋的缓慢响应，保守估计，如果未来所有温室气体的辐射强迫因子都保持在2000年的水平，未来20年仍有每10年升高约 $0.1℃$ 的进一步增暖。如果温室气体排放按照SRES设定的情景发展，辐射强迫增加，升温将翻倍，即每10年升高 $0.2℃$，以上预测结果是在没有政策干预实施的情况作出的。实际上，第一次评估报告对1990—2005年间全球升温预测范围为 $0.15℃\sim0.3℃$，而根据实际观测数据结果升温为 $0.2℃$，基本一致。所以第四次评估报告的近期预测可信度比较高。如果未来温室气体排放速率等于或高于当前，那么全球将进一步变暖，同时会对21世纪的气候系统产生重要影响，那么情况就会比所预测的更为严重。预测结果表明：①预计到21世纪末，与1980系统产生年全球平均地表气温相比，它会升高 $1.1℃\sim6.4℃$（6种SRES情景）；②全球平均海平面会上升幅度预估范围是 $18\sim59cm$。

5．第五次评估报告

2013年，IPCC第五次评估-第一工作组发布了报告《气候变化2013：自然科学基础》，并指出，气候系统的暖化是毋庸置疑的，自1950年以来，气候系统观测到的许多变化是过去几十年甚至千年以来史无前例的，人类活动极有可能是20世纪中期以来全球气候变暖的主要原因，可能性在95%以上。与前工业化时期相比，2012年全球平均气温升高了0.85℃，而且进入21世纪以来升温尤为显著。因为冰层融化和海水升温膨胀，在过去的100年里，全球的海平面已经上升了19cm，最近20年上升速度更快。与1901—2010年间相比，海平面上升在1993—2010年间的速度大约是其2倍。2007年第四次评估报告预测21世纪末全球平均海平面上升幅度为0.18cm~59cm，但是如今，全球66%的地区海平面将比1986—2005年时的情况高出29~82cm。

2014年11月2日在丹麦哥本哈根，IPCC发布了第五次评估报告的《综合报告》，该报告表明，人类活动对全球气候影响的这种影响关系是明确的，这种影响越来越强，全球各大洲的观测结果也对此进行了印证，进一步强调了全球温室气体排放的持续态势和减排的紧迫性。如果不采取减排和控制温室气体的措施，由于气候变化，人类和生态系统将很可能遭受严重、普遍和不可逆转影响。当前有多种减缓方法可促使在未来几十年实现大幅减排，同时可采取多种适应气候变化的途径，可确保将气候变化的影响保持在可管理的范围内，从而可创造更美好、更可持续的未来。本次报告通过引入森林和土地利用相关的CO_2排放重新定义和计算了各方历史责任。然而，为达到控温2℃的目标，如果人类减缓行动迟缓，本应加大的减缓措施到2030年再实施则将大幅增加与其相关的技术、经济、社会和体制压力。虽然对减缓的成本估算各不相同，但全球经济增长不会受到很大的影响。在正常情景中，21世纪每年的消费（可体现经济增长）增长率为1.6%~3%。大刀阔斧的减排政策也只会将其减低约0.06%。基于对减缓情景的评估，该报告进一步建立了2℃温控目标与排放空间和路径的联系，强调了2℃温控目标的可行性。

（三）全球碳预算报告

2017年11月13日，"全球碳项目"在联合国波恩气候变化大会上发布了《2017全球碳预算报告》。该报告指出，2016年，全球化石燃料及工业二氧化碳排放总量约为36.2GtC（1GtC为10亿吨碳）。2017年的数字预计将比2016年增加2%（不确定性为0.8%~3%），达到36.8 GtC左右。根据该报告，2016年全球碳排放来源中，煤炭占40%、石油占34%、天然气占19%、水泥占6%。1750—2016年，全球二氧化碳浓度从277ppm （ppm为百万分之一）上升至403ppm（增幅为45%）。2016年全球二氧化碳浓度第一次超过400ppm。根据该报告，2017年，中国的碳排放量预计增长约3.5%；美国的碳排放量预计下降约0.4%；欧洲的碳排放量预计会暂时下降约0.2%。该报告认为，2016年全球排放的二氧化碳总量中有23.4%被海洋吸收、24.5%被陆地吸收，剩余52.1%进入大气中。受厄尔尼诺现象影响，2015年陆地吸收的碳总量创过去60年间的最低纪录，尽管2016年陆地吸收出现了反弹，但仍低于过去10年的平均水平；2015年和2016年大气中未吸收的二氧化碳排放量分别达到228亿吨和224亿吨，高于2014年的155亿吨，且为历史最高，这主要是受厄尔尼诺现象影响陆地吸收碳含量偏低。在1870年至2016年全球累积碳排放中，化石燃料燃烧和水泥生产排放的二氧化碳总量累计达4 460亿吨左右，土地利用变化产生的二氧化碳总量累计约为1 500亿吨碳。在这5 960亿吨的二氧化碳排放总量中，2 570亿吨二氧化碳进入了大气、1 690亿吨二氧化碳进入了海洋，另外1 700亿吨二氧化碳进入了陆地。[①]该报告由来自15个国家57家研究机构的76位科学家撰写。

四、碳排放的经济学理论

虽然气候变化现象真实性的问题以及其对人类社会和自然系统的可能影响，已经得到自然科学研究的确认。但是，这只是气候变化的一个方面的内容。从社会学角度而言，人们认为任何知识都存在不确定性，气候变化也不例外。因此，作为社会成员的人们对气候变化是否真实会作出价值判断，科学事实成为"社会事实"可能需要漫长的过程。同时，由于社会成员之间存在巨大差异，对气候变化的认识必然是差异化的，不同国家、地区和不同文化背景的社会成员，都有其理解气候变化原因、责任与应对

---

① 韩沁珂．全球碳项目（Global Carbon Project）发布了其最新科学研究报告"2017年碳预算（Global Carbon Budget）"［EB/OL］．（2017-11-22）．http://www.tanpaifang.com/jienenjian-pai/2017/1122/60905.html.

策略的特定角度和立场，因此普遍的社会共识形成较为困难①。即使气候变化是人类原因导致的观点得到了一致的社会认同，在关于人类社会应该采取的应对行动上，也存在着社会复杂性，包括社会主体、动力和过程的复杂性。另外，气候变化问题带有很强的政治特性，从艰难的全球气候谈判过程中可以看出气候变化已从科学问题演变成国际政治和经济问题。②

（一）外部性理论

全球气候变化问题不是一般性的环境问题，不是简单的一国、一地区内的事情，而是全球性的，这是一种外部性最大、最广的环境问题。外部性指的是一个人的行为对旁观者福利的无补偿的影响。如果对旁观者的影响是不利的就称为负外部性。关于负外部性的解决办法是将外部性内在化。从政府角度而言，一方面，可以通过命令与控制政策直接对行为进行管制，或者以市场为基础，提供政策激励，比如提供矫正税与补贴、可交易的污染许可证等。另一方面，如果交易成本为零，人们会进行协商自动达成协议，解决相互之间的负外部性问题。然而，从全球气候变化问题来看，涉及的主体首先是国家主体，然后是国家内部个体，包括企业和个人。因此，气候变化问题是全球各个国家温室气体排放行为所产生的，这种排放行为具有负外部性。另外，国家的减排行为会减缓气候变化，如果仅仅由一个国家进行减排和气候治理，全世界其他国家就能享受到这种减缓的好处。然而，面对气候变化灾难，任何国家都逃避不了，都无法置身事外，单靠一个国家减排是无法解决气候变化问题的。

因此，从经济学的角度讲，气候变化问题具有"强制性公共物品"的属性：地球本身有自我净化机制，不是排放了温室气体就会导致全球变暖，而是当排放超过地球所能净化的水平（即存在排放的临界点）时，温

① 洪大用．气候变化议题的社会复杂性[EB/OL]．(2013-10-15). http://epaper.gmw.cn/gmrb/html/2013-10/15/nw.D110000gmrb_20131015_3-11.htm.

② 洪大用．中国应对气候变化的努力及其社会学意义[J]．社会学评论，2017,5(2):3-11.

室气体在大气中不断积累，便会导致全球变暖。各国排放温室气体到大气中不具有排他性，也不具有消费中的竞争性，大气属于公共物品。但是，随着大气中温室气体排放远远大于地球的吸收能力，气候变暖越来越严重，如果各国没有有效的减排措施，那么人类将遭受巨大的惩罚和损失。气候变化问题也是典型的公共物品问题，各国在采取措施上很可能会存在"搭便车"的行为。事实上，只有世界各国共同参与解决气候变暖问题，才有可能从根本上消除气候变化问题全球公共物品属性的消极作用，减缓全球气候变暖[①]。

（二）环境倒 U 形假说（EKC）

"倒 U 形曲线"最早由美国著名经济学家库兹涅茨 1995 年研究收入分配问题时提出，他认为随着经济增长（或人均收入变化），收入分配越来越不平等，但经济发展越充分，收入分配不平等将越趋缓。1991 年格罗斯曼（Grossman）等将其应用于环境污染排放领域，认为随着人均收入水平提高，污染排放量也呈现先升高后下降的倒 U 形。1993 年 Panayoto 将其命名为环境库兹涅茨曲线（Environment Kuznets Curve，简称 EKC 曲线），它反映的是一种长期趋势和现象：环境质量随着经济发展先恶化，达到峰值后改进。该假说得到了许多实证研究的支持，不同污染物形态具有不同特征：固态污染物最容易出现拐点，对应的人均收入水平最低；液体污染物次之；气体污染物的拐点较难出现，对应的人均收入水平也最高。CO_2 作为一种气体排放物，其 EKC 特征是最不稳健的，现有研究对它是否成立颇有争议。学术界认为拐点的出现并不是自然形成的，一些学者试图从需求偏好的转变、市场的作用、科学技术水平的提高、经济结构的变化、政府的重视程度等角度对引起环境库兹涅茨曲线拐点出现的原因进行解释。

（三）公平与效率选择

气候变化问题的公平，其行为主体是国家，即国家之间的减排责任

---

① 汝醒君. 中国和欧盟低碳发展比较研究[D]. 合肥:中国科学技术大学管理科学学院，2013.

的公平分配问题。但是对于发展中的人口大国而言，比如中国，可能十分不利。在国际层面，在经济增长与碳排放尚未脱钩的情况下，碳排放权意味着国家发展权。人际公平可能更为合理，人类个体呼出二氧化碳是一项基本的生理功能，是应该人人平等地享有的基本人权之一。同时，应该在适应和减缓气候变化行动上采取不同的公平要求。和其他环境问题一样，气候变化问题中的公平也包括代内公平和代际公平两个方面。代内公平是指同一时代的所有人对于自然资源和清洁环境享有平等的利用权。代内公平的思想主要通过区别原则和污染者负担原则体现出来。代际公平的理论最早由美国学者埃迪·维丝提出。她认为每一代人都是后代人的地球权益的托管人，并提出实现每一代人之间在开发利用自然资源方面的权利的平等。效率主要体现在，如何以最小的成本代价，实现最大限度的减排目的①。公平和效率价值的冲突与协调成为全球各国讨论的重要问题。

（四）成本-效益理论

关于减缓气候变暖的成本收益核算问题，也是重点研究的内容。2006年世界银行前首席经济学家、英国经济学家斯特恩发布了一份700页的研究报告，得出不断增强的全球气候变暖的影响可以与世界大战和经济大萧条对经济的影响相提并论；从全球总体而言，假设全球各国都积极采取应对气候变化的行动和措施，如果这种投入仅占全球GDP比重的1%，则可以避免未来全球可能遭受的5%～20%的GDP损失。从一个国家或地区的内部而言，经济发展与减少二氧化碳排放量往往存在着一种矛盾的关系，如何作出适当的权衡非常重要。其中，减排成本是一个关键制约因素，发展中国家短期内无法通过技术进步实现减排目标，只能是通过限制、关闭高排放部门来实现，这就需要付出巨大的经济代价。从微观角度来看，二氧化碳减排成本是指一个国家或地区为了实现减排目标而直接投入的技术和资金。从宏观角度来看，二氧化碳减排成本是指一个国家或地区为了实

---

① 秦天宝,成邸. 气候变化国际法中公平与效率的协调[J]. 武大国际法评论,2010,13(2):265-284.

现减排目标采取措施从而对宏观经济造成的影响，即通过强制性减排造成的国家 GDP 损失。这种损失主要是因为在短期内无法依靠技术进步而达到减排目标，只能通过限制高耗能企业的发展来减少二氧化碳排放量，这样就抑制了经济的发展，将付出很大的经济代价。

[第二章]

中国低碳发展

作为目前世界上最大的发展中国家、第二大经济体和主要碳排放大国，中国积极应对气候变化、落实"2030年左右实现碳排放达峰并争取尽早实现达峰"的目标，既是转变经济发展方式、推进能源革命、保护生态环境的内在需要，也是实现全球长期目标、维护全球生态安全、构建人类命运共同体的责任担当。

一、不同起跑线下共同但有区别的碳排放责任

（一）新型城镇化亟须跨越发展

城市是不同种族文化、技术、语言的聚集体和融合器，其最大功能是传播人类文明。随着城镇化的不断发展，城市的容器功能被无限扩张，而传播文明的功能逐渐萎缩。城镇化带来的污染、拥堵、热岛效应等一系列问题，让人们开始重新思考城市的本源。城市成为人类甚至所有生命体幸福生活的载体，城市的生态建设将是人类文明发展的必然趋势。

对人类产生重大影响的城镇化进程曾发生过三次，其中第三次兴起于亚洲及发展中国家。作为第三次城镇化进程的代表，中国在1978年城镇化率仅为20%，如今正处于城镇化快速发展阶段，并预计于2050年完成城镇化建设。未来30多年中国城镇化对于城市容量的要求，将超过发达

国家的总和，这一过程相当于把5亿农村人口转移到城市[1]。

前两次的城镇化进程无一例外地伴随着殖民战争，因此中国如何和平地完成城镇化这一巨大挑战已成为世界普遍关注的问题。沿袭几千年传统农业文明的认识论、应用当代工业文明的科技成就、借鉴前两次城镇化进程中的经验与教训，将是中国新型城镇化跨越发展的突破口。

随着城镇化的推进、产业和经济的快速发展、能源的大量消耗，我国城镇化正遭遇一系列严重的环境问题。从城镇化率的视角进行分析，我国在2010年达到50%的城镇化率，而英国早在1851年就经历了这一转折点，德国、美国、法国、日本、巴西、韩国也相继先于我国经历了50%的城镇化率阶段，工业化对城市的经济发展起到了巨大的推动作用，但同时对于环境的破坏在世界范围也广泛存在。通过分析发现，几个早期工业化国家，在各国城镇化率达到50%的前后，生态与环境问题均呈现出集中爆发的态势。这一系列的环境问题给城市、社会造成了严重后果，各国政府和民众都开始重新正视环境对城市发展的重要意义，政府也出台了一系列的政策来治理和保护环境，寻求低碳发展之路[2]。

（二）不同起跑线下的减排责任

应对全球气候变化是全球共同的责任，但是由于各国国情不同，在具体担负的责任上应有所区别。科学研究显示，温室气体在大气中长期存在并发挥累积效应，西方发达国家自工业革命以来的两百多年间排放了大量温室气体，是导致气候变化的主要原因。因此，碳排放责任的度量不仅要考虑当前排放量，还要考虑历史排放量与人均排放量。

人类活动产生的碳排放包括三个重要时期，即1850年第二次工业革命期至今、1950年第二次世界大战后经济迅速发展期至今，以及以1990

---

① 叶青,李芬. 新型城镇化背景下生态城市转型之路[J]. 建设科技,2015(16):12-15.

② 吴志强. 全球城市规律与武汉发展动力[EB/OL]. (2017-08-31). https://mp.weixin.qq.com/s?__biz=MzI0MjQxMTkyMw%3D%3D&idx=1&mid=2247483935&sn=53fc31c5706891b54e72703e57e4097b.

年签署《联合国气候变化框架公约》为标志的人类关注碳排放期至今。回顾这三个阶段各国的累积碳排放，在1850—1950年英国、美国发展较快，累积碳排放较高，中国、印度、巴西等发展中国家的累积碳排放几乎为零；1950—1990年美国快速发展，累积碳排放较高，中国的累积碳排放逐步攀升但仍远低于美国；1990—2013年，中国的累积碳排放迅速攀升，已与美国在这些年的累积碳排放水平持平，碳减排形势严峻[①]。1960—2013年各国累积碳排放对比如图2-1所示。

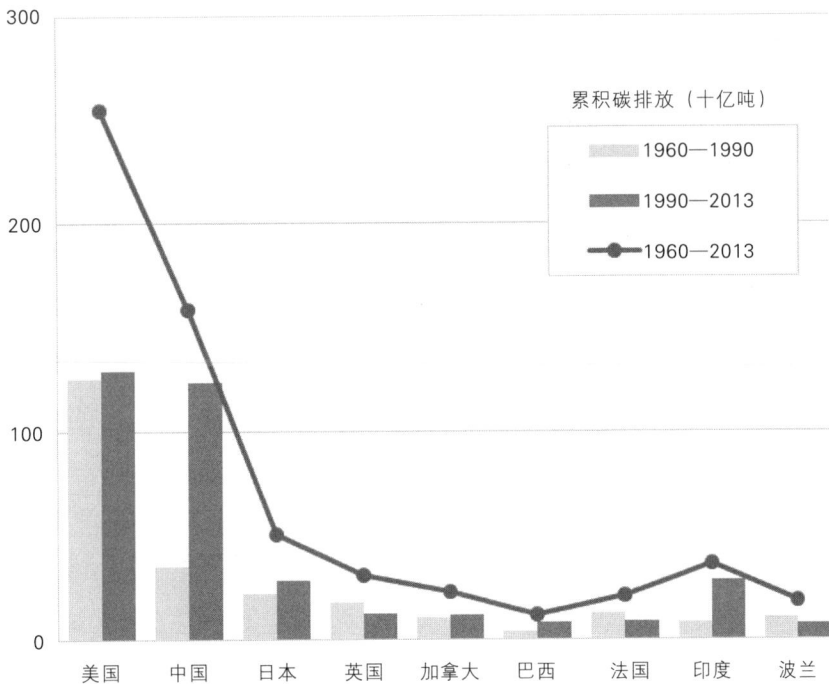

图2-1　1960—2013年各国累积碳排放对比图

资料来源：根据2017年世界银行数据库资料整理.

---

① 朱江玲,岳超,王少鹏,等．1850—2008年中国及世界主要国家的碳排放[J]．北京大学学报(自然科学版),2010,46(4):497-504.

根据《巴黎协定》，各国承诺要将地球气温控制在比工业化之前上升不超过 2℃的范围，并争取达到只升温 1.5℃。《2016气候状况》报告显示，达成目标的机遇窗口已经很小，即使在最乐观的情形下，也存在"既定升温幅度"超标的风险。气候状况严峻，需要各国加快履行应对气候变化的行动，共同应对气候变化！

（三）国际贸易中的碳排放转移

站在国际贸易的角度上看，碳排放类型可以分为消费排放型与生产排放型两种。消费排放型国家或地区以欧洲、美国等发达经济体为代表，这些发达经济体的进口碳排放高于出口碳排放，而高碳排放消费主要转嫁到生产型国家；生产排放型国家或地区以中国为代表，它的进口碳排放低于出口碳排放，高碳排放产品出口至消费型国家。利用 GTAP 数据计算的 2001 年 87 个国家和地区的贸易内涵碳排放量，我们发现，贸易内涵碳排放量已经占到世界碳排放的 1/4。

中国作为"世界工厂"，是全球制造业集中的区域，生产了大量用于其他国家消费的产品，中国贸易隐含碳的减排责任分配成为气候变化谈判的重要议题。中国自改革开放以来的出口碳排放逐步增长，以 2001 年为例：中国出口碳排放占国内实际碳排放的 24%，进口碳排放占 7%；而 1978 年的出口碳排放仅占国内碳排放的 12%，2006 年则已经攀升至 29.3%。各国贸易内涵碳排放比较如图 2-2 所示。

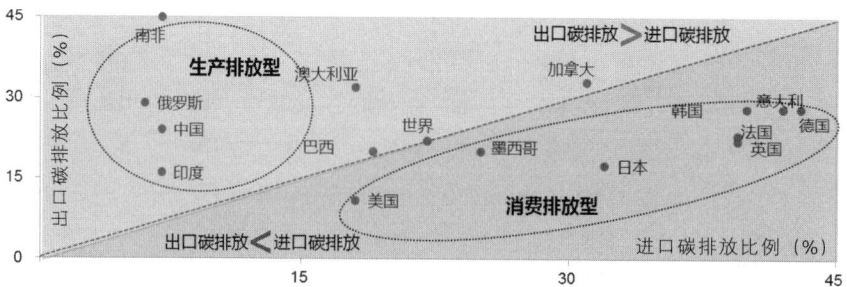

图2-2　各国贸易内涵碳排放比较图

资料来源：Peters G. P，Hertwich E. G. CO$_2$ embodied in international trade with implications for global climate policy［J］. Environmental Science and Technology，2008（42）：40-41.

哈佛大学陈竹博士等在 2015 年的研究表明，中国进出口贸易中的隐含碳排放在 2007 年高达 19 亿吨二氧化碳，相当于全球碳排放第四大国印度一年的碳排放总量，其中出口产品的隐含碳排放占近九成（17 亿吨）。西方发达国家通过国际贸易向中国转移了大量的二氧化碳，其中美国消费占中国出口贸易隐含碳排放的 24%，其他主要消费国包括日本（9%）、德国（5%）、韩国（4%）、英国（4%）和俄罗斯（3%），欧盟国家和其他亚洲国家分别消费了中国贸易隐含碳排放总量的 25% 和 15%。

二、中国低碳发展目标、路径与实践

（一）中国低碳发展目标

2008 年以来，我国跃升为世界上最大的碳排放国，应对气候变化的总体形势发生了重要变化。2009 年，我国政府在哥本哈根气候大会前夕正式提出了"2020 年单位 GDP 碳排放较 2005 年降低 40%～45%"的战略性目标，绿色低碳可持续发展逐渐成为国民经济和社会发展中的核心主题。

2014 年，中美两国领导人发表了《中美气候变化联合声明》，在声明中宣布两国各自的 2020 年后应对气候变化行动目标。中国政府在声明中首次宣布："中国计划 2030 年左右二氧化碳排放达到峰值且将努力早日达峰。"

2015 年 6 月，中国政府向《联合国气候变化框架公约》（UNFCCC）秘书处正式提交《强化应对气候变化行动——中国国家自主贡献》，进一步明确将"2030 年左右二氧化碳排放达到峰值并争取尽早达峰"作为中国自主贡献目标。中国政府同时在国家自主贡献文件中提出：2030 年单位国内生产总值二氧化碳排放比 2005 年下降 60%~65%，非化石能源占一次能源消费比重达到 20% 左右，森林蓄积量比 2005 年增加 45 亿立方米左右。

2016 年 10 月 27 日，国务院印发《"十三五"控制温室气体排放工作方案》，其主要目标为：到2020年，单位国内生产总值二氧化碳排放比2015年下降18%，碳排放总量得到有效控制。氢氟碳化物、甲烷、氧化亚氮、全氟化碳、六氟化硫等非二氧化碳温室气体控排力度进一步加大。碳汇能力显著增强。支持优化开发区域碳排放率先达到峰值，力争部分重化工业2020年左右率先达峰，能源体系、产业体系和消费领域低碳转型取得积极成效。全国碳排放权交易市场启动运行，应对气候变化法律法规和标准体系初步建立，统计核算、评价考核和责任追究制度不断健全，低碳试点示范不断深化，减污减碳协同作用进一步加强，公众低碳意识明显提升。

中国提出2030年达峰的行动目标，一方面，是根据自身国情、发展阶段和子孙后代福祉做出的重大战略部署，对推进生态文明建设，促进绿色、循环、低碳发展具有重要作用，对保障经济安全、能源安全、生态安全、粮食安全和人民生命财产安全具有重要意义；另一方面，体现了中国作为负责任大国在全球气候治理中的责任担当，为确保全球温室气体排放尽早达峰提供了有力支撑，对实现全球绿色低碳转型、打造人类命运共同体、推动世界可持续发展具有重要意义。

（二）中国低碳发展路径

从温室气体排放的历史发展趋势来看，美国碳排放增幅较低，碳排放增长与经济增长基本脱钩，单位产出碳排放稳步保持较低水平，而中国碳排放总量上升趋势仍在加剧，达到峰值的任务艰巨，且碳排放增长与经济增长高度相关，单位产出能耗呈明显上升趋势，比较理想的是随着能源结构的不断调整，单位产出碳排放不断下降。中国和美国的GDP与碳排放关系对比如图2-3所示。

从能源消费和碳排放结构来看，中国与美国存在电力能耗上升、制造业能耗下降的共同趋势，主要差异在于美国的人均电量消费已逐步趋于稳定，交通碳排放不仅比重大而且稳步增长，而中国人均电量消费仍在快速上升，交通碳排放比重较低且发展平稳。中国、美国各部门碳排放占比与人均电力消费量对比如图2-4所示。

中国GDP与碳排放

$y=2E-0.6x+2E+0.6$

$R^2=0.9$

美国GDP与碳排放

$y=1E-0.7x+5E+0.6$
$R^2=0.7808$

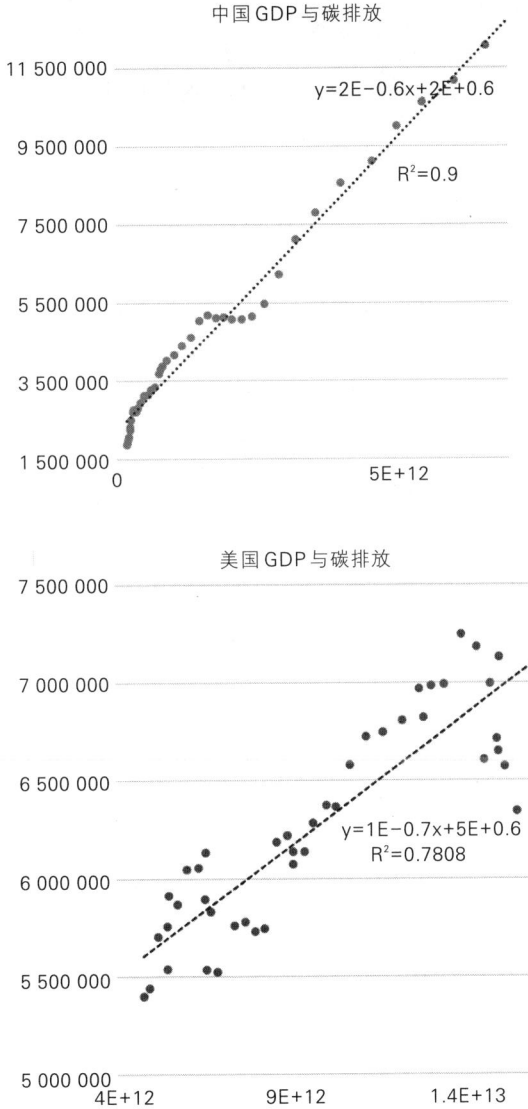

图2-3　中国和美国的GDP与碳排放关系对比图

资料来源：根据2017年世界银行数据库资料整理．

　　由此可见，产业结构转型和能源结构调整是降低碳排放的最主要路径，对中国而言，调整当前以煤炭为主的能源消费结构，改变以高耗能重

中国部门碳排放占比

(%)　－－－住宅建筑公共服务　　　　电力与热力生产
　　　——制造业和建筑业　　　　－－运输部门
　　　——工业增加值占比　　　　－－人均电力消费

美国部门碳排放占比

(%)　　－－运输部门　　　　　　　其他部门
　　——制造业和建筑业　　　电力与热力生产
　　——住宅建筑公共事业　　－－人均电力消费

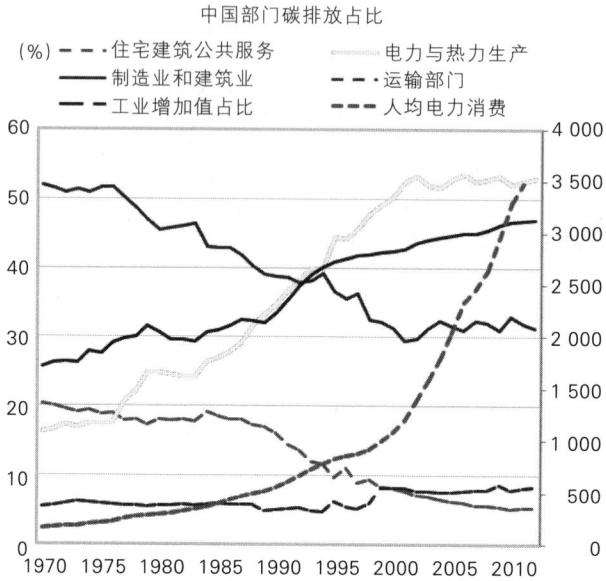

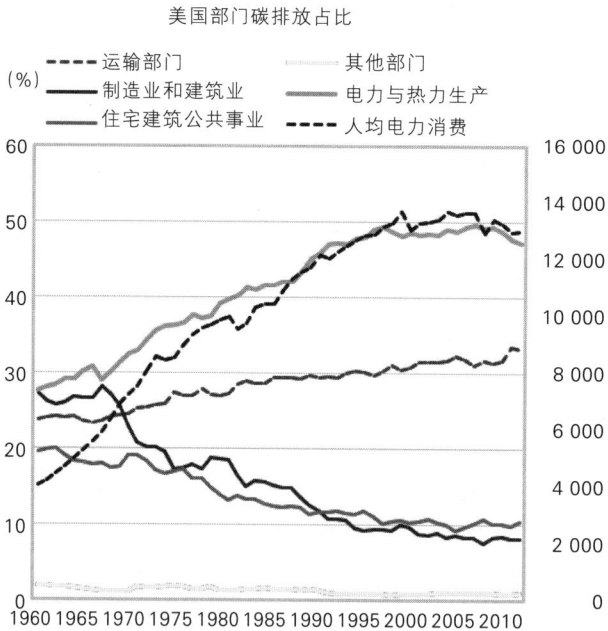

图2-4　中国、美国各部门碳排放占比与人均电力消费量对比图

资料来源：根据2017年世界银行数据库资料整理.

工业为主的产业结构是工作重点。

（三）中国低碳发展实践

我国正处在新型城镇化快速发展的阶段，城市是经济发展和区域增长的重要引擎，也是绿色低碳发展道路的主要探索者和实践者。

1.中国低碳试点省市

2010年7月，国家发展和改革委员会（以下简称"国家发改委"）正式将广东、辽宁、湖北、陕西、云南五省和天津、重庆、深圳、厦门、杭州、南昌、贵阳、保定8市列为首批低碳试点，迈出了国内低碳实践体系化过程中的重要一步。2012年11月，国家发改委进一步将北京、上海、海南、石家庄、秦皇岛、晋城、呼伦贝尔、吉林、大兴安岭、苏州、淮安、镇江、宁波、温州、池州、南平、景德镇、赣州、青岛、济源、武汉、广州、桂林、广元、遵义、昆明、延安、金昌和乌鲁木齐等29个省、自治区和直辖市列为第二批低碳试点。2017年1月，国家发改委又将乌海市、沈阳市、大连市等45个市、区、县列为第三批低碳试点。至此，国家低碳试点总数已达87个，覆盖我国32个省、自治区和直辖市，成为推动我国温室气体减排、实现绿色低碳可持续发展进程中的核心力量。

（1）试点效果

降低单位GDP碳排放是我国当前低碳发展的核心指标。国家应对气候变化战略研究和国际合作中心杨秀副研究员研究认为图2-5显示了2010—2014年试点区域单位GDP碳排放的下降率，可以看出32个试点地级市中，24个区域的单位GDP碳排放下降率显著快于所在省区，占全部试点城市的75%。试点区域的单位GDP碳排放下降速度总体快于同类地区，低碳试点政策初见成效，展现出了低碳试点的引领性。

（2）达峰目标

自低碳试点工作开展以来，许多低碳试点城市结合自身经济社会发展、能源结构、环境保护工作等实际情况，确定了城市碳排放达峰目标，引导各项政策行动加快落实。许多低碳试点省市进一步提出2030年前率先实现二氧化碳排放达峰目标，并在2015年第一届中美气候智慧型/低碳

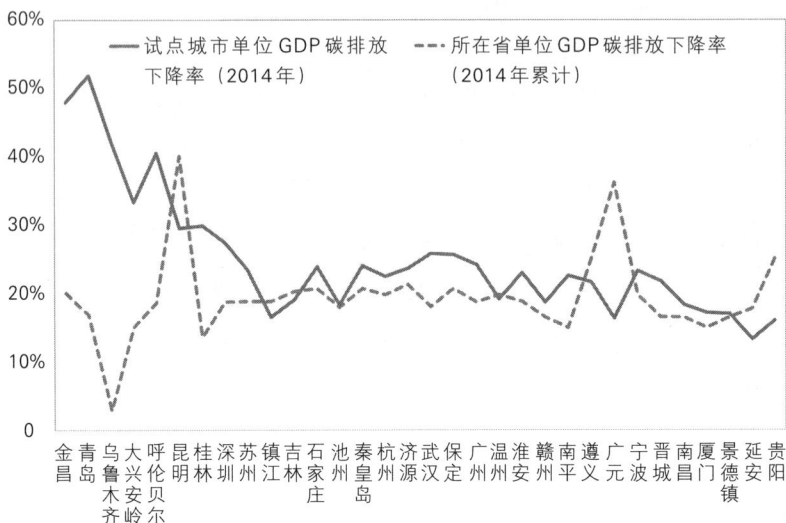

图 2-5　试点城市单位 GDP 碳排放下降率与所在省
单位 GDP 碳排放下降率对比图

城市峰会上成立"中国达峰先锋城市联盟",通过自加压力主动担当,加强交流共同合作,在支撑实现全国 2030 年二氧化碳达峰的同时,引领各个地方向低碳道路加快转型。

中国达峰先锋城市联盟秘书处研究表明:目前,中国已有 23 个省区和城市试点提出 2030 年前(含 2030 年)达到二氧化碳排放峰值。其中,宁波、温州等 8 个城市提出在"十三五"期间(2016—2020 年)达到峰值;武汉、深圳等 7 个城市提出在"十四五"期间(2021—2025 年)达到峰值,海南、延安等 8 个省市提出在"十五五"期间(2026—2030 年)达到峰值。碳排放试点省市达到碳排放峰值时间节点如图 2-6 所示。

2.碳排放权交易试点

碳排放权交易是为促进全球温室气体减排、减少全球二氧化碳排放所采用的市场机制调整手段,即把二氧化碳排放权作为一种商品的交易,而交易额源自企业必须为自己的排放支付的成本。新西兰、挪威、日本东京、瑞士、美国加利福尼亚州、加拿大阿尔伯特省和魁北克省等国家和地

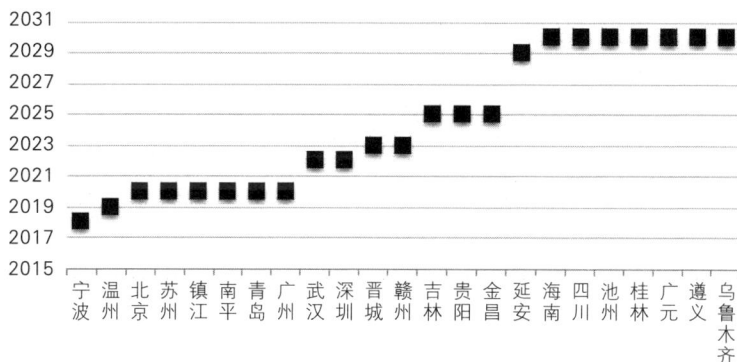

图2-6　碳排放试点省市达到碳排放峰值时间节点图

资料来源：根据杨宏伟在"中国达峰先锋城市联盟（APPC）的战略重点与技术支撑"的内容整理.

区已经建立或已着手建立排放交易系统。世界银行发布的"State and Trends of the Carbon Market 2012"表明：截至2011年，全球碳交易的市场总值已经达到1 760亿美元，其中交易量达到103亿美元。2011年11月，国家发改委批准广东省、湖北省、北京市、天津市、上海市、重庆市、深圳市等"两省五市"作为碳排放交易试点，各试点工作于2013年正式启动，以期通过碳排放额度的交易来推动企业节能减排。2016年年底，福建、四川两个非试点省份启动碳市场工作，其中福建省已开展配额交易与履约。

（1）碳交易试点的履约情况

2017年6月，各碳交易试点城市都迎来了各自2016年度的履约"大考"。履约也称配额清缴，各试点地区的重要排放单位，须在当地主管部门规定的期限内，按实际年度排放指标完成碳配额清缴。北京、上海、深圳、广州、天津5个试点城市处于第四个"碳排放权"履约期，湖北、重庆处于第三个"碳排放权"履约期。总体而言各试点城市履约进度不一，在规定的履约截止期前，仅有天津和广东100%履约；深圳、上海、北京和福建均有企业未按时履约，履约率约98%；而湖北、重庆两地履约推迟，详见表2-1。就深圳而言，与前几年一样，未履约的企业大部分还是科技企业，说明非三高企业自身对于碳市场、碳交易等相关信息关注不足，相关部门还需加强碳交易宣传、加大处罚力度。

表 2-1 碳交易市场基本情况与履约情况汇总表

试点地区	启动交易时间	2016年度参与交易范围			企业数量	建筑数量	2016年履约情况		
		覆盖行业		企事业单位年碳排放量（万吨）			提交核查报告截止日期	履约期	履约率
深圳市	2013-06-18	电力、水务、制造业和建筑		>0.5	824*	197	2017.4.30	2017.6.30	99.84%
上海市	2013-11-26	工业行业：	钢铁、化工、电力等	>2	312	/	2017.4.30	2017.6.30	99.7%
		非工业行业：	宾馆、商场、港口、机场、航空等	>1					
北京市	2013-11-28	钢铁、化工、电力热力、水泥、石化和油气开采、其他工业企业、服务业、城市轨道交通以及公共汽车客运等		>1	947	/	2017.3.30	2017.6.15	98%
广东省	2013-12-19	电力、水泥、石化、钢铁等6个行业		>2	242	/	2017.5.5	2017.6.20	100%
天津市	2013-12-26	钢铁、电力热力、化工、石化和油气开采		>2	109	/	2017.4.30	2017.6.30	100%
湖北省	2014-04-02	电力、钢铁、水泥、化工等12个行业		>6	约140	/	2017.4.30	2017.5.31	延迟
重庆市	2014-06-19	覆盖所有经济部门			240	/	暂未公布	2017.6.20	延迟
福建省	2016.12.12	石化、化工、建材、钢铁、有色、造纸、电力、航空、陶瓷9大行业		>1	277	/	2017.4.30	2017.6.30	98%
四川省	2016.12.16						暂未参与配额交易		

注：①*表示深圳市纳入碳交易的企业数量824家是在首批636家基础上增加了188家；

②上表数据为截至2017年8月1日的数据。

（2）碳交易试点的活跃性

碳交易市场的成功与否，其关键是看碳交易市场的活跃性。在全国9个碳交易平台中，主流的交易品种均为各个地方的政府配额，其次是

CCER。从总体来看，作为早期参与碳市场的试点，上海、广东、湖北、北京和深圳这5个试点交易较为活跃。截至2016年6月30日，上海的配额和CCER现货合计交易量在全国7个试点省市中位于首位，配额交易量居全国第三，CCER交易量全国第一；广东的配额和CCER现货合计交易量位居第二，配额交易量全国第一，CCER交易量全国第二。全国7个试点二级市场交易统计数据如图2-7所示。

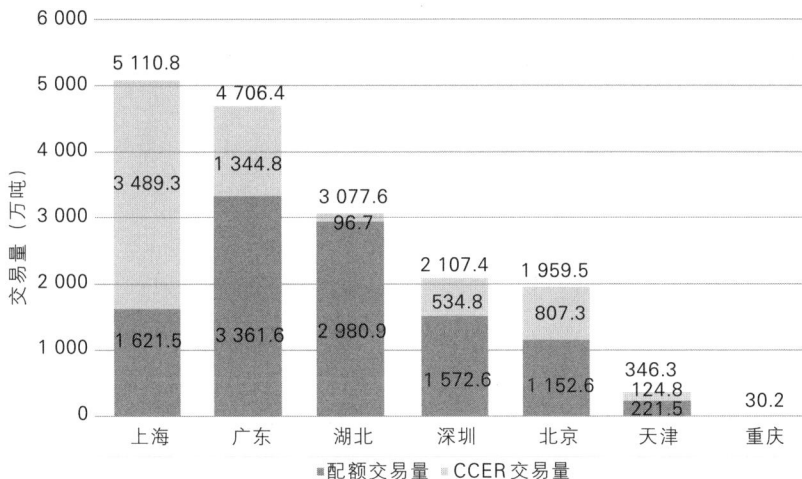

图2-7 全国七个试点二级市场交易统计数据图（截至2016年6月30日）

资料来源：周立. 国家碳交易试点地区2016年度履约情况专题报道［EB/OL］.（2017-07-31）.http：//www.sohu.com/a/161226535_801814.

从成交价格看，北京地区最高，平均高于50元/吨；上海、深圳等地紧随其后，为30~40元/吨；湖北碳市场成交价为21~29元/吨，广东、天津为10~16元/吨；价格偏低的重庆地区，最低时每吨甚至只有1元，已不能显示出企业实际减排成本。深圳碳市场从开盘初期的30元/吨，一路飙升至每吨130多元，后又逐步跌回30~50元/吨，价格波动频繁。由于各地碳价波动较大、地方碳价差异明显等现状，目前的价格暂不能反映企业真实减排成本。

第二篇

深圳低碳概览及情况分析

第三章

深圳市低碳概览

深圳于 1979 年设市，于 1980 年成为经济特区，现为国家副省级计划单列城市，是中国南部海滨城市，毗邻中国香港。深圳位于北回归线以南，东经 113°46′ 至 114°37′，北纬 22°27′ 至 22°52′。地处广东省南部，珠江口东岸，东临大亚湾和大鹏湾，西濒珠江口和伶仃洋，南边深圳河与香港相连，北部与东莞、惠州两城市接壤，辽阔的海域连接南海及太平洋。

与国内其他地区不同，资源禀赋作为经济社会发展的硬约束，早在深圳经济特区创办之初就已显现：缺少资源、缺少富集资源的政策手段、缺少加工生产资源的产业能力。资源禀赋的缺乏正是促使深圳在后来 30 多年的发展建设中，寻求绿色低碳发展的重要动因。

1980 年深圳经济特区初建时，当地人口只有 60 多万；2005 年，在深圳的土地上工作和生活的人已经有 1 000 多万。深圳市政府在 2005 年指出：目前深圳的发展受到一定制约，包括土地资源空间的有限，能源、水资源的缺乏，劳动力的投入和环境容量的瓶颈。

2005 年的深圳市政府工作报告指出：深圳市产业结构在国际分工体系中仍处于较低层次，发展的资源、环境、生态成本比较高，水、电、土地等资源约束趋紧；城市人口增长过快；河流污染比较严重，空气质量下降，治理效果尚不明显。

一、低碳发展禀赋基础

（一）土地空间约束亟待破解

深圳土地面积相对较小，总面积约为1 996.8平方公里，大致相当于北京的1/8，或上海、广州的1/3。据统计，在目前城区人口规模超过500万的主要一、二线城市中，深圳的土地面积最小。同时，作为中国最具经济活力的一线城市，深圳市在实现了社会、经济快速发展的同时，城市建设用地持续快速扩张，近年来加上金融和高新技术产业的快速发展，人口流入不断加快，土地空间日趋饱和，城市自然生态空间总量逐年减少，城市生态资源面临巨大压力。2016年，深圳的土地开发强度接近50%，高于北京、上海和广州等。2016年深圳市人口密度与全国主要城市比较如图3-1所示。

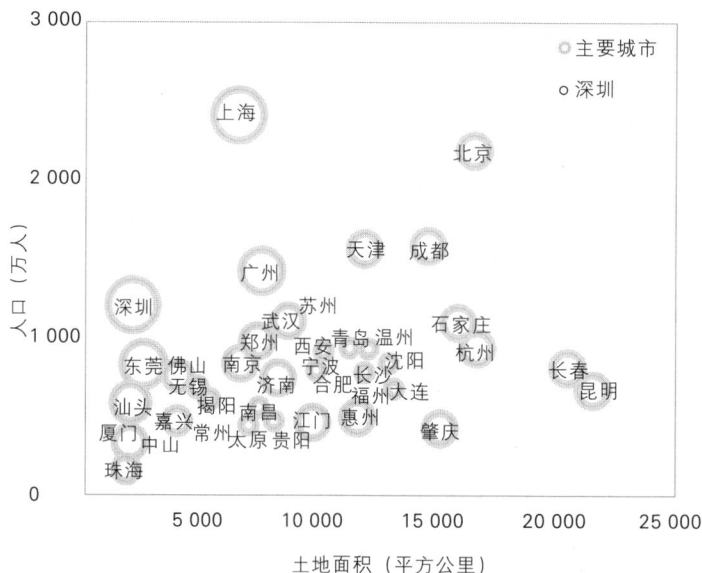

图3-1 2016年深圳市人口密度与全国主要城市比较图

资料来源：国家统计局城市社会经济调查司. 中国城市统计年鉴2017［M］. 北京：中国统计出版社，2017.

数据显示，2005年深圳市建成区面积已经比2000年翻了一番。2005

年，深圳市率先在国内建立起基本生态控制线管理制度，同时出台了《深圳市基本生态控制线管理规定》，将974平方公里土地划入基本生态控制线，约占深圳市陆地总面积的50%。

2015年，深圳市建成区面积已经达到900平方公里，2016年则达到923.25平方公里，这意味着深圳市可供开发的土地空间已经基本饱和，寻求可持续发展，破解空间资源紧约束问题迫在眉睫。

（二）城市人口密度高、增长快

深圳人口密度自2000年开始急速增加，自2000到2015年人口密度翻了2.5倍，北京和上海则分别为2.01倍和1.83倍。

深圳人口密度在2015年达到5 697人/平方公里，逼近香港，是上海人口密度的1.56倍、北京人口密度的4.3倍，高居全国大中城市之首。深圳、香港、上海与北京人口密度比较如图3-2所示。

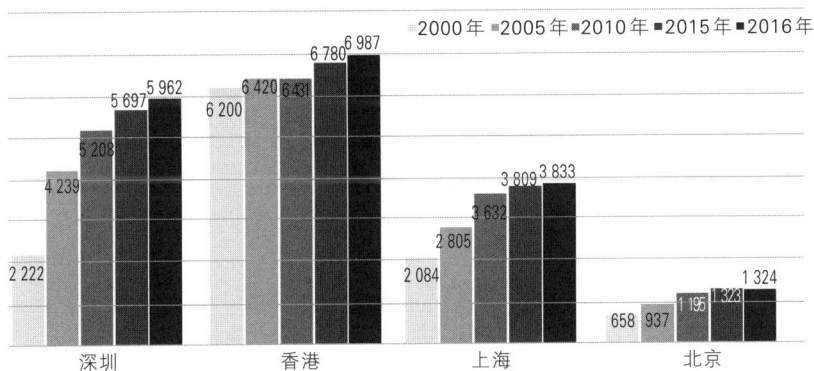

图3-2　深圳、香港、上海与北京人口密度比较图（人/平方公里）

资料来源：国家统计局城市社会经济调查司.中国城市统计年鉴2017［M］.北京：中国统计出版社，2017.

从2014年到2016年，深圳常住人口增量分别为15万人、60万人、53万人，有明显加快增长的态势，2016年人口密度达到5 962人/平方公里。值得提出的是，深圳的土地面积有一大部分是山体，同时受制于严格的生态控制线，因此，深圳的实际人口密度将会更高。此外，2015年深圳市户籍人口仅为常住人口的32.48%，2016年则减少到31.20%，人口结构严重倒挂，这是相比于我国其他大城市所特有的现象。

（三）资源能源供应保障压力长期存在

深圳市本地能源资源匮乏，水、能源与粮食三大城市发展要素均主要依赖外部供应，保障压力将长期存在。随着人口持续增长，能源、水资源承载压力不断增大。

1.水资源承载压力不断增大

随着深圳市人口的增长以及经济的发展，深圳市2011年总用水量达到19.55亿立方米；随着严格水资源管理制度的逐步落实、"三条红线"指标体系初步确立、产业结构的不断优化升级、用水效率的提升，2011—2013年总用水量呈减少趋势；2013—2016年，城市公共用水和生态环境用水呈增加态势，总用水量亦呈增加趋势。1995—2016年深圳市用水总量、水资源总量趋势如图3-3所示。

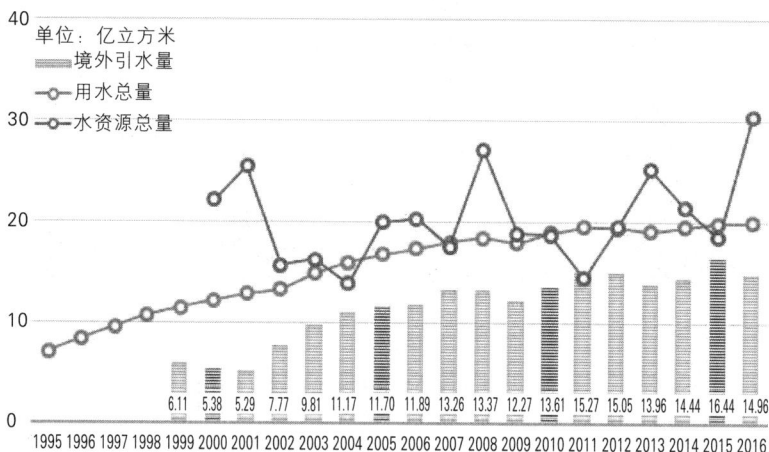

图3-3　1995—2016年深圳市用水总量、水资源总量趋势图

资料来源：根据深圳市水资源公报数据整理.

深圳市2015年总用水量为19.90亿立方米，同比增加2.90%，人均水资源量为162.54立方米/人，远低于国际公认的水严重短缺控制线500立方米/人。深圳市人均淡水资源占有量仅为全国的1/5、广东省的1/5，是全国严重缺水的城市之一。深圳市水储备能力差，城市用水主要靠市外引进，2015年市外引水量达到16.44亿立方米，约占当年用水总量的82.60%。2016年，深圳市总用水量基本与2015年持平，市外引水量则有较明显的下降，占总供水量的75.05%，但是依然处于较高的比例，缺水严重程度仍不能达到放松警惕的状态。

2000年、2005年、2010年、2015年、2016年水资源消费结构比较如图3-4所示。从具体用水部门来看，居民生活用水、城市公共用水及城市环境用水需求相比2005年增幅明显；工业用水在经过2010年高峰后，2015年用水量基本与2005年持平，2016年则继续下降。然而，随着居民生活水平的提高，水资源供需矛盾突出问题仍将持续。

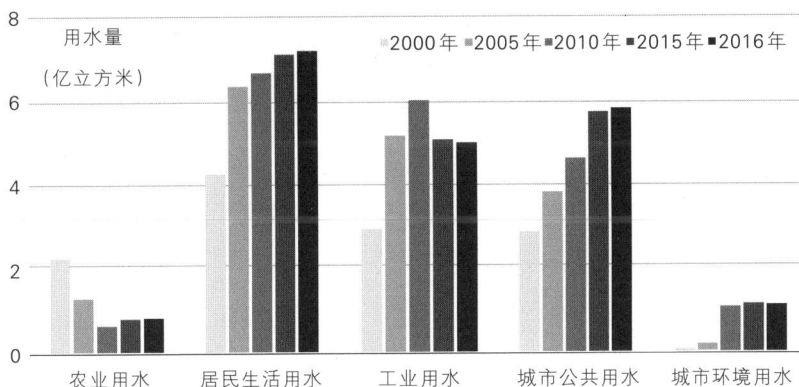

图3-4　2000年、2005年、2010年、2015年、2016年水资源消费结构比较图

资料来源：根据深圳水资源公报数据整理．

2.能源供应保障压力长期存在

尽管能源需求增速有所放缓，但随着经济总量和人民生活水平的提升，深圳市能源需求仍将持续增长，资源能源更加紧缺。随着产业结构调整的步伐加快，工业用能比重下降、第三产业及生活用能比重提高等城市化用能特征将日益突显。深圳处于国内能源运输通道和供应链末端，外来

能源存在较大不确定性，容易受到资源短缺、运力紧张、价格波动和极端天气等因素的影响，深圳市的能源供应保障压力将长期存在。深圳市能源消费总量与单位GDP能耗比较如图3-5所示。

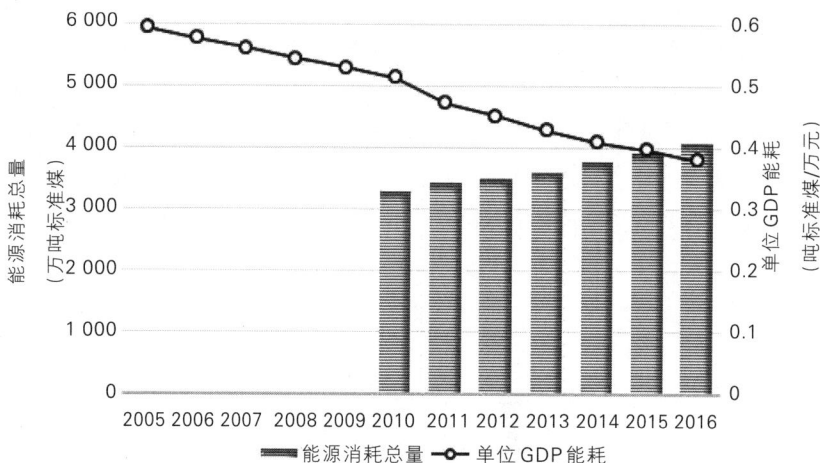

图3-5　深圳市能源消费总量与单位GDP能耗比较图

资料来源：深圳市统计局，国家统计局深圳调查队．深圳统计年鉴2016 [M]．北京，中国统计出版社，2016．

（四）环境容量透支

2004年，深圳市的多条河流污染严重，阴霾天气超过1/3。经过"十一五"与"十二五"期间的环境治理，深圳市环境质量得到持续改善，目前蓝天白云是深圳的一张名片。2016年PM2.5年均浓度降至27微克/立方米，空气质量居国家74个重点监测城市前列，深圳成为全国空气质量最好的大城市。

然而，受到环境容量小、新增和现有污染负荷大、治理能力与实际需求不匹配等多方面因素的制约，深圳市整体环境质量仍呈现不均衡状态，部分环境问题仍较突出，生态环境存在短板效应。在经济体量大、增速快的情况下，深圳市能源消耗总量、用水总量仍保持峰值增长，污染物排放量仍处高位，部分河流或河段氨氮、总磷等污染物排放量大幅超出环境容量，生态环境压力居高不下。

深圳市主要河流中下游水质氨氮、总磷等指标超过国家地表水 V 类标准，其他指标达到 V 类标准。西部近岸海域海水水质劣于第四类标准，其中，悬浮物、化学需氧量等指标略有改善，无机氮和活性磷酸盐指标升高。龙岗河、坪山河、深圳河水质属重度污染，主要污染指标为氨氮、总磷和耗氧有机物。

深圳市建筑科学研究院股份有限公司生态足迹研究组研究发现，2015年时深圳市的生态足迹约是生态承载力的32倍，远高于珠三角城市群的总体水平（4.2倍），为珠三角城市群中环境承载压力最大的城市。2015年珠三角城市的生态承载力与生态足迹比较如图3-6所示。

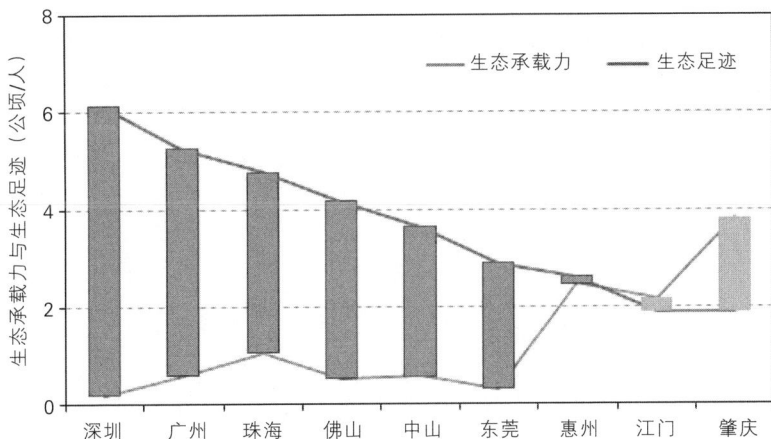

图3-6　2015年珠三角城市的生态承载力与生态足迹比较图

二、低碳发展工作基础

（一）基准年份碳排放水平

2005年，深圳市人均碳排放约为8吨/人，低于北京与上海的人均碳排放水平，处于国内一线城市较低水平。中国香港人均碳排放约为6.5吨、东京约为5.5吨、新加坡约为7吨,其人均碳排放的均值约为6吨。在当年的碳排放水平下,深圳与其他城市的人均碳排放水平仍有一定差距。2005年深圳与其他城市人均碳排放强度比较如图3-7所示。

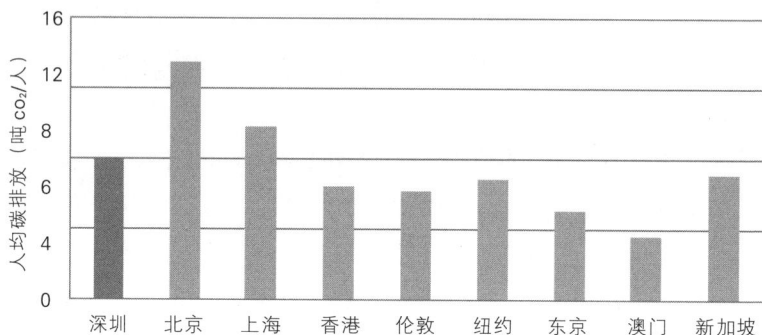

图3-7 2005年深圳与其他城市人均碳排放强度比较图

资料来源:根据世界银行数据库资料整理.

(二)2005年前的低碳政策规划

2005年低碳建设的概念还没有被广泛普及,深圳市对低碳建设的概念仍比较模糊,深圳市关于低碳发展相关政策法规较少,主要有《深圳市基本生态控制线管理规定》《深圳经济特区机动车排气污染防治条例》《深圳市节约用水条例》《深圳市资源综合利用条例》《深圳经济特区污染物排放许可证管理办法》《深圳经济特区城市绿化管理办法》等;规划方面只有《深圳市能源发展规划大纲》(2000—2010年)。由此可以看出,深圳市的工作更多地集中在完善绿化工作、治理污染等保护生态环境上面,在环保领域有所作为。2005年前,深圳市已先后荣获首届"中国人居环境奖"联合国环境保护"全球500佳""国家卫生城市""国家绿化模范城市""国家园林城市""中国保护臭氧层贡献奖特别金奖"等称号。

政策中有重大意义的是《深圳市基本生态控制线管理规定》。2005年,深圳在国内第一次提出了基本生态控制线的概念,并用立法的手段明确了深圳城市建设的生态底线，控制保护范围接近深圳市域总面积的 50%，对保证城市生态安全、防治城市建设无序蔓延具有重要作用，也为城市的持续发展提供了良好的生态基础，为深圳市经济增长打下了基础。

第四章

深圳市低碳排放水平

进入"十一五"时期，深圳市紧扣国家和时代脉搏，积极响应节能减排与低碳发展要求，在《深圳市国民经济和社会发展十一五规划纲要》中提出：2010年，万元GDP能耗、万元GDP水耗分别比2005年下降10%和20%以上。

深圳市万元GDP能耗由2005年的0.59吨标准煤下降到2010年年末的0.51吨标准煤，单位GDP能耗相当于全省平均水平的77%左右、全国平均水平的50%左右；万元GDP水耗则为20.3立方米，相当于全国平均水平的1/10，全面超额完成"十一五"节能目标。

基于优异的节能减排成绩，深圳市于2010年8月成为"国家首批8个低碳试点城市之一"，超额完成"十一五"节能减排目标。

一、2011—2020年低碳发展目标

《深圳市低碳发展中长期规划（2011—2020年）》明确提出深圳市2011—2020年的低碳发展目标：

到2015年，基本建立有利于低碳发展的法规、规章、政策、标准、技术规范等体系，初步形成以低碳排放为特征的产业体系，基本形成碳排放统计核算考核体系，低碳发展能力明显增强，清洁能源比例持续提高。万元GDP二氧化碳排放比2010年下降21%，达到0.90吨，非化石能源占

一次能源消费比重达到15%。

到2020年，深圳市将不断完善低碳发展政策法规体系、低碳产业体系、低碳技术支撑体系、低碳清洁能源体系和碳排放统计核算考核体系，低碳发展理念深入人心，低碳生产和生活方式基本形成；争取万元GDP二氧化碳排放比2005年下降45%以上，比2015年下降10%，达到0.81吨，非化石能源占一次能源消费比重达到15%以上，努力建成国家低碳发展先进城市。

二、"十二五"期间碳排放总量增速放缓且碳强度处于中等水平

（一）2005—2015年碳排放趋势分析

2005—2015年，深圳市碳排放总量年均增速约4.2%，而人口年均增速为3.2%，深圳地区生产总值年均增速为13%。

其中，深圳2010年直接排放量占总排放量约为68%、2015年直接排放量占总排放量约为65%，直接排放量年均增速为1.9%，间接排放量年均增速为10.8%，间接排放的年均增长速度远快于直接排放。

从排放源看，直接排放中，90%以上的碳排放来自化石能源活动，其次是废弃物处理产生的碳排放占7%左右。

深圳市城市发展研究中心研究表明："十一五"期间，深圳市碳排放总量年均增速约为4.8%；"十二五"期间，年均增速约为3.6%，可见，"十二五"期间比"十一五"期间的年均碳排放增速明显放缓，而且直接排放占比逐渐下降，这表明化石能源消费产生的碳排放明显减少，能源结构不断优化。2005—2015年深圳碳排放总量变化如图4-1所示。

可以看出，深圳市作为特大型城市，在社会经济快速发展过程中，人均碳排放始终处于较低水平。

（二）人均碳排放与万元GDP碳排放

中国达峰先锋城市联盟秘书处研究表明：2010年开始，国家启动低碳试点城市建设，深圳市成为国家发改委第一批低碳试点城市，2010年深圳在国家批准的低碳试点城市中，其人均地区生产总值最高，人均碳排

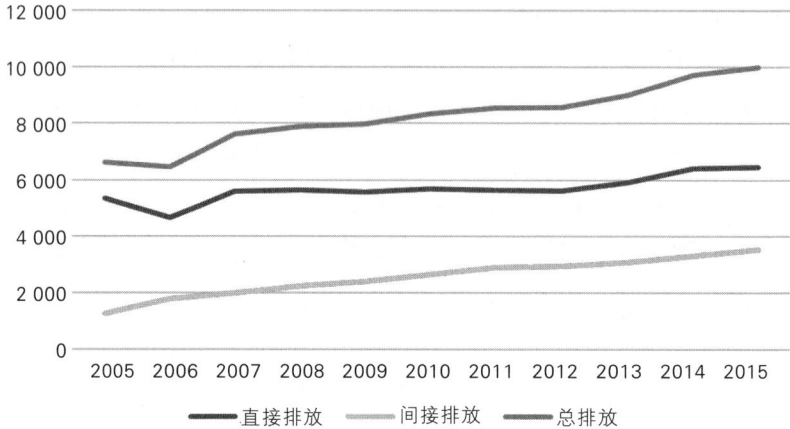

图4-1　2005—2015年深圳碳排放总量变化图（万吨）

放强度处于中等水平，具备良好的低碳发展基础。2010年各低碳试点城市人均地区生产总值与人均二氧化碳排放比较如图4-2所示。

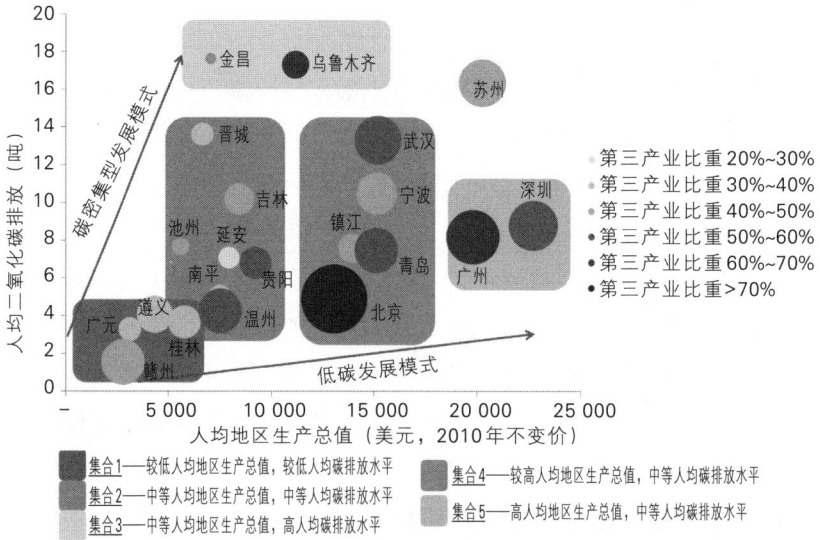

图4-2　2010年各低碳试点城市人均地区生产总值与人均二氧化碳排放比较图

资料来源：根据杨宏伟在"中国达峰先锋城市联盟（APPC）的战略重点与技术支撑"中的内容整理.

经过5年的低碳试点建设,"十二五"期间,按照深圳市常住人口计算,全市人均碳排放呈现增长趋势,但2015年有所下降,"十二五"期间人均碳排放的平均值约为8吨。深圳流动人口量大,实际管理人口远超过常住人口,以2015年深圳市管理人口1 500万人计算,深圳市人均碳排放约为6吨二氧化碳/人。与国内低碳试点城市碳排放水平对比,虽然深圳市人均碳排放处于中等水平,但万元GDP碳排放强度处于全国大城市的较低水平。2015年深圳与国内城市碳排放强度比较如图4-3所示。

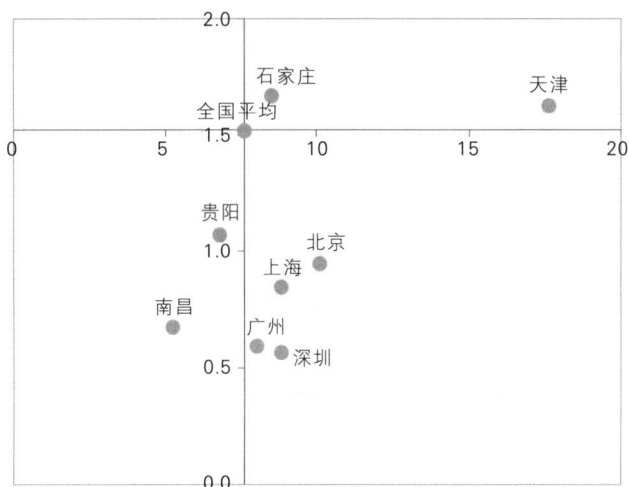

图4-3　2015年深圳与国内城市碳排放强度比较图

（横坐标：人均碳排放强度（吨 CO_2/人），纵坐标：万元 GDP 碳排放强度（吨 CO_2/万元），各地生产总值以当年价格计算）

资料来源：根据2015年各地统计年鉴和国民经济与社会发展统计公报中的能源数据估算.

"十二五"期间,按照深圳市常住人口计算,全市人均碳排放呈现增长趋势。深圳市的人均碳排放仅优于台湾和新加坡,却远高于伦敦、东京、纽约等城市人均碳排放,与其他城市（或地区）相比还有较大差距。深圳与其他城市（或地区）人均碳排放强度比较如图4-4所示。

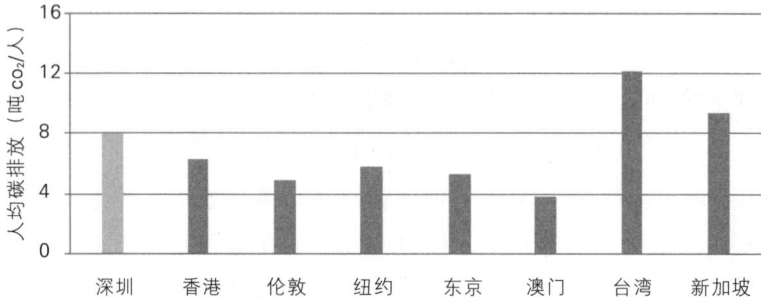

图4-4　2013年深圳与其他城市（或地区）人均碳排放强度比较图

资料来源：根据世界银行数据库资料整理.

三、低碳试点城市建设指标

对深圳市2015年低碳发展指标体系进行评估，包括低碳产出10项；低碳资源5项；低碳环境4项，共计19项指标（其中4项未评估）。13项达标（其中9项超出预期值，4项与预期值持平），2项未达标，具体见表4-1：

表4-1　　　　　　　　　深圳低碳发展主要指标

类别	序号	指标	单位	2015年预期值	2015年实际值	评估结果	数据来源
低碳产出	1	单位GDP二氧化碳排放下降率	%	39	暂无法公开披露		
	2	单位GDP二氧化碳排放	吨二氧化碳/万元	0.90			
	3	单位GDP能耗	吨标准煤/万元	0.398	0.396	0.5%↓	《深圳统计年鉴2016》

续表

类别	序号	指标	单位	2015年预期值	2015年实际值	评估结果	数据来源
低碳产出	4	高新技术产业增加值占深圳地区生产总值比重	%	35	33.4	未达标	《关于深圳市2015年国民经济和社会发展计划执行情况与2016年计划（草案）的报告》
	5	现代服务业增加值占第三产业比重	%	60	69.3	15.5%↑	《2016年深圳市人民政府工作报告》
	6	战略性新兴产业增加值占深圳地区生产总值比重	%	40	40	—	《深圳统计年鉴2016》
	7	单位工业增加值能耗	吨标准煤/万元	0.394	0.241	38.83%↓	《深圳统计年鉴2016》
	8	绿色建筑占新建建筑比重	%	40	100	150%↑	《深圳市绿色建筑促进办法》
	9	公共交通占机动化出行分担率	%	56	56.10	0.18%↑	《深圳市交通运输委员会2015年工作总结及2016年工作计划》
	10	新能源汽车保有量	万辆	5	3.6	未达标	《2016年深圳市人民政府工作报告》
低碳资源	11	非化石能源占一次能源比重	%	15	15	—	《深圳市能源发展"十三五"规划》
	12	清洁能源占能源消费比重	%	50	61.9	23.8%↑	《深圳市能源发展"十三五"规划》

类别	序号	指标	单位	2015年预期值	2015年实际值	评估结果	数据来源
低碳资源	13	森林覆盖率	%	41.2	41.5	0.73%↑	《深圳统计年鉴2016》
	14	单位面积绿道里程	公里/平方公里	1.0	1.2	20%↑	《2016年深圳市人民政府工作报告》
	15	人均公园绿地面积	平方米/人	16.9	16.9	—	《深圳统计年鉴2016》
低碳环境	16	研发投入占深圳地区生产总值比重	%	4.0	4.05	1.25%↑	《2016年深圳市人民政府工作报告》
	17	低碳技术投入占研发投入比重	%	10	无数据	未评价	—
	18	碳排放统计、核算和考核体系	—	基本建立	基本建立	—	目前已核算2005—2015碳排放清单
	19	市民对低碳理念的认知率	%	80	无数据	未评价	—

注：1.单位GDP二氧化碳排放和单位工业增加值能耗指标均以2005年不变价计算；单位GDP二氧化碳排放下降率的基准年为2005年，其余指标规划基准年为2010年。

2.2015年指标均以《深圳市国民经济和社会发展第十二个五年规划纲要》以及各部门专项规划为依据。

1.低碳产出：总体完成情况较好，但在高新技术产业增加值占深圳地区生产总值比重、新能源汽车保有量两项指标上未达到预期要求；

2.低碳资源：总体完成情况优秀，均超过2015年预期值，其中清洁能源占能源消费比重超出预期达23.8%，这主要得益于深圳市天然气多气源供应、岭澳核电3、4号机组投产；

3.低碳环境：总体完成情况较好，由于无法获得低碳技术投入占研发投入比重及市民感受，因此未对上述两项指标进行评估。

第五章

深圳市未来碳排放情景分析

回顾深圳市"十一五""十二五"期间的低碳工作与成效，深圳市已然是中国低碳发展的先锋城市，很大程度上代表着中国未来低碳转型发展的缩影。面对深圳市在绿色低碳发展领域取得的突出成绩，既有必要进行梳理提炼，更有必要站在这个新起点，识别未来深圳市低碳发展的挑战，进一步拉近与国际先进低碳城市的距离，继续引领我国城市低碳发展转型。

以 2015 年为基准年，利用 LEAP 模型对深圳市 2016—2030 年间的碳排放进行预测，从而使低碳发展路径更加清晰。

一、情景分析方法

本研究基于伯克利中国能源研究室 GREAT 框架，结合深圳实际调研数据构建了 LEAP-Shenzhen 碳排放路径情景分析框架，如图 5-1 所示。该框架包括关键假设、需求、转换及资源四个模块，其中需求和转换是关键模块。通过设定不同情景下的各模块参数，即可分析深圳市在不同减排政策措施下的碳排放路径。

1.需求模块。根据深圳市终端用能需求特点，在需求模块下设立制造业部门、交通部门、建筑部门及其他部门四个分支。每个分支下根据用能活动类型及减排技术分类设立新的分支，划分结果见"能源需求部门划

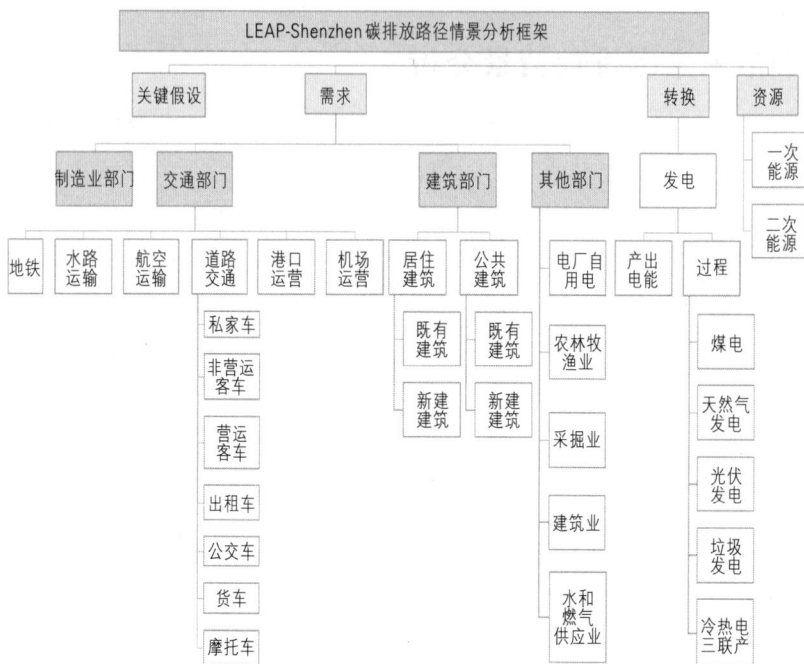

图 5-1 碳排放路径情景分析框架图

分"。设立分支的依据是本研究通过实地调研、企业问卷调查、专家咨询及文献调研等方式获得的各类用能活动数据及适用于深圳的碳减排技术措施清单。各部门主要的能源需求分支如下：

（1）制造业部门。为了在情景分析中体现各类减排技术的减排贡献，按照减排技术类型将制造业细分为十种用能技术类型，包括温控技术、照明技术及通用机械技术、数控机床技术、注塑机技术、燃烧加热技术、锅炉技术、运输技术、控制管理技术以及专用技术等。

（2）交通部门。采用大交通的概念，既包括营运交通工具，也包括企事业单位和居民所拥有的非运营交通工具。由于道路运输是深圳市交通排放的主要来源，因此将其进一步细分为小汽车、出租车、公交车及货车四类。此外，还包括轨道运输（地铁）、水路运输、航空运输及其他交通方式。

（3）建筑部门。采用国际上通行的建筑能耗概念，即仅包括建筑运行能耗，不包括建筑建造过程的能耗。将建筑部门分为居住建筑和公共建筑两大类。由于既有建筑和新建建筑的能耗标准和节能减排措施存在较大差异，因此将居住建筑、公共建筑进一步细分为既有建筑和新建建筑。

（4）其他部门。其他部门指交通部门、建筑部门和制造业以外的终端用能部门，包括采掘业、建筑业、水和燃气供应业、农林牧渔业及电厂自用电等。

2.转换模块。除了电力生产和供应业，深圳市没有其他的能源生产和转换行业，因此转换模块下仅设立发电分支。目前，深圳市的发电方式有燃煤发电、燃气发电以及垃圾发电。经调研，本研究认为未来可能规模化发展的发电方式为分布式光伏发电及冷热电三联产。因此，在发电过程分支下设立了上述五种发电方式。各种发电方式的参数根据深圳市相关部门规划及能源领域专家意见设定。

二、情景定义

定义参考情景、减排情景、强化减排情景及峰值目标情景四个情景。各情景在经济增长、产业结构变化及人口增长等方面的增长趋势一致，差异主要体现在减排技术应用方面。其中，推广率是指各项技术实施程度占该项技术总减排潜力的比重；推广率根据单位减排成本以及推行的难易程度确定的各技术优先等级进行确定。基准年为2015年，情景年为2016—2030年。

1.参考情景：假设未来不额外引入新的减排技术，并且现有各项技术推广率保持不变。

2.减排情景：假设深圳市继续保持"建设绿色低碳的生态文明城市"的定位，各项减排技术按深圳市既有规划推进。对于有整体节能减碳规划的行业（如制造业），根据规划制定减排策略；对于没有整体节能减碳规划的行业和部门（包括电力业、交通部门和建筑部门），根据主管部门或主要企业对具体减排技术的推进计划确定技术推广率。

3.强化减排情景：在减排情景基础上，对于实施难度相对较小的技术措施，进一步扩大其技术推广率。

4.峰值目标情景：以深圳市在2022年实现碳排放峰值为目标，反推确定各部门各项技术的推广率。

三、情景参数

（一）社会经济参数

1.GDP

《深圳统计年鉴2016》显示，深圳市2006—2010年年均地区生产总值增速为13.3%，2011—2015年为9.6%。另外，《深圳市国民经济和社会发展第十三个五年规划纲要》提出深圳市2016—2020年年均地区生产总值增速为8.24%的目标。据此，设定深圳市2016—2020年年均地区生产总值增速为8.24%，2021年至2030年约为7.24%。据此计算，2020年深圳地区生产总值为26 004亿元（按当年价格计算，下同），2030年将达到52 314亿元。

2.产业结构

《深圳统计年鉴2016》数据表明，由于深圳市第一产业比重占比很低（2015年约为0.03%），可忽略不计；2010年第三产业增加值占比为53.68%，2015年为58.8%。

同时，《深圳市国民经济和社会发展第十三个五年规划纲要》提出2020年第三产业占深圳地区生产总值的比重将增至61%的目标。

根据历史数据与规划，可预测深圳市2020年第三产业比重为61%，2030年为67%左右；第二产业2020年比重将降至39%，2030年为33%。

深圳市第二产业包括工业和建筑业两部分，自2005年以来，建筑业增加值占深圳地区生产总值的比重稳定在3%左右，因此本文假定建筑业占比在未来保持3%不变。据此推算，2020年工业增加值占深圳地区生产总值的比重为39%-3%=36%，2030年工业增加值占深圳地区生产总值的比重为33%-3%=30%。另外，自2009年以来，制造业增加值约占工业增加值的95%，假定未来这一比例保持不变。

3.人口数量

由于深圳市自从2009年起城镇化率即为100%，因此只考虑深圳市人口即可。深圳统计年鉴中的人口统计包含常住人口、户籍人口与非户籍人口，其中户籍人口与非户籍人口之和为常住人口。深圳户籍人口指拥有深圳红印户口，在深圳居住半年以上的人口；深圳非户籍人口指常住人口中，没有深圳红印户口的人口。

数据显示2015年常住人口为1 137.87万人，其中户籍人口为354.99万人，非户籍人口为782.88万人。另外，《深圳市人口与社会事业发展"十三五"规划》显示深圳市2020年常住人口为1 480万人。依据《深圳社会建设与发展报告（2016）》中《B.29 深圳市人口结构分析报告》数据，截至2015年年底，深圳市总人口（包括常住人口和流动人口）已达1 952万人。

依据《深圳市人口与社会事业发展"十三五"规划》以及人口数量的历史变化趋势，2020年深圳市总常住人口为1 480万人，增长率为5.4%，纳入流动人口后总人口为2 080万人。2020—2030年深圳市常住人口增长率放缓，约3%，则2030年深圳市常住人口为1 989万人，纳入流动人口后总人口为2 689万人。

（二）电力业参数

电力业的关键参数包括各种发电方式的装机容量、年平均发电小时数、各种发电方式的能源转换效率以及各类减排技术推广率。

本地发电不能满足的电力需求由外来电力（从南方电网调入）满足。各种发电方式的装机容量见表5-1，年平均发电小时数见表5-2。各种发电方式的能源转换效率在参考情景下保持不变，而在减排情景和峰值目标情景下，由于燃气和燃煤电厂实施了技术改进，因此转换效率有所提升，见表5-3。

表5-1　　　　　　　　　　减排情景下各类发电方式装机容量　　　　　单位：万千瓦

情　景	年　份	燃煤发电	现有燃气发电	分布式光伏发电	新建燃气发电	冷热电三联产	垃圾发电	其他发电
参考情景	2020—2030年	184.0	448.0	0	0	0	0	4.3
减排情景	2020年	184.0	448.0	30.0	480.0	0.3	28.6	4.3
	2025年	184.0	448.0	90.0	480.0	0.6	30.7	4.3
	2030年	184.0	448.0	150.0	480.0	0.9	32.7	4.3
强化减排情景	2020年	184.0	448.0	30.0	480.0	0.3	28.6	4.3
	2025年	184.0	448.0	90.0	480.0	0.6	30.7	4.3
	2030年	0.0	448.0	150.0	480.0	0.9	32.7	4.3
峰值目标情景	2020年	184.0	448.0	60.0	480.0	0.6	28.6	4.3
	2025年	61.3	448.0	180.0	480.0	1.2	30.7	4.3
	2030年	0.0	448.0	300.0	480.0	1.8	32.7	4.3

表5-2　　　　　　　　　　各类发电方式年发电时间　　　　　　　　单位：小时

情　景	年　份	燃煤发电	现有燃气发电	分布式光伏发电	新建燃气发电	冷热电三联产	垃圾发电	其他发电
参考情景	2020—2030年	5 810	2 752	0	0	0	0	8 760
其他各情景	2020—2030年	5 810	3 500	1 000	3 500	8 760	8 760	8 760

表5-3　　　　　　　　　　各类发电方式发电转换效率

情　景	年　份	燃煤发电	现有燃气发电	分布式光伏发电	新建燃气发电	冷热电三联产	垃圾发电	其他发电
参考情景	2020—2030年	37.7%	42.5%	—	42.5%	32.1%	24.8%	38.6%
减排情景	2020—2024年	38.6%	44.5%	—	42.5%	32.1%	24.8%	38.6%
	2025—2030年	39.2%	44.6%	—	42.5%	32.1%	24.8%	38.6%
强化减排情景	2020—2024年	38.6%	44.5%	—	42.5%	32.1%	24.8%	38.6%
	2025—2030年	39.2%	44.6%	—	42.5%	32.1%	24.8%	38.6%
峰值目标情景	2020—2030年	39.2%	44.6%	—	42.5%	32.1%	24.8%	38.6%

　　电力业减排技术包括燃煤电厂技术改进、燃气电厂技术改进和电力结构替代三类，减排潜力占比分别为94.5%、2.8%和2.7%。由于深圳市燃煤电厂和燃气电厂电力碳排放因子在全国处于领先水平，进一步下降的空间有限，因此深圳市电力业碳减排的关键是电力结构替代技术。其中，分布式光伏发电、妈湾电厂退役和新建燃气发电减排潜力较大，分别占总减排潜力的41.5%、25.1%和16.2%。

　　在参考情景下，假定未来燃煤发电、燃气发电及其他发电规模保持现有规模不变，分别为106.9亿千瓦时、123.3亿千瓦时及3.8亿千瓦时。剩余电力需求由外来电力（从南方电网调入）满足。

　　在减排情景下，燃煤电厂各项技术、燃气电厂各项技术以及除"冷热电三联产技术"之外的电力结构替代技术均根据相关规划确定推广时间及推广率。由于深圳市仅有1家燃煤电厂和7家燃气电厂，隶属于深圳能源集团及少数几家公司，因此减排技术能够一次性100%实施。对于"冷热电三联产技术"，由于没有明确的政府规划，因此本文借鉴美国推广该技术的经验确定推广时间及推广率。

　　在强化减排情景下，由于妈湾电厂部分机组到达经济寿命，因此在减排情景基础上增加了"2026年妈湾电厂2/3的机组退役、2030年剩余的1/3机组退役"的减排措施。

　　在峰值目标情景下，提前实施燃煤电厂和燃气电厂减排技术。对于"分布式光伏发电"和"冷热电三联产"技术，在峰值目标情景下2020年和2030年的推广率是减排情景下的推广率的两倍。对于"妈湾电厂退役"本书采取按照燃煤机组经济寿命到期不再新建，直接退役的方式进行处理。不同情景下各项技术措施的推广率见表5-4。

（三）制造业参数

　　深圳制造业呈现相对低碳、排放源分散、以电力间接排放为主的特点。其中，通信设备、计算机及其他电子设备制造业（以下简称"通信电子行业"）、电气机械及器材制造业（以下简称"电气机械业"）和塑料制品业共占深圳市制造业增加值的70%以上、制造业碳排放的50%以上。不过，上述三个行业的企业、用能设备以及产品数量众多，难以提炼出少

表 5-4 深圳市电力业碳减排技术推广率

分类	技术措施名称	减排情景技术推广率		强化减排情景技术推广率		峰值目标情景技术推广率	
		2020年	2030年	2020年	2030年	2020年	2030年
燃煤电厂技术	锅炉智能吹灰优化与在线结焦预警系统技术*	0	100%	0%	100%	100%	100%
	火电厂凝汽器真空保持节能系统技术*	0	100%	0%	100%	100%	100%
	其他燃煤电厂技术	100%	100%	100%	100%	100%	100%
燃气电厂技术	燃机进气冷却*	0	100%	0%	100%	100%	100%
	其他燃气电厂技术	100%	100%	100%	100%	100%	100%
电力结构替代	垃圾发电	86.7%	100%	86.7%	100%	86.7%	100%
	冷热电三联产	10%	30%	10%	30%	20%	60%
	分布式光伏发电	3.3%	16.4%	3.3%	16.4%	6.6%	32.9%
	新建燃气发电厂	100%	100%	100%	100%	100%	100%
	提高燃机利用	100%	100%	100%	100%	100%	100%
	妈湾电厂退役	0	0	0	100%	0	100%

注：*表示在减排情景和强化减排情景下，2025年技术推广率为100%。

数代表性（占碳排放多数）的企业、用能设备或者高耗能产品近似代表整个制造业。此外，电力碳排放占各行业碳排放总量的90%以上。

2030年深圳市制造业各项减排技术的最大减排潜力为 2 303.54 万吨 CO_2，其中，前20项技术的减排潜力之和占制造业的87%。控制管理技术、注塑机技术、温控技术、通用机械技术为主要减排技术类型。

在参考情景下，由于假定制造业能源消费弹性系数小于1，因此制造业单位增加值能耗及碳排放逐步下降。其中，单位增加值能耗2020年较

2015年下降10.12%，2030年较2015年下降27.66%，单位增加值碳排放量2020年较2015年下降10.73%，2030年较2015年下降25.88%。

深圳市制造业碳减排在不同情景下技术推广率见表5-5。在减排情景下，假设2015—2020年制造业单位增加值能耗下降率保持"十二五"时期下降速度，达到20%。2015—2030年间各类技术的推广率呈线性增长，据此确定各类技术的推广率。

表5-5　　　　　　　　　深圳市制造业碳减排技术推广率情景

技术措施分类	减排情景		强化减排情景		峰值目标情景	
	2020年	2030年	2020年	2030年	2020年	2030年
优先实施	31.0%	66.0%	40.1%	90.0%	60.0%	90.0%
基本实施	28.0%	56.0%	38.0%	85.0%	50.0%	85.0%
选择实施	25.0%	48.0%	28.0%	48.0%	33.0%	70.0%
少量实施	18.0%	30.0%	20.0%	30.0%	20.0%	50.0%

注：此处推广率为占2030年节能潜力的比例。将各类备选节能减排技术根据其单位减排成本和推行难易程度对技术进行了优先级分类。将技术分为四类，包括较低单位减排成本且比较容易推行的"优先实施"类，中等成本、易或较易推广的"基本实施"类，中等成本、较高推广难易程度的"选择实施"类，需要很高的投资成本或者技术难度相当大的"少量实施"类。

在强化减排情景下，较减排情景更能提高各类技术的推广率。假设2015—2020年、2020—2025年和2025—2030年三个阶段的推广率均分别呈线性增长。

在峰值目标情景下，进一步扩大各类技术的推广率。假设2015—2020年、2020—2025年和2025—2030年三个阶段的推广率分别呈线性增长，其中2020—2030年推广率增速较2015—2020年大。

（四）交通部门参数

在参考情景下，各类机动车保有量见表5-6，地铁营运里程参考深圳市轨道交通建设规划确定，见表5-7，单位营运里程电耗根据调研数据确定。水路运输、航空运输的货运周转量见表5-8。

表5-6　　　　　参考情景下深圳市各类机动车保有数量变化　　　　单位：万辆

时　间		2015年	2020年	2030年
私家车	汽油	255.39	300.4	344
	电动	0.58	12.5	60.5
	合计	255.97	312.9	404.5
非营运客车	合计	65.35	65.35	65.35
营运客车	班线客车	0.23	0.23	0.23
	旅游包车	0.27	0.27	0.27
	合计	0.50	0.50	0.50
摩托车	合计	0.75	0.75	0.75
出租车	汽油	1.54	0	0
	电动	0.12	1.75	2.14
	合计	1.66	1.75	2.14
公交车	柴油	0.95	0	0
	电动	0.67	1.63	1.75
	天然气	0.06	0	0
	合计	1.57	1.63	1.75
货车	重型　柴油	2.36	3.51	4.51
	大型　柴油	1.01	1.09	1.31
	中型　柴油	0.20	0.15	0.05
	小型　柴油	5.05	4.55	3.55
	牵引车　柴油	3.13	3.88	5.78
	合计	11.75	13.17	15.20

　　注：2015年私家车、非营运客车、营运客车、出租车和公交车保有量数据由深圳市城市发展研究中心提供；假定深圳市到2019年继续实施汽车限购政策，即每年限购私家车10万辆，其中燃油汽车8万辆、新能源汽车2万辆，可得出到2019年私家车的预测数据；深圳市发改委新能源汽车示范推广领导小组办公室指出，新能源汽车比重到2020年达到3%~5%，结合历史数据可预测2020—2030年新能源汽车保有量数据；出租和公交车保有量预测数据根据城市发展研究中心提供的2011—2015年的历史数据外推得到。2015年的货车和摩托车保有量数据来自深圳市车管所，在参考情景下，货车保有量根据车管所2011—2015年历史数据外推得到。

表5-7　　　　　　　　各情景下地铁运营里程变化情况　　　　　　　单位：公里

情　景	2015年	2020年	2030年
参考情景	177	285	285
减排情景	177	596.9	1 142
强化减排情景	177	596.9	1 142
峰值目标情景	177	620	1 300

注：地铁营运里程参考深圳市轨道交通建设规划确定。

表5-8　　　　　　　　航空、水路运输货运周转量

运输方式	2015年	2020年	2030年
航空运输货运周转量（百万吨/公里）	459	500	700
航空运输客运周转量（百万人/公里）	63 593	63 593	63 593
水路运输货运周转量（十亿吨/公里）	191.62	241.62	291.62

注：航空运输、水路运输货运周转量根据历史趋势外推计算得到。

深圳市交通部门减排潜力最大的九项技术措施共占该部门减排潜力的83.3%，分别为公共交通建设、货运结构调整、单位货运周转量能耗的降低和城市道路交通政策（包括货车油改气、提高停车收费与汽车尾号限行和高效燃油货车等）。

在参考情景下，交通部门除现有的交通政策及在建设施外，不再新增减排技术措施、项目或政策。

在减排情景下，根据城市规划、交通规划调整轨道运营里程，机动车保有量与参考情景相同。对于新能源汽车，电动出租车按每年500辆的增速增长，电动私家车按每年5 000辆的增速增长，混合动力公交车按每年1 000辆的增速增长。对于货车，高级燃油货车以最大减排潜力的80%进行推广，混合动力货车以最大减排潜力的60%进行推广，货车油改气技术以最大减排潜力的80%进行推广。对于地铁，2020年"空调通风变频、

水系统变频节能改造"按最大潜力的 80% 推广，其他措施均按最大潜力的 100% 推广；2030 年所有技术措施均按最大潜力的 100% 推广。对于政策性碳减排措施，推行一部分相对容易实施的政策，如绿色出行和自愿停驶、汽车尾号限行以及建设慢行网络等政策。

在强化减排情景下，机动车保有量与参考情景相同。对于新能源汽车，电动出租车每年新增 500 辆，电动私家车每年新增 10 000 辆，电动公交车每年新增 1 000 辆。对于货车，混合动力货车按其最大潜力的 80% 推广，高级燃油货车以及货车油改气技术均按其最大潜力的 90% 推广。对于地铁，所有的节能减排措施在 2020 年、2030 年均将达到 100% 的推广。对于政策性碳减排措施，在减排情景的基础上实施更多的交通碳减排政策，如实施提高停车收费政策、汽车尾号限行政策、中心城区对外干道实施 HOT/HOV 收费政策、鼓励"绿色出行"和自愿停驶政策以及建设慢性网络政策等。对于道路货物运输，除推广货车减排技术以外，将货物运输方式由道路运输向水路运输调整，也将有效降低货物运输产生的碳排放。假设至 2020 年，道路运输 30% 的货运周转量将向水路运输调整，至 2030 年，道路运输 10% 的货运周转量将向水路运输调整。对于航空和水路运输，假设航空的单位周转量能耗从 2013 年的 567.58 吨标煤/106 吨公里逐渐下降到 2030 年的 400.00 吨标煤/106 吨公里，水路的单位周转量能耗从 2013 年的 4.71 吨标煤/106 吨公里逐渐下降到 2030 年的 4.00 吨标煤/106 吨公里。

在峰值目标情景下，机动车保有量与参考情景相同。对于新能源汽车，电动出租车每年新增 500 辆，电动私家车每年新增 20 000 辆，电动公交车每年新增 1 000 辆。对于货车，高级燃油货车、混合动力货车以及货车油改气技术均按最大潜力推广。对于地铁，所有的节能减排措施在 2020 年、2030 年均将达到 100% 的推广。对于政策性碳减排措施，在减排情景的基础上实施更多的交通碳减排政策，如实施提高停车收费政策、汽车尾号限行政策、中心城区对外干道实施 HOT/HOV 收费政策、鼓励"绿色出行"和自愿停驶政策以及建设慢性网络政策等。对于道路货物运输，除推广货车减排技术以外，将货物运输方式由道路运输向水路运输调整，也将有效降低货物运输产生的碳排放。假设至 2020 年，道路运输 30% 的货运周转量将向水路运输调整；至2030年，道路运输40%的货运周转量将向水路运输调整。

（五）建筑部门参数

与建筑碳排放相关性较大的参数包括总建筑面积（含建筑存量与增量）、运行模式（对于住宅建筑即为居民生活模式）、建筑能耗强度（综合考虑设备能效、照明、室内环境参数、换气次数、围护结构等微观因素）等。每种建筑类型的面积按人均建筑面积与总人数确定，见表5-9。参考情景的单位面积能耗强度根据历史数据及与发达国家对标综合确定，减排情景的单位面积能耗强度主要根据减排措施与减排成本综合得到。

表5-9　　　　　　　　　深圳市建筑面积发展情景　　　　　单位：亿平方米

分　类	2015年	2020年	2030年
既有居住建筑（拆除后）	453.69	4.14	3.76
既有公共建筑（拆除后）	151.14	1.14	1.03
新建居住建筑面积	—	1.17	2.34
新建公共建筑面积	—	0.39	0.87
拆除居住建筑面积	—	0.04	0.04
拆除公共建筑面积	—	0.01	0.01
总建筑面积	604.83	6.84	8.00

总建筑面积为居住建筑面积与公共建筑面积之和。居住建筑面积根据人均居住建筑面积和总人口的乘积来进行预测。其中人均居住建筑面积来自《深圳统计年鉴2016》。从图5-2可以看出，深圳市人均居住面积自2014年以来呈下降趋势，2015年人均居住面积为20.6平方米。根据历史趋势可以推算出2020年深圳人均居住面积约为21平方米，2030年约为20平方米。另外，从图5-3可以看出，2009—2015年深圳市每年的新增居住

面积较为稳定，约为250万平方米，由于深圳市可供新建住房的面积限制，可以推测2015—2030年每年新增居住面积稳定在250万平方米左右；而2015—2030年深圳市人口的年均增长率为42.88%，人口增长的速度快于新增居住建筑面积的增加速度，因此2015—2030年深圳市的人均居住面积呈下降趋势，与《深圳统计年鉴2016》的趋势一致。

单位：平方米

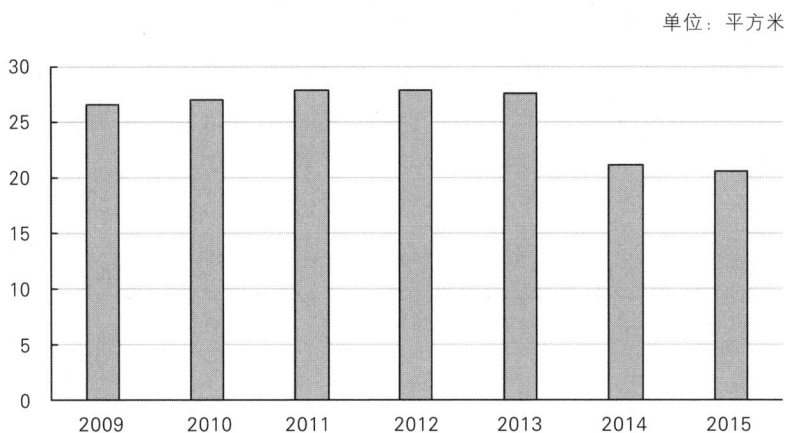

图5-2　深圳市2009—2015年人均住房建筑面积

单位：万平方米

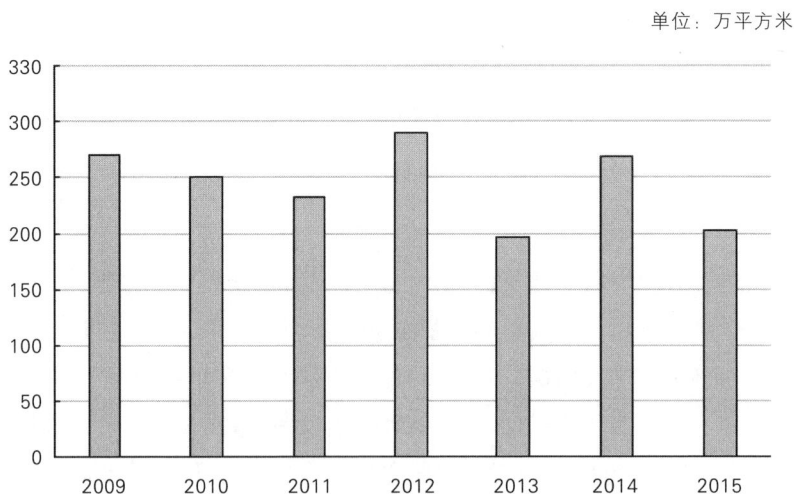

图5-3　深圳市2009—2015年新建住宅面积

公共建筑面积根据人均公共建筑面积和总人口的乘积来进行预测。根据历史数据深圳市人均公共建筑面积不断增加，2015年人均公共建筑面积约为8.28m²/人。

深圳市建筑部门减排潜力最大的七项技术措施共占该部门减排潜力的83.5%，减排量较大的主要减排手段为更高标准的建筑节能设计（公共建筑）、更高标准的建筑节能设计（居住建筑）、既有居住建筑太阳能热水系统（电）、既有居住建筑太阳能热水系统（气）、既有公共建筑外遮阳改造、高效照明系统、高效空调系统等。因此，深圳市建筑部门减排的重点应该放在这几项措施的推广上。

在参考情景下，建筑部门除现有的建筑政策及在建设施外，不再新增减排技术措施、项目或政策。在减排情景下，以新建建筑为例，按照2015年实施的《绿色建筑评价标准》（修订版）、《夏热冬暖公共建筑节能设计标准》（修订版），及技术难易程度，确定推广率，技术推广比例为推广当年的节能量占到2030年节能总潜力的比例。既有建筑改造措施，当累计技术推广率达到100%后，由于没有增量，一直保持100%。目前深圳市有500余栋公共建筑开展能耗监测，随着既有建筑与新建建筑新增能耗监测系统，到2030年可实现全覆盖。低能耗或近零能耗建筑的建设，随着技术的发展，可操作性增强，因此后续技术推广率增加较快。由于低碳示范项目也是新建建筑，因此与更高标准的建筑节能设计一致，在峰值目标情景下，进一步扩大各类技术的推广率优先实施、基本实施、选择实施和少量实施类减排技术措施的推广率分别为100%、100%、75%及40%。

（六）其他部门参数

1.农林牧渔业能源需求。

近几年深圳市农林牧渔业产值占深圳地区生产总值的比重已降至0.1%以下，年用电量保持在2.2亿千瓦时左右，电力需求主要源自渔业活动。假设未来农林牧渔业电力需求保持在2.2亿千瓦时不变。

2.采掘业能源需求。

深圳市采掘业能源需求主要源自海上石油和天然气开采，能源类型包括电力、原油、汽油、柴油和天然气。由于海上石油和天然气开采规模稳定，因此可以假设采掘业各类能源需求保持2015年的水平不变。

3.建筑业能源需求。

深圳市建筑业能源需求主要源自建筑施工，能源类型主要为电力，也包括少量烟煤、柴油、液化石油气和煤油，近几年电力消费量稳定在7.2亿千瓦时左右。考虑到未来深圳市建筑业新建建筑规模较为稳定，因此假设未来建筑业能源需求保持2015年的水平不变。

4.燃气和水的供应业能源需求。

深圳市燃气和水的供应业消耗的能源主要为电力和天然气，也包括少量的汽油、柴油和液化天然气。由于该行业主要是满足居民生活、第三产业中涉及生活服务（如餐饮和住宿等）的需求，主要影响因素是常住人口数量，因此可以假定燃气和水的供应业能源需求与人口成正比。

四、模型求解

LEAP模型的求解需要使用专门的软件工具，如图5-4所示。该工具由斯德哥尔摩研究所（Stockholm Environment Institute）美国中心开发，是一个用于能源政策分析和减缓气候变化评估的核算工具。LEAP已经被世界上190多个国家和地区的上千家机构使用，包括政府部门、研究机构、非政府组织和咨询公司等。LEAP模型的求解过程如图5-5所示。录入模型参数后，软件首先计算各部门的能源需求以及不同数据节点间的数据差异，然后计算能源加工转换部门的能源供应量以及各种能源的库存变化，最后计算各部门的能耗量、碳排放量和成本效益数据。

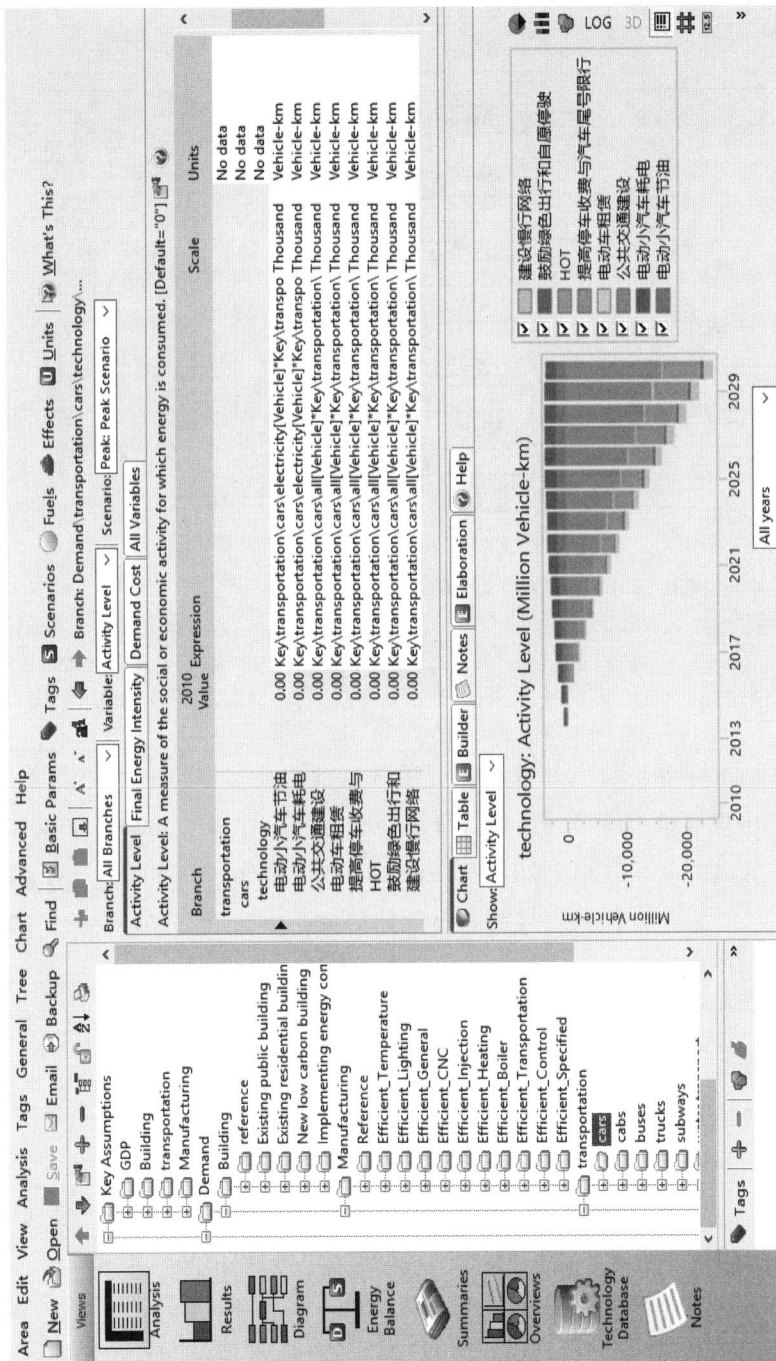

图 5-4　LEAP-Shenzhen 模型求解工具

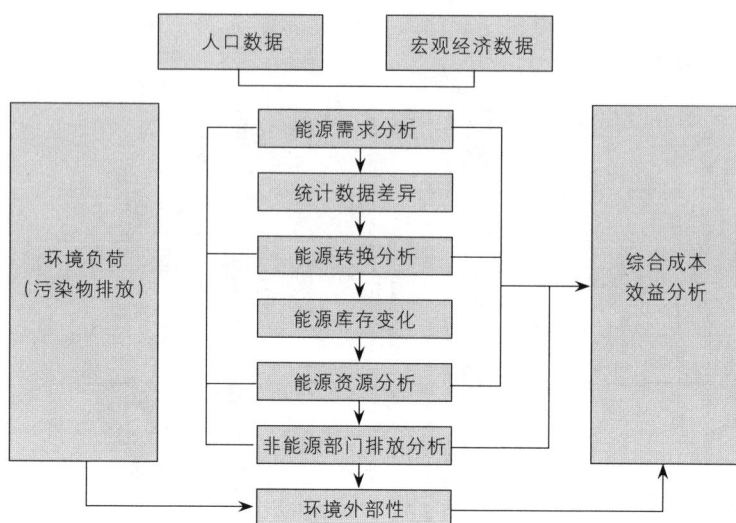

图 5-5　LEAP-Shenzhen 模型求解过程

资料来源：根据 LEAP 软件的帮助文档整理。

五、情景分析结果

深圳市在峰值目标情景下出现了碳排放峰值。在峰值目标情景下，2022 年出现碳排放峰值，强化减排情景和峰值目标情景 2020 年单位 GDP 碳排放（碳强度）分别比 2015 年下降 27.32%、29.68%（如图 5-6 所示），达到《广东省"十三五"控制温室气体排放工作实施方案》中的"2020 年单位 GDP 碳排放（碳强度）较 2015 年下降 23%"的目标。

除了参考情景外，深圳市各情景下人均碳排放均呈下降趋势，其中在峰值情景下，2022 年人均碳排放比 2015 年下降 19.64%。

在强化减排情景下，2015 年制造业、交通部门和建筑部门占比分别为 31%、38% 和 25%。2025 年，深圳市碳排放总增长 12.19%，交通部门占碳排放总量的比重最大（36%），其次为建筑部门（32%）和制造业（28%）。2030 年，建筑部门碳排放比重最大（37%），其次是交通部门和制造业（分别为 36% 和 25%）。制造业排放占比下降，是深圳市实现碳排放峰值的关键条件。2021 年以前，制造业碳排放保持增长，

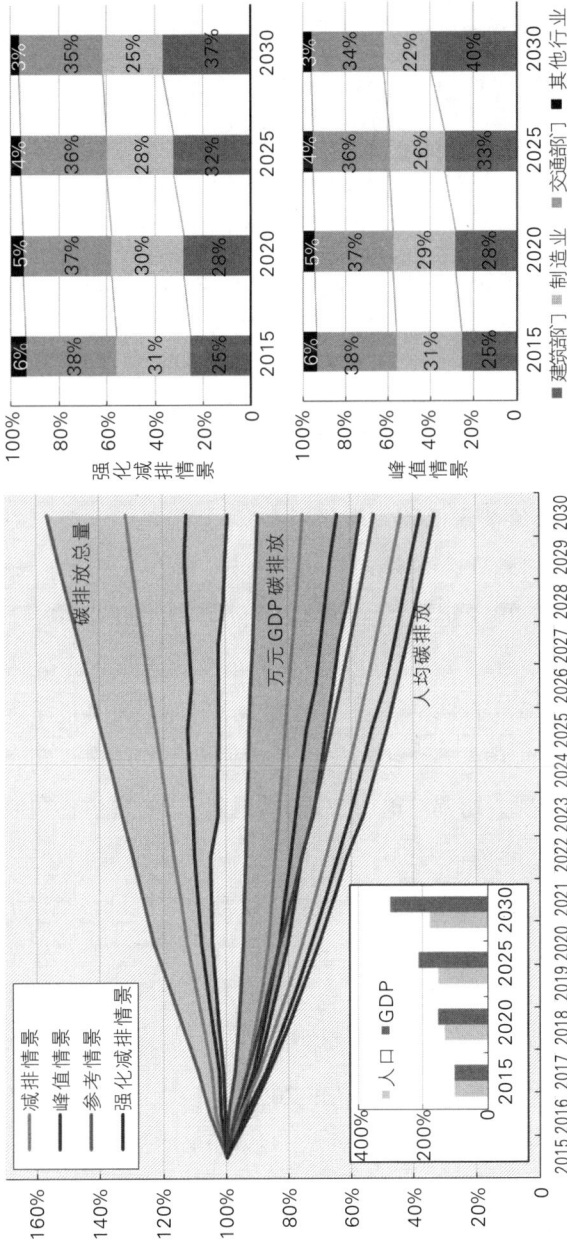

图 5-6 深圳市碳排放预测情景

（图中数据以 2015 年为基准年，其他年份数据与 2015 年数据进行比较，2015 年为 100%，人均碳排放采用常住人口数据。）

2021年以后碳排放持续下降，年下降量约为上一年排放总量的0.1%，主要原因在于减排措施力度的加大和技术手段在长期发挥减排效应；建筑部门的碳排放增量维持在较为稳定的水平。

在峰值目标情景下，峰值年份（即2022年），深圳市碳排放比2015年增长4.98%，交通部门占碳排放总量的比重最大（37%），其次为建筑部门（30%）和制造业（28%）。2030年，建筑部门占碳排放总量的比重最大（40%），其次为交通部门（34%）和制造业（22%）。交通部门和制造业碳排放的控制是深圳市早日实现碳排放峰值的重要条件。

六、深圳未来低碳发展路径

（一）电力业峰值情景低碳发展路径

电力行业在各参考情景下均没有出现碳排放峰值。在峰值目标情景下，电力业碳排放量将在2022年后呈现暂时的下降趋势（如图5-7所示）。出现这种现象的原因主要有两个：一是电力需求量增长缓慢，在峰值目标情景下，电力需求从2020年的806.6亿千瓦时到2030年的809.1亿千瓦时，电力需求基本无增长，而2015年到2020年电力需求增长37.7亿千瓦时。二是在2026年和2030年分别关闭妈湾电厂2/3的机组和1/3的机组，同期分布式光伏发电和冷热电三联产也大力推广，提供了很大的减排量。

因电力行业碳排放峰值出现在强化减排情景和峰值目标情景下，所以本研究对电力业减排措施的分析重点放在强化减排情景和峰值目标情景下。电力业的减排重点在于电力结构替代，包括妈湾电厂退役、新建燃气电厂、分布式光伏发电、垃圾发电和提高现有燃机利用率五项技术措施。在峰值目标情景下，这五项技术措施的减排量共占2030年电力部门减排量的89.96%，占比分别为31.55%、28.59%、20.30%、5.34%和4.18%，如图5-8所示。

在峰值目标情景下，电力部门减排技术投资额度到2030年累计达488亿元，其中优先实施技术投资额为72亿元、基本实施技术投资额为218亿元、选择实施技术投资额为5亿元、少量实施技术投资额为193亿元。在峰值目标情景下，电力部门的低碳发展路径如图5-9所示。

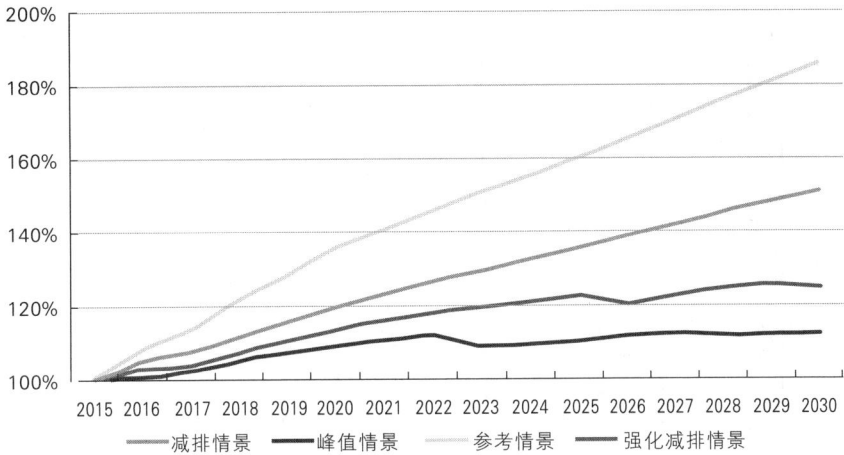

图5-7 深圳市电力部门碳排放情景分析结果

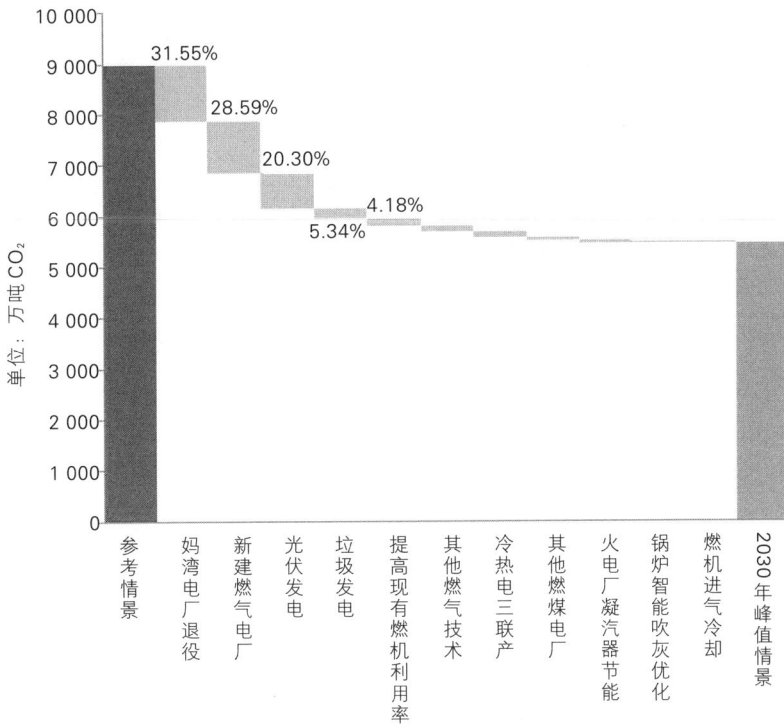

图5-8 深圳市电力部门碳排放减排量分析结果

政策	“十三五”规划期间 2016—2020年	中远期规划 2021—2030年
● 燃煤电厂技术	锅炉智能吹灰优化与在线结焦预警系统技术等技术措施实施使发电转换效率从37.7%提高至39.2%	保持现有转换效率
● 燃气电厂技术	余热锅炉尾部增加受热面等技术使发电转换效率从42.5%提高至44.6%	保持现有转换效率
● 新建燃气电厂	2016年到2020年有序推进电厂建设（即每年增加装机容量96万千瓦，年增加燃气发电量33.6亿千瓦时），到2020年新建燃机发电装机容量480千瓦	2021年到2030年装机容量不变
● 分布式光伏发电	分布式光伏发电：均匀推进分布式光伏发电，到2020年分布式光伏发电装机600兆瓦（推广率6.6%，年发电量6亿千瓦时）	分布式光伏发电：均匀推进分布式光伏发电，到2020年分布式光伏发电装机600兆瓦（推广率6.6%，年发电量6亿千瓦时）
● 提高燃机利用小时数	2016年到2020年匀速提高燃机利用小时数（对应每年增加约6.9亿千瓦时燃气发电），到2020年达到3 500小时	2021—2030年保持燃机利用小时数不变
● 新建垃圾发电	2016—2020年逐步提高用于发电的垃圾比重，每年增加垃圾发电量约1.6亿千瓦时，到2020年全部垃圾实现垃圾发电量，增加发电量16.3亿千瓦时	2021—2030年全部垃圾用于焚烧发电
● 燃煤电厂退役	2030年1#、2#、3#、4#号机组达到经济使用年限退役，妈湾电厂年发电量从原有的106.9亿千瓦时降到35.6亿千瓦时	2028年5#、6#号机组达到经济使用寿命年限退役，至此，妈湾电厂全部退役
● 冷热电三联产	2020年冷热电三联产提供电力2.3亿千瓦时（推广率达到20%）	2030年提供电力7.0千瓦时（推广率达到60%）

图5-9　在峰值目标情景下，电力部门的低碳发展路径图

（二）制造业峰值情景低碳发展路径

在峰值目标情景和强化减排情景下，制造业均出现了碳排放峰值，如图5-10所示。其中，在峰值目标情景下，碳排放峰值出现在2020年；而在强化减排情景下，碳排放峰值出现在2022年。在峰值目标情景下，2020年、2030年碳排放较参考情景分别下降9.14%及39.27%，在强化减排目标情景下，2020年、2030年碳排放较参考情景分别下降3.51%及23.32%。

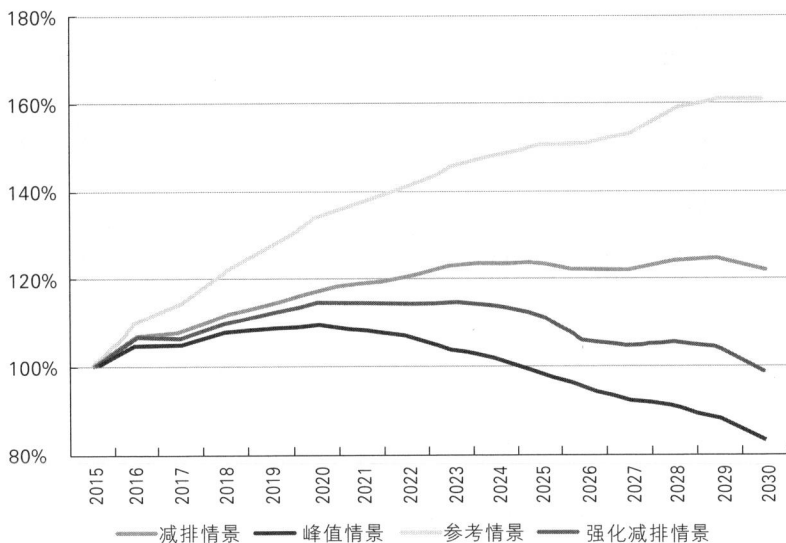

图5-10　深圳市制造业碳排放情景分析结果

在峰值目标情景下，深圳市制造业各类减排技术的减排量见图5-11。2030年控制管理技术、注塑机技术、温控技术、通用机械技术这四类技术的减排量占制造业总减排量的78.10%。

在峰值目标情景下，制造业减排技术投资额度到2030年累计达567亿元，其中优先实施技术投资额为225亿元，基本实施技术投资额259亿元，选择实施技术投资额为82亿元，少量实施技术投资额为1亿元。在峰值目标情景下，制造业的低碳发展路径如图5-12所示。

5 000

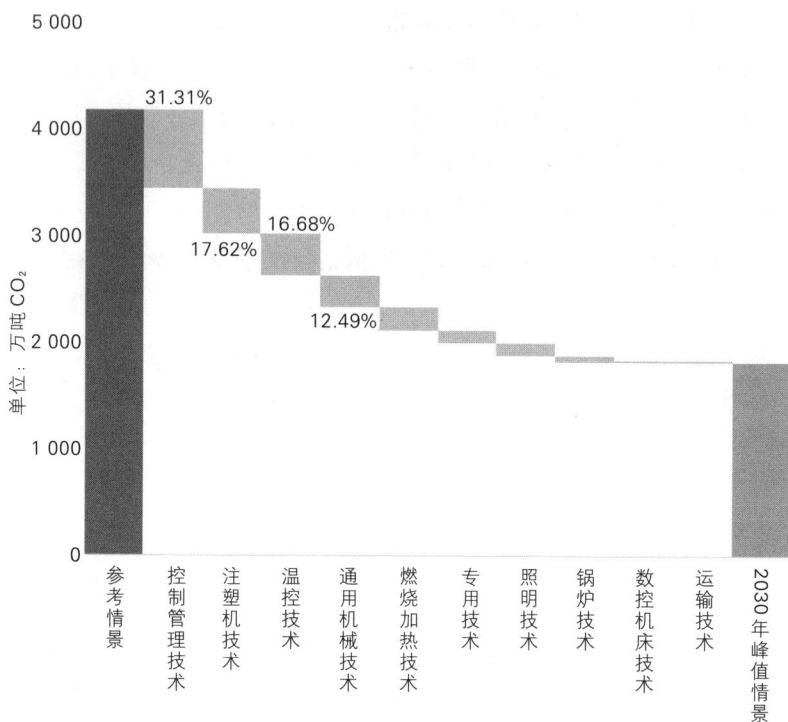

图 5-11 深圳市制造业碳排放减排量分析结果

（三）交通部门峰值情景低碳发展路径

在参考情景、减排情景和强化减排情景中，交通部门的碳排放呈增长趋势，没有出现峰值，如图 5-13 所示。在强化减排情景下，2030 年比 2020 年碳排放增长了 12.72%；在峰值目标情景下，峰值出现在 2025 年，2030 年比 2025 年碳排放下降了 1.82%。

在在峰值目标情景中，各类减排措施进一步的减排量如图 5-14 所示。货运结构调整与单位货运周转量能耗降低类措施的减排量在交通部门所有减排措施的碳减排量之和中所占的比例最大，至 2030 年，该类措施的减排量占交通部门总减排量的 38.10%。此外，基础设施建设、政策类减排措施与替代燃料和新能源类减排措施均能产生较大的减排量。

政策	"十三五"规划期间 2016—2020年	中远规划 2021—2030年
● 第二产业比重	2020年为39%	2030年为33%
● 控制管理技术	优先推广高耗能设备定时开、关等相关措施，以及动态谐波抑制及无功补偿综合节能技术等	继续推广上述技术至2030年达到100%推广率，并逐步加大全功率的推广，匹配节能数控系统耗管控技术，过程能耗柔性联动技术
● 注塑机技术	大力推广塑料注射成型伺服驱动与控制技术等5项注塑机技术	继续推广注塑机技术，到2030年达到100%推广率
● 温控技术	优先推广合理设备空调温度、中央空调全自动清洗节能技术、中央空调节水处理防腐阻垢节能技术等易推广的技术	继续推广上述技术至2030年推广率达100%；大力推广中央空调余热回收，至2030年其推广率达90%
● 通用机械技术	优先推广变频调速节能技术、水泵风机目标电耗节能控制技术、同步励磁电机微机全控励磁技术等	继续推广上述技术至2030年，推广率达100%；同时加大对空压机余热回收，活塞空压机改为螺杆空压机，两级喷油高效螺杆空压机节能技术等专项技术的推广
● 燃烧加热技术	逐步推广高效电磁感应加热技术、聚能燃烧技术	高红外发射率多孔陶瓷节能烧器技术等3项技术
● 专用技术	较优先推广高效放电回馈式电池化成技术等	高效放电回馈式电池化成技术推广率至2030年达到90%，同时稳步推进低能耗净厂房技术等其他4项技术
● 照明技术	优先推进LED灯改造，包括普通日光灯、T5灯以及户外LED照明改造	LED改造到2030年达到100%推广，同时稳步推广其他如高强度气体放电灯用大功率电子镇流器新技术等照明技术
● 锅炉技术		逐步推广锅炉"油改气"，锅炉余热回收等技术
● 数控机床技术		逐步推广数控机床的有源功率补偿技术
● 运输技术		逐步推广发动机冷却系统优化节能技术

图5-12　在峰值目标情景下，制造业的低碳发展路径图

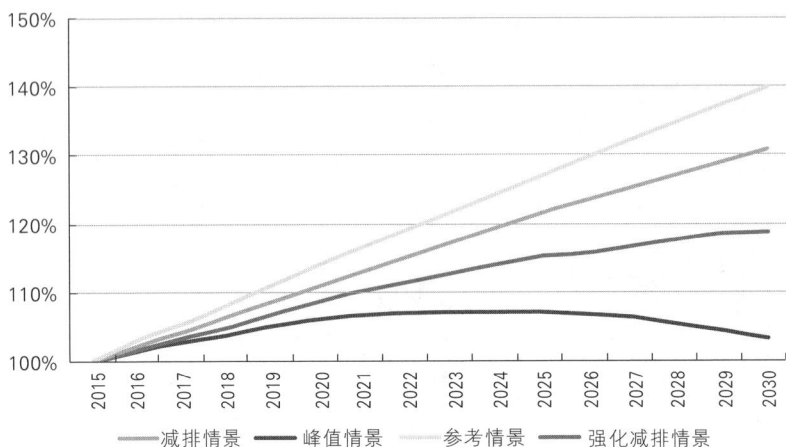

图5-13 深圳市交通部门碳排放情景分析结果

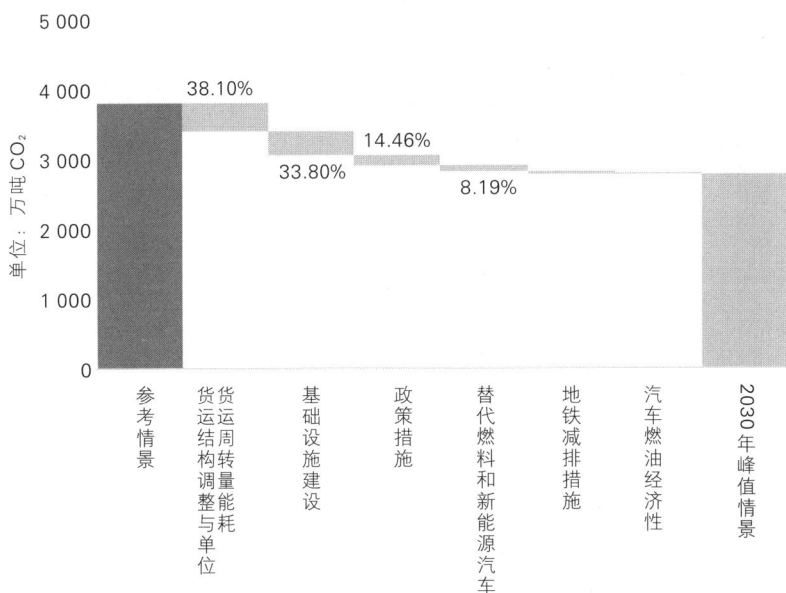

图5-14 深圳市交通部门碳排放减排量分析结果

在峰值情景下，交通部门减排技术投资额度到2030年累计达5 063亿元，其中优先实施技术投资额为552亿元、基本实施技术投资额为3 831亿元、选择实施技术投资额为76亿元、少量实施技术投资额为604亿元。峰值目标情景下交通部门的低碳发展路径如图5-15所示。

政策	"十三五规划期间" 2016—2020 年	中远期规划 2021—2030 年
● 货运结构调整与单位货运周转量能耗降低类减排措施	至 2020 年道路运输 30% 的货运周转量将向水路运输运输调整	至 2030 年，道路运输 40% 的货运周转量将向水路运输调整
● 基础设施建设类减排措施	2020 年左右全市将形成 620 公里的地铁网络 到 2020 年常规公交线路数量将增加到 900 条，线路总长度为 19 350 公里	2030 年左右全市将形成 1 300 公里的地铁网络 至 2030 年常规公交线路数量将增至 920 条，线路总长度为 19 800 公里
● 替代燃料和新能源汽车类减排措施	至 2020 年，全市将投入分时租赁用电动小汽车 1 000~2 000 辆 电动出租车按每年 500 辆的增速增长，天然气货车数达到 45 000 辆/年 2020 年开始按 550 辆	至 2030 年，全市将投入分时租赁用电动小汽车 2 000~3 000 辆 电动私家车 2019 年前按每年 20 000 辆的增速增长，电动公交车按每年 1 000 辆的增速增长
● 政策类减排措施	2020 年货车油改气技术推广后，天然气货车数达到 9 400 辆；混合动力货车达到 550 辆 汽车尾号限行、鼓励"绿色出行"和自愿停驶、推广中心城区对外干道实施 HOT/HOV 收费政策	2030 年货车油改气技术推广后，天然气货车数达到 2 300 辆；混合动力货车达到 550 辆 建设慢行网络、推行提高停车收费措施
● 汽车燃油经济类减排措施	2020 年高效燃油货车数量达到 8 300 辆	2030 年高效燃油货车数量达到 20 000 辆
● 地铁减排措施	对原有地铁以及新建地铁实行空调通风变频、水系统变频节能改造等 15 项技术措施	

图 5-15　在峰值目标情景下，交通部门的低碳发展路径图

（四）建筑部门峰值情景低碳发展路径

在各情景下，建筑部门均未出现碳排放峰值，如图5-16所示。在强化减排情景下，2020年、2030年深圳市建筑部门碳排放相较于2015年分别增长了20.35%、62.62%，碳排放量较参考情景分别下降16.55%及24.73%。在峰值目标情景下，2020年、2030年碳排放量较参考情景分别下降18.63%及27.92%。

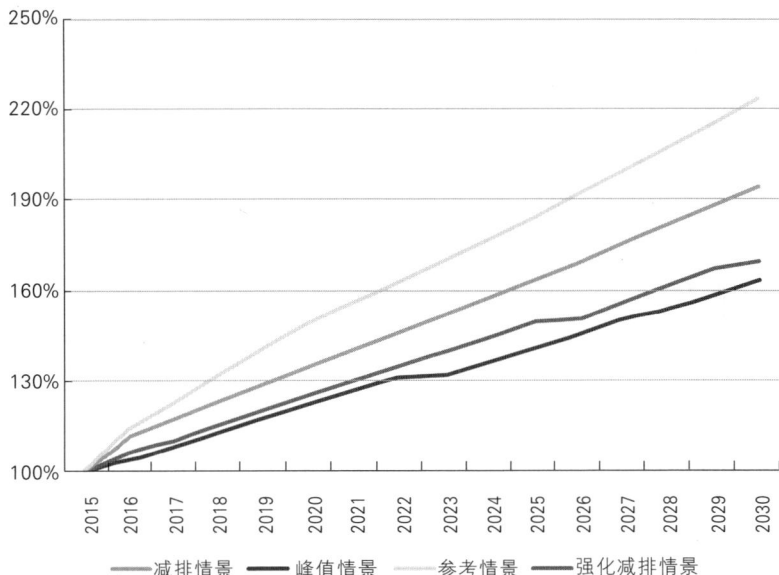

图5-16　深圳市建筑部门碳排放情景分析结果

建筑部门的技术措施主要包括四大类：既有公共建筑改造、既有居住建筑改造、新建低排放建筑和大力推动执行能耗限额标准四大类。在峰值情景下，2030年，各项技术的减排量从大到小分别是新建低排放建筑（60.45%）、既有公共建筑改造（21.47%）、既有居住建筑改造（17.72%）和大力推动执行能耗限额标准（0.3%），如图5-17所示。

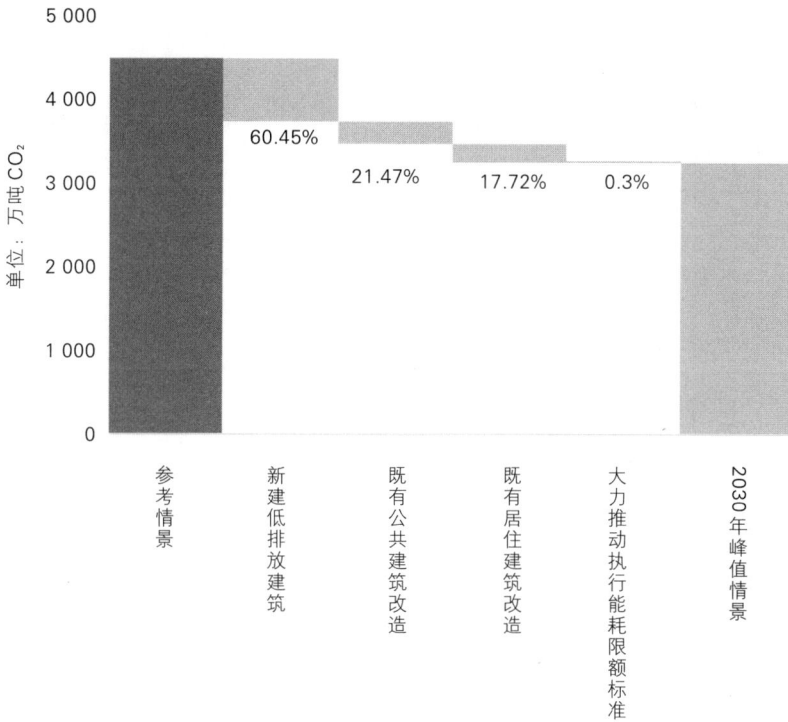

图5-17　深圳市建筑部门碳排放减排量分析结果

在峰值目标情景下，建筑部门减排技术投资额度到2030年累计达1 591亿元，其中优先实施技术投资额为3亿元、基本实施技术投资额为1 400亿元、选择实施技术投资额为61亿元、少量实施技术投资额为127亿元。在峰值目标情景下，建筑部门的低碳发展路径如图5-18所示。

政策	"十三五"规划期间	中远期规划
	2016—2020年	2021—2030年
● 控制建筑规模	人均居住建筑面积21平方米；人均公共建筑面积9.28平方米	人均居住建筑面积20平方米 人均公共建筑面积11.3平方米
● 既有公共建筑改造	2020年高效照明系统、冷却塔改造等易推广技术的适用面积达到600万平方米，其他技术稳步推进	2030年21项既有公共建筑改造措施基本全部得到推广（2030年推广面积约为3 000万平方米）
● 既有居住建筑改造	2020年高效空调系统推广面积约4 700万平方米，机械通风（新风换气机）与高效照明推广面积约7 900万平方米，既有建筑太阳能改造约70万平方米，其他技术稳步推广	2030年8项既有居住建筑改造措施基本全部得到推广
● 新建低排放建筑	60%新建公共建筑（共计1.1亿平方米）达到《深圳市公共建筑能耗额限标准》引导值 60%居住建筑（共计1.6亿平方米）实行更高标准70%的建筑节能设计	
● 大力推动执行能耗额限标准	2020年推广市民节能行为科普	2021—2030年大力推动物业节能管理培训，执行能耗限额标准 近零碳排放示范基地建设100 000平方米

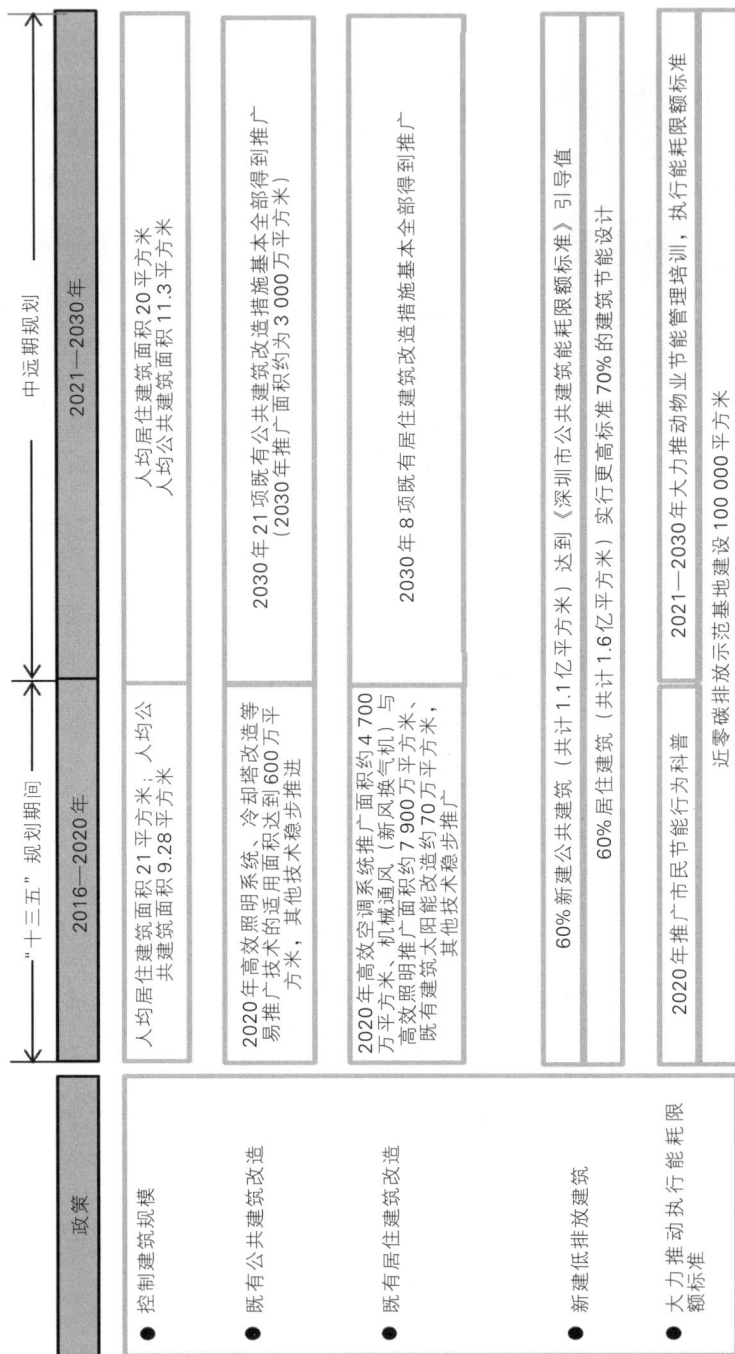

图5-18　在峰值目标情景下，建筑部门的低碳发展路径图

第三篇

深圳绿色低碳实践

第六章

深圳市供给侧与需求侧双向减排实践

自 2005 年起，深圳市的资源禀赋和环境容量出现瓶颈特征，急需经济发展方式突破增长极限，深圳市的转型升级之路主要经历以下三个阶段：

瓶颈阶段（2005—2009 年）：主要实施产业升级化解能源危机、渐进改革突破体制瓶颈、推动深港融合，探索自主创新形成深圳模式，以及战略城市标准化实施等。

突破阶段（2010—2012 年）：深圳市明显出现了动力弱化、精神淡化、阻力加大的现象，导致 2010 年时承载瓶颈的矛盾不仅没有缓解，反而持续恶化，制约科学发展的深层次体制机制障碍尚未消除，改革仍有待深化。为此，深圳在这个阶段主要实施调整产业结构、城市总体规划、创新驱动发展等战略。

全面创新阶段（2013—2016 年）：创新已逐步成为深圳经济升级的驱动力，"自主创新"是深圳发展的主导战略。这个阶段深圳已形成以企业为主体、市场为导向、产学研结合的技术创新体系，形成良好的创新生态，推动经济发展从要素驱动向创新驱动转变，实现了从敢"闯"到全"创"的华丽转身。

对应这三个发展阶段，深圳市低碳发展模式与路径也具备不同的特征，逐步形成供给侧与需求侧的共同减排与全领域实践。

一、能源结构调整与循环经济发展

深圳市从20世纪80年代大力发展"三来一补"加工业开始起步，90年代，着力打造以电子信息产业为龙头的高新技术产业，特别是1994年以后，以加工贸易为主要形式的经济结构面临巨大困境，深圳及时地开始进行以高科技产业为重点的产业转型。2000—2010年初步构建起以高新技术产业、金融业、物流业、文化产业为支柱的现代产业体系。自2006年，深圳提出了由速度型深圳向效益型深圳转型，延续并继续探索深圳的经济转型之路，同时也正式步入了绿色低碳发展的快道。

2005年以来，深圳以循环经济与能源结构调整为主要手段促进经济社会发展。从2000年确立清洁能源战略，到2007年11月，深圳市成为第二批国家循环经济试点城市，"十一五"期间出台了《深圳经济特区循环经济促进条例》《深圳经济特区建筑节能条例》《深圳市清洁生产审核实施细则》《深圳市循环经济"十一五"发展规划》《深圳市循环经济试点实施方案（2010—2015年）》《深圳市能源发展"十一五"规划》《深圳市建筑节能"十一五"发展规划》《深圳市节能减排综合性实施方案》等法规、规章和规范性文件。

"十一五"期间，深圳市环境保护从传统的治污保洁向生态建设和低碳发展转变，城市生活污水集中处理率从46%提升到85%，污水再生利用率从不足1%上升到27.1%，被确定为全国首批生态文明建设试点地区，并且深圳市深入开展生态市建设，建成区域绿道335公里、城市和社区绿道77公里，[①]制定了《深圳生态文明建设行动纲领（2008—2010年）》，要求：实施生态文明建设系列工程，深入治理水、大气、噪声和固体废弃物污染，化学需氧量、二氧化硫排放量分别削减24.2%和26.9%。

2009年12月31日，深圳市出台了《深圳新能源产业振兴发展规划

---

① 许勤. 2011年深圳市政府工作报告[EB/OL]. (2011-03-08). http://www.sz.gov.cn/zfbgt/zfgzbg/201108/t20110817_1720473.htm.

（2009—2015年）》，提出深圳将率先建设成为国家新能源产业重要基地和低碳经济先锋城市，这也是"低碳"一词首次出现在政府层面的工作规划中。同时，深圳市开始扶持资助新能源企业，重点支持领域有太阳能、核能、风能、生物质能、储能电站、新能源汽车、智能电网和页岩气等方面。

深圳市城市发展研究中心研究表明：得益于"十一五"期间的"优先能源结构调整与循环经济发展的模式"，深圳制造业碳排放总量在2010年达到峰值，"十二五"期间开始下降并进入排放平台期，制造业碳排放总量在"十二五"期间下降17%，年均下降3.64%，其排放量占深圳市碳排放的比重也从2010年的37%下降到2015年的26%。制造业碳排放量总量达到峰值为深圳未来碳排放的缓慢增长奠定了坚实基础。

该模式的优势在于集中力量解决能源结构与产业转型问题，抓住城市工业化快速发展过程中的碳排放主要集中领域，减排效果明显，为后期整个城市碳排放总量增长的减缓奠定坚实基础。

同时，该模式也表现出一定的不足。该模式较适用于工业型或综合型城市，对于服务型城市的减排效果则没有那么明显，主要原因是服务型城市的碳排放源头与影响因素多样，不再重点局限于产业与能源。[①]

二、低碳发展作为城市发展战略

"十一五"时期推行的产业结构调整措施、能源清洁战略虽然在当时并没有上升到"低碳"发展的战略，但产生了非常明显的减排效果，也为深圳奠定了比较好的低碳发展基础。在这一时期形成的良好产业结构与清

---

① 城市类型划分来自于全球环境基金/世界银行资助项目《不同类型城市低碳发展模式与路径分析项目》，将城市分为四类：①生态型城市是指第一产业比重较大，城市处于工业化初期；②工业型城市是指第二产业比重较大，占比超过50%，城市正处于工业化过程当中；③综合型城市是指第二产业和第三产业比重相当，两者的比重均在40%~50%之间，处于城市工业化过程后期和城市后工业化过渡时期；④服务型城市是指第三产业发达，三产占比超过55%，现代服务业成为城市发展的核心动力和创新源泉。

洁能源结构基础上，深圳市推行低碳发展战略。

2010年，深圳市成为国家第一批低碳试点城市，《深圳市国民经济和社会发展第十二个五年规划纲要》明确深圳市"十二五"期间的发展目标：率先建成国家创新型城市、民生幸福城市、国家低碳生态示范城市，"低碳发展"第一次上升为城市发展战略。

2011年，深圳市节能减排事业再上新台阶，万元GDP能耗和水耗分别降低至为0.472吨标准煤/万元和18.7立方米/万元；①国家低碳城市试点工作进展顺利，成立深圳市碳排放权交易所，成功举办世界电动车大会，在全国率先投放使用纯电动出租车。

2012年，深圳市发改委发布《深圳市低碳发展中长期规划（2011—2020年）》，也正是该年度深圳市资源能源消耗实现了"三个下降"，万元GDP建设用地、万元GDP能耗和水耗均降为全国最低；化学需氧量、氨氮、二氧化硫、氮氧化物排放量继续下降，超额完成控制目标。

三、创新推动资源供给侧与需求侧共同减排

创新是引领发展的第一动力，创新驱动发展战略是经济社会发展的核心战略。深圳市明确"十二五"期间率先建成国家创新型城市，创新是深圳市改革开放30多年来深入骨髓的基因，创新也为深圳市低碳发展战略提供新思维，为从供给侧到需求侧的全领域低碳实践注入持续动力。

"十二五"中后期（2013—2016年），深圳市低碳发展进入"创新推动资源供给侧与需求侧共同减排模式"，其中供给侧减排主要为能源结构调整，如积极引进天然气资源、强力推进太阳能应用、开展生物质能开发利用等；需求侧减排主要为降低工业、建筑、交通、居民生活等终端用能需求。

在"创新推动资源供给侧与需求侧共同减排模式"的指引下，深圳市

---

① 许勤. 2012年深圳市人民政府工作报告［EB/OL］. (2012-04-16). http://www.sz.gov.cn/zfbgt/zfgzbg/201204/t20120416_1842639.htm.

"十二五"期间低碳试点工作取得突出成绩：较好地完成了低碳试点实施方案。深圳市建筑科学研究院股份有限公司的中国城市生态宜居发展指数研究成果表明：深圳市的生态宜居建设成效在全国290个地级市及以上城市中，自2013年起已连续四年排名全国第一。自2008年起建设力度均位于全国前十位。按照2016年构建的珠三角城市群绿色低碳发展指数评估结果，2016年、2017年深圳市的绿色低碳建设成效在珠三角九市中持续排名第一。

通过对深圳市"十一五""十二五"期间的碳排放总量及强度进行核算，"十一五"期间，全市碳排放总量年均增速约为4.8%；"十二五"期间，年均增速约为3.6%，可以发现深圳市实行低碳发展战略以来，"十二五"期间比"十一五"期间的年均碳排放增速明显放缓。在制造业碳排放达到峰值后，"创新推动资源供给侧与需求侧共同减排模式"对全市碳排放量的增速减缓具有重要作用。

"十二五"期间的"创新推动资源供给侧与需求侧共同减排模式"在全面应对低碳发展中起到了统筹引领的作用，具有以下优势与不足：

1.优势：宏观性、系统性强，在城市低碳发展的快速发展阶段，特别是城市从综合型向服务型城市的转变过程中，统筹了深圳市各个方面的低碳发展工作，并在短期内效果显著；

2.不足：投入的资源大、人力多，工作协调难度大，同时随着深圳市三产比重的持续提高以及碳排放形势的变化，不一定适合未来的发展道路。

本节重点阐述深圳市资源供给侧与需求侧共同减排的路径实践中创新性较强的工作，各领域的具体内容详见本书6～15章的内容。

（一）创新推动供给侧的减排实践

1.优化能源结构

深圳市建设低碳清洁能源保障体系，着力加大天然气、核能、太阳能、生物质能、氢能和风能等清洁能源的利用效率，不断提高清洁能源利用比例。

《深圳市能源发展"十三五"规划》表明：2010—2015年，在一次能源消费结构中，煤炭从12.5%下降至6.4%；石油从32.4%下降至31.7%；天然气从10.2%上升至12.7%；其他能源从45.0%上升至49.2%，清洁能源比重提高了6.7%，能源消费结构不断优化。2010年、2015年深圳市一次能源消费结构比较如图6-1所示。

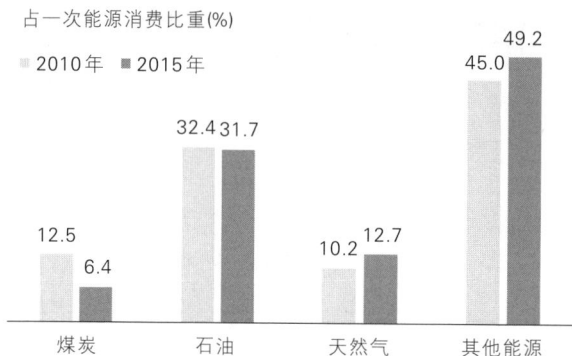

占一次能源消费比重(%)

■ 2010年　■ 2015年

图6-1　2010年、2015年深圳市一次能源消费结构比较

2.应用能源创新技术

深圳市骨干能源企业加快创新发展，应用高效发电技术，应用碳捕集和封存方式，降低能源工业碳排放；建设试点智能电网，促进可再生能源并网发电。《深圳市能源发展"十三五"规划》表明：中广核集团在建核电机组装机容量为1 662万千瓦，占全球核电在建装机容量的23%，成为全球最大的核电建造商，获得具有完全自主知识产权的"华龙一号"第三代核电技术，大亚湾核电基地安全运行指标达国际先进水平；国际低碳城分布式能源项目积极探索开展配售电业务改革试点。

全面落实《深圳新能源产业振兴发展规划》及配套政策，光伏、风电、核电、生物质能、储能、新能源汽车、智能电网等新能源产业在科技研发、装备制造、产品生产、应用推广等方面形成了较为完整的产业链。

（二）创新推动需求侧的减排实践

1.低碳产业：发展优质高端制造业，打造低碳发展支柱产业

深圳市工业碳排放比重较高，以制造业为主。因此，深圳市以大力发

展低碳新兴产业为核心，以推动高新技术产业和优质高端制造业为重点，以传统产业低碳化改造为基础，加快形成低碳产业体系，并鼓励境内外具有较高低碳技术研发与服务水平的企业落户深圳。

大力发展绿色制造，重点提高有色、化工、建材等行业绿色制造水平，对标国际先进节能环保标准，强化节能减排和环保准入，开展工业污染源全面达标排放治理和绿色化改造，依法淘汰落后产能。在智能生产、智能设计、绿色制造、信息化综合集成创新等领域扶持一批两化融合项目，2016年拉动相关企业信息化投入4.7亿元，支持25家规模以上工业企业开展"机器换人"。

将低碳产业纳入深圳产业发展规划和产业导向目录，强力发展以生物、互联网、新能源、新材料、文化创意、新一代信息技术、节能服务、低碳服务等为代表的低碳型新兴产业，打造低碳发展支柱产业。其中节能环保产业发展迅速，在2013—2014年产值增长21.6%，比其余六大战略性新兴产业的平均增速高出5个百分点。深圳市拥有多家科技节能环保公司和低碳服务机构，其中国家备案节能服务公司155家，占全国数量的1/10。

2.低碳交通：推广新能源汽车，完善新能源汽车产业链

深圳市针对日益剧增的交通碳排放，通过大力建设轨道交通、完善常规公共交通等方式引导人们绿色出行，新能源汽车的大力推广可谓深圳的创新举动。

深圳市作为首批新能源汽车应用推广示范城市，在政策与市场的双重推动下实现了跨越式发展，已成为全球新能源汽车保有量和使用量最高的城市，并于2014年荣获"C40&西门子城市气候领袖奖"中的"全球城市交通领袖奖"。

2015年，深圳市创新采取了企业自主招标的方式，由各公交运营企业结合自身需求选择适合的商业化模式进行新能源公交车推广。其中，巴士集团采用"整车购买，服务外包"的经营模式，东部公交和西部公汽采用"混合租赁（裸车融资租赁+'四电'经营租赁）"的经营模式，更符合市场化需求。

截至2017年年底，深圳市已累计推广纯电动公交车16 359辆，纯电

动化率达100%，全市共建成公交充电站510座，充电桩5 000多个；全市已累计推广应用纯电动出租车12 518辆，占全市出租车总量的62.5%，配套建成出租车充电桩约3 000个，深圳已成为全球纯电动出租车规模最大、应用最广的城市。按计划，深圳最晚将在2020年以前，实现全部出租车的纯电动化。数据显示，纯电动公交车辆较传统柴油大巴节能72.9%，全市纯电动公交车年度总节能约36.6万吨标准煤，替代燃油总量34.5万吨。同时，全市公交车辆每年将减少二氧化碳排量达135.3万吨，氮氧化物、非甲烷碳氢、颗粒物等污染物排量431.6吨。纯电动出租车也较传统的燃油出租车可节能69.5%，上万台纯电动出租车，年度总节能约11.9万吨标准煤，替代燃油总量11.6万吨。每年将减少二氧化碳排量达34.0万吨，氮氧化物、非甲烷碳氢、颗粒物等污染物排量207.5吨。与此同时，纯电动公交及出租车营运噪声及发热大幅降低，也有效改善了城市声音环境并缓解城市热岛效应。[①]

在新能源汽车产业发展方面，深圳市已基本形成龙头企业带动、关键零部件与配套企业互动的良好发展态势，涌现出比亚迪、五洲龙、沃特玛等一批行业领军企业，如图6-2、图6-3所示，形成国内最完善的新能源汽车产业链。

3.绿色建筑：坚持科技创新，打造绿色建筑的深圳品牌

深圳市政府2013年发布《深圳市绿色建筑促进办法》，在全国率先提出：新建民用建筑至少达到绿色建筑评价标识国家一星级或者深圳市铜级的要求。截至2018年4月，全市累计新建节能建筑面积超过1.5万平方米，绿色建筑建设总规模超过7 320万平方米，建有10个绿色生态城区和园区，建科大楼与万科中心就是深圳最早一批的绿色建筑，如图6-4、图6-5所示。[②]

---

① 蒋偲. 深圳实现全市公交纯电动化 应用纯电动公交车16 359辆[EB/OL]. (2017-12-28). http://shenzhen.sina.com.cn/news/s/2017-12-28/detail-ifyqcwaq5128608.shtml.

② 深圳市住房和建设局. 深圳大力推进建筑领域绿色低碳发展[N/OL]. (2018-04-03). http://www.sz.gov.cn/zjj/csml/bgs/xxgk/tpxw/201804/t20180403_11661746.htm.

图6-2　电动出租车实物图

资料来源：廖万育. 深圳纯电动出租车4月份突破1.3万辆［EB/OL］.（2018-04-25）.
http://sz.people.com.cn/n2/2018/0425/c202846-31504809.html.

图6-3　电动公交车实物图

资料来源：蒋偲. 深圳实现全市公交纯电动化 应用纯电动公交车16 359辆［EB/OL］.
（2017-12-28）. http://shenzhen.sina.com.cn/news/s/2017-12-28/detail-ifyqcwaq5128608.
shtml.

图6-4 深圳绿色三星建筑——建科大楼实景图

资料来源：根据深圳市建筑科学研究院股份有限公司相关资料整理.

图6-5 深圳绿色三星建筑——万科中心实景图

资料来源：佚名. 万科的建筑理想 从万科中心到万科大厦 [EB/OL]. (2014-12-20). http://gx.leju.com/scan/2014-12-20/12475951930776861069888.shtml? wt_source=data8_lpdt01_bt05.

创新采用BT、BOT等建设模式，建成国内首个大型公共建筑能耗监测平台，实现500栋大型公共建筑能耗实时监测。结合本地气候、资源环境、经济文化等特点，建立健全地方建筑节能和绿色建筑标准体系，多部标准为国内率先发布，为国家和行业标准制定提供了重要参考。大力推广装配式建筑，积极打造"深圳建造"品牌，建成全国首个大面积应用工业化技术建造的住宅——龙悦居保障房项目，并率先在超高层住宅项目中实施装配式建筑，在保障性住房中全面推广标准化设计、推广EPC总承包弱化资质管理强化能力建设。深圳市已有建筑节能国家重点实验室、工程技术研究中心等科研机构近20个，教授级高级工程师超过160位。

4.碳交易市场

2013年6月，深圳市碳排放权交易所正式启动碳配额交易，成为我国第一个启动的碳市场。截至2017年6月30日，803家碳交易管控单位按时足额完成碳排放履约义务，管控单位履约率99.01%，[①]履约率连续四个年度实现99%以上。

如今，深圳市连续三个年度成功实现了管控单位碳排放总量和碳强度的大幅下降，碳市场的运行效果好于设计初期的预期，给全国碳市场的建设探索了一条路。此外，在碳排放量和碳强度双双下降的同时，经济增长却在提速，深圳市635家管控单位2015年的工业增加值，比2010年增加了1 484亿元，增幅达54.7%[②]。

基于碳交易市场，深圳在碳金融领域也有所探索。2014年4月，深圳市成为世界银行集团国际金融公司（IFC）首个国内碳交易合作伙伴，进行碳金融创新合作；2014年5月，深圳市协助中广核风电发行国内首只碳债券；2014年11月，深圳市与兴业银行合作推出国内首笔绿色结构性存款；2014年11月，深圳市推出国内首个"配额托管"业务形态及相关的管理制度；2015年3月，深圳市支持国内首只碳基金——嘉碳开元基金成功设立；2015年11月，深圳市推出碳配额质押业务，联合南粤银行完成国内首个单纯配额抵押品碳配额质押业务；2016年3月，国内首笔跨境碳

---

① 王海荣. 99.84%！深圳碳排放履约率创新高[N/OL].（2016-07-04）. http://szsb.sznews.com/html/2016-07/04/content_3562656.htm.

② 吕绍刚，王星. 深圳碳交易　效果超预期！[EB/OL].（2017-03-27）. http://www.qstheory.cn/zoology/2017-03/27/c_1120700041.htm.

资产回购交易落户鹏城。

5.低碳技术科技创新

深圳市加强低碳创新能力建设，制定低碳技术政策与标准，努力将深圳建设成为低碳技术创新性城市。对低碳技术，在研发和产业化应用等方面给予重点扶持。深圳市支持企业、行业协会等社会组织参与编制减碳技术、无碳技术和去碳技术等技术领域具有影响力的国家、行业标准和技术规范。

四、低碳发展与经济发展模式转型契合

2005—2015年间，深圳市低碳发展模式由"十一五"时期的"优先能源结构调整与循环经济发展模式"向"十二五"中后期的"创新推动供应侧与需求侧共同减排"转变。发展模式的变化契合了当时国际背景、国家形势。自2003年英国政府在能源白皮书《我们能源的未来——一个低碳经济体》中提出"低碳经济"以来，深圳市借鉴国际经验，开始推行循环经济。早在2000年国家还未对万元GDP能耗考核时，深圳市就提出清洁能源战略，并制定《深圳市能源发展规划大纲（2000—2010年）》。

随着国际社会对中国应对气候变化的施压及我国碳排放总量的逐年递增、2030年碳达峰目标的提出，深圳市响应国家号召，成为第一批低碳试点城市，低碳发展上升为城市发展战略，低碳发展不再仅仅局限于产业与能源，建筑、交通、环境、居民生活等方方面面均成为了深圳市低碳发展的主战场。

在"以低碳城市战略为导向，创新推动资源供给侧和需求侧共同减排模式"下，深圳市逐步形成更加清晰、可行性强的绿色低碳发展路径（如图6-6所示），开展了全领域的先行实践：在城市低碳规划的顶层设计下，依靠清洁能源作为低碳保障，分别削减产业、交通、建筑的能源需求，同时治理环境产生协同效应，重点开展先锋低碳示范试点。开展"政府+市场+公众"协同保障，以制度为低碳基石，灵活运用市场机制、完善市场行为，宣传低碳理念、引导公众参与，营造全民低碳氛围。

创新推动供给侧与需求侧共同减排模式

城市规划：组团式规划、生态控制线、城市更新、紧凑型城市建设

清洁能源结构优化	低碳产业体系构建	绿色交通跨越发展	绿色建筑先锋城市	废弃物资源循环利用	水资源最严格管理	森林绿地碳汇成果较好	试点示范
能源基础设施建设	四大支柱产业稳定增长	公共交通一体化跨越发展	加强统筹管理	探索生态文明建设制度	大力节水	保护森林生态资源	低碳试点示范
发展清洁能源	大力发展高端制造业	推广新能源汽车	注重政策引领	垃圾分类减量工作	推进再生水与雨水利用	森林城市建设水平提升	深圳国际低碳城
新型能源系统建设研究	战略性新兴产业发展	建设绿色低碳港口	狠抓试点示范				
	优化战略新兴产业发展环境	重视低碳物流体系建设	发挥市场力量				
		智能交通基础环境初步形成	坚持科技创新				
			加强交流合作				

（法律、法规、政策、技术、标准）制度先行

（碳交易市场金融）市场交易机制

（国际合作、低碳组织、公众活动）公众参与

深圳市低碳试点城市发展模式与路径

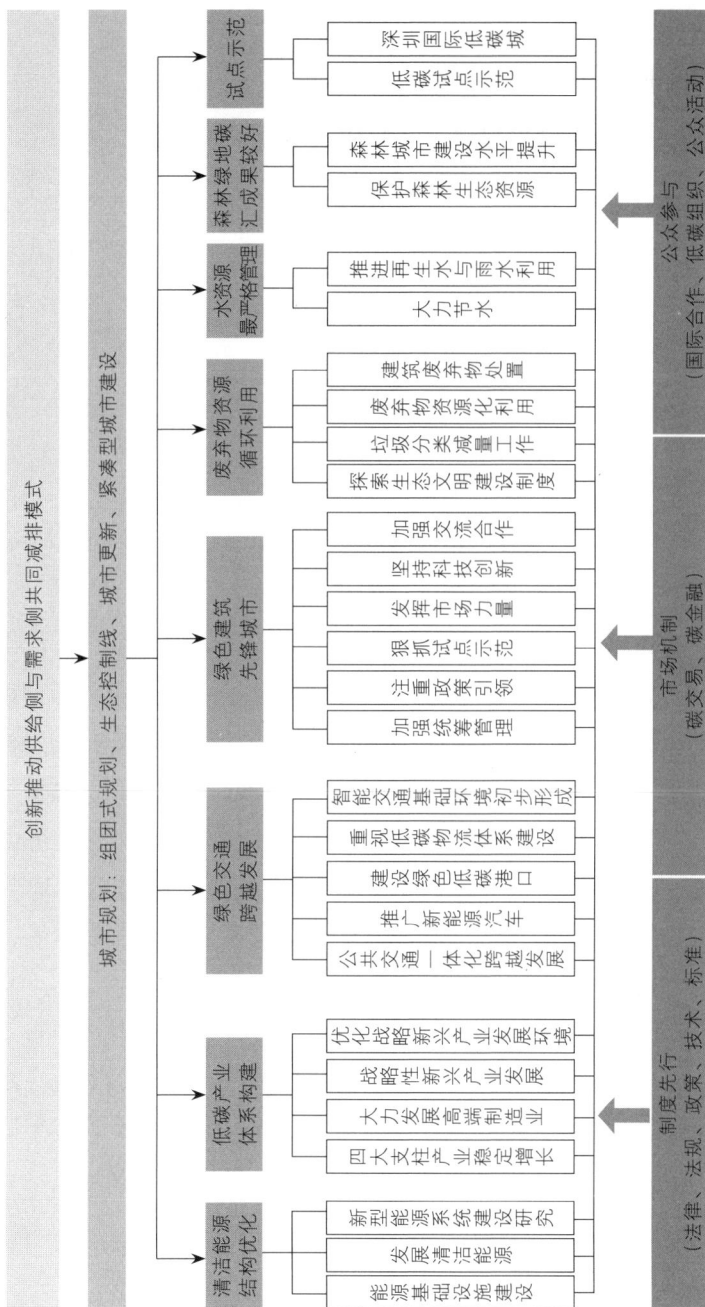

图6-6　深圳市低碳试点城市发展模式与路径

[第七章]
低碳发展制度

一、低碳发展法规体系

（一）低碳相关法规

深圳市多年的绿色低碳发展实践，得益于其市场化的低碳体制机制创新与改革。深圳市坚持立法先行，近十年来，先后出台了涵盖城市规划、经济与产业发展、建筑、交通、废弃物、水资源、生态环境、碳排放与碳交易等8个领域的相关法规规章，包括《深圳经济特区循环经济促进条例》《深圳经济特区建筑节能条例》《深圳经济特区碳排放管理若干规定》等，形成了一套较为全面和完善的促进低碳发展的法规体系，详见表7-1。

以《深圳市绿色建筑促进办法》为例，自2013年该办法颁布实施以来，深圳在全国率先以政府立法的形式要求新建建筑全面推行绿色建筑标准。2010—2016年绿色建筑累计面积如图7-1所示，截至2016年底，深圳市绿色建筑面积比上年增长61%，总量达5 320万平方米，可以看出该办法的出台对绿色建筑规模化发展起到了引领性的作用。

（二）低碳相关体制机制

截至2015年底，深圳市在机制、体制方面进行了多项创新，包括将万元GDP能耗和二氧化碳排放作为约束性指标，建立温室气体排放统计、

表 7-1　　　　　　　　　　　深圳市低碳发展相关制度

序号	领域	名称	施行时间	法律层级
1	城市规划	《深圳市基本生态控制线管理规定》	2005-11-01	政府规章
2	经济与产业发展	《深圳经济特区循环经济促进条例》	2006-07-01	地方性法规
3		《深圳市清洁生产审核实施细则》	2007-05-22	规范性文件
4	建筑节能与绿色建筑	《深圳经济特区建筑节能条例》	2006-11-01	地方性法规
5		《深圳市绿色建筑促进办法》	2013-08-20	地方性法规
6	交通	《深圳经济特区机动车排气污染防治条例》	2004-06-01	地方性法规
7	资源综合利用	《深圳市资源综合利用条例》	2003-08-01	地方性法规
8		《深圳市建筑废弃物减排与利用条例》	2009-10-01	地方性法规
9		《深圳市建筑废弃物运输和处置管理办法》	2014-01-01	政府规章
10		《深圳市生活垃圾分类和减量管理办法》	2015-08-01	政府规章
11		《深圳市节约用水条例》	2005-03-01	地方性法规
12	生态环境	《深圳经济特区环境保护条例（修订）》	2010-01-01	地方性法规
13		《深圳经济特区绿化条例》	2016-10-01	地方性法规
14		《深圳经济特区环境噪声污染防治条例（修订）》	2012-01-01	地方性法规
15		《深圳经济特区建设项目环境保护条例（修订）》	2017-05-16	地方性法规
16	碳排放与碳交易	《深圳经济特区碳排放管理若干规定》	2012-10-30	地方性法规
17		《深圳市碳排放权交易管理暂行办法》	2014-03-19	政府规章
18		《深圳市碳排放权交易核查机构及核查员管理暂行办法》	2014-05-21	规范性文件

图7-1　2010—2016年绿色建筑累计面积图

资料来源：由深圳市建设科技促进中心统计数据得到。

核算和考核制度，建立具有深圳特色的碳排放交易体系，创新资源性产品价格机制，建立自然资源资产负债表制度，领导干部离任自然资源审计制度，探索建立GEP核算制度，建立多层次低碳合作机制，尤其是具有深圳特色的碳排放交易体系。目前碳交易市场运营活跃、履约率较高，低碳相关体制机制信息见表7-2。

表7-2　　　　　　　　　　　深圳市低碳相关体制机制信息表

序号	机制体制	主要内容
1	万元GDP能耗和二氧化碳排放作为约束性指标	①《深圳市国民经济和社会发展第十二个五年规划纲要》规定：万元GDP二氧化碳排放量累计下降15%，万元GDP能耗为0.47吨标准煤 ②将万元GDP能耗和二氧化碳排放作为约束性指标列入《深圳市国民经济和社会发展第十二个五年规划纲要》，从制度上保障与促进低碳发展
2	建立温室气体排放统计、核算和考核制度	已编制深圳市2005—2015年温室气体排放清单，并分析了各部门的碳排放情况及变化趋势

续表

序号	机制体制	主要内容
3	建立具有深圳特色的碳排放交易体系	①已出台《深圳经济特区碳排放管理若干规定》，制定《深圳市碳排放权交易管理暂行办法》，明确碳交易试点的基本规则，设计碳交易制度、测算并确定深圳市温室气体排放总量控制目标，并提出2022年达到峰值； ②已制定温室气体排放指标分配方案和碳交易定价机制，建立深圳市碳排放权交易监管体系和登记注册系统，培育和建设交易平台，并于2013年正式上线，成为中国首个碳排放交易平台
4	建立合理的价格机制	在地方政府价格权限范围内，充分发挥价格杠杆在推动低碳发展中的重要作用，合理调节资源性产品与最终产品的比价关系，建立科学的电价、水价、气价机制和节电节水激励机制，如峰谷电价、《深圳市节水用水奖励办法》等
5	建立多层次低碳合作机制	①发挥深圳中心城市辐射带动作用和毗邻香港的区位优势，加强国际合作、深港合作以及珠三角区域低碳交流与合作。多渠道、多方式寻求国际合作，引进或共同研发低碳核心技术，引进资金和人才，借鉴项目管理先进经验，探索适合深圳实际情况的低碳项目合作新机制。建立深港政府间合作促进机制、政策协调与对话机制，共同打造低碳深港创新圈和前海深港低碳示范区 ②贯彻落实《珠江三角洲地区改革发展规划纲要》，并于2015年6月发布《珠三角城市群绿色低碳发展深圳宣言》，积极推进深莞惠合作，共同规划保护水源，共建生态生活圈，在产业布局、产业链衔接、能源产业合作、低碳交通网、绿色建筑等方面紧密合作，共建低碳珠三角

　　2013年6月，深圳市成为中国首个正式启动碳排放交易试点的城市。作为全国碳排放交易试点七个省市之一，深圳市碳排放交易所在碳金融领域进行了大量探索创新，如国内首单"碳债券"、境外投资者参与碳交易、私募碳基金、全国第一笔绿色结构性存款等等。目前，深圳碳交易平台是国内最活跃的碳交易市场之一。

二、低碳规划体系

深圳市建立了低碳规划体系，在总体布局上，深圳市专门编制了《深圳市低碳发展中长期规划（2011—2020年）》与《深圳市低碳城市试点工作实施方案》，明确了深圳市应对气候变化和低碳发展的总体思路、发展目标、重点任务及保障措施。同时，深圳市先后出台了涉及城市规划、能源、产业、交通、建筑、水资源、废弃物等一系列专项规划，形成较为完善的低碳规划体系，详见表7-3。

表7-3   深圳市低碳发展相关综合规划汇总表

序号	领 域	名 称	规划开始年限	规划结束年限
1	低碳发展	《深圳市低碳发展中长期规划（2011—2020年）》	2011	2020
2		《深圳市工商业低碳发展实施方案（2011—2013年）》	2011	2013
3		《深圳市应对气候变化"十三五"规划》	2016	2020
4	城市规划	《深圳市城市近期建设与土地利用规划》	2011	2015
5		《深圳市城市更新（"三旧"改造）专项规划（2011—2015年）》	2011	2015
6	能源	《深圳市节能减排综合性实施方案》	2008	2010
7		《深圳市节能"十二五"规划》	2011	2015
8		《深圳市工商业"十二五"节能规划》	2011	2015
9		《深圳市能源发展"十三五"规划》	2016	2020
10		《深圳市"十三五"工商类重点用能单位节能管理工作方案》	2016	2020
11		《深圳市输配电价改革试点方案》	2014	—
12	产业	《深圳市循环经济"十二五"规划》	2011	2015
13		《深圳新能源产业振兴发展规划（2009—2015年）》	2009	2015
14		《深圳互联网产业振兴发展规划（2009—2015年）》	2009	2015
15		《深圳市现代服务业发展"十二五"规划》	2011	2015
16		《深圳新一代信息技术产业振兴发展规划（2011—2015年）》	2011	2015

序号	领 域	名 称	规划开始年限	规划结束年限
17	产业	《深圳新材料产业振兴发展规划（2011—2015年）》	2011	2015
18		《深圳市加快产业转型升级十项重点工作（2011—2015年）》	2011	2015
19		《深圳节能环保产业振兴发展规划（2014—2020年）》	2014	2020
20		《深圳市循环经济"十三五"规划》	2016	2020
21		《深圳市服务业发展"十三五"规划》	2016	2020
22		《深圳市战略性新兴产业发展"十三五"规划》	2016	2020
23	绿色建筑	《深圳市建筑节能与绿色建筑"十二五"规划》	2011	2015
24		《深圳市可再生能源建筑应用"十二五"规划》	2011	2015
25		《建筑节能与绿色建筑"十三五"规划》	2016	2020
26	交通	《深圳市节能与新能源汽车示范推广试点实施方案（2009—2012年）》	2009	2012
27		《深圳市新能源汽车发展工作方案（2014—2015年）》	2014	2015
28		《深圳市货运行业推广液化天然气汽车专项行动方案》	2015	——
29		《深圳市打造国际水准公交都市五年实施方案》	2011	2015
30		《深圳市综合交通"十二五"规划》	2011	2015
31		《深圳市轨道交通网规划（2016—2030年）征求意见稿》	2016	2030
32		《深圳市步行和自行车交通系统规划》	2012	2020
33		《深圳市绿道网专项规划》	2011	2020
34		《深圳市综合交通"十三五"规划》	2016	2020
35		《深圳市绿色低碳港口建设五年行动方案（2016—2020年）》	2016	2020
36	水资源	《深圳市水务发展"十二五"规划》	2011	2015
37		《鹏城水更清行动计划（2013—2020年）》	2013	2020
38		《深圳市水务发展"十三五"规划》	2016	2020
39		《深圳市治水提质工作计划（2015—2020年）》	2015	2020

序号	领　域	名　称	规划开始年限	规划结束年限
40	生态文明与环境保护	《深圳市生态文明建设规划（2014—2020年）》	2006	2020
41		《深圳市环境保护规划纲要（2007—2020年）》	2007	2020
42		《深圳市人居环境保护与建设"十二五"规划》	2011	2015
43		《深圳市大气环境质量提升计划》	2013	2020
44		《深圳市城市林业发展"十二五"规划》	2011	2015
45		《深圳市国家森林城市建设总体规划2016—2025年（公示稿）》	2016	2025
46		《深圳市大鹏半岛生态文明体制改革总体方案（2014—2020年）》	2014	2020
47	废弃物	《深圳市生活垃圾焚烧处理设施近期建设补充规划（2015—2020年）》	2015	2020
48		《深圳市生活垃圾分类和减量工作实施方案（2015—2020年）》	2015	2020

深圳市能源结构调整不再仅局限于增加清洁能源种类与比例，对电力市场化体制也进行了探索。2014年国家发改委颁布《关于深圳市开展输配电价改革试点的通知》，深圳成为全国首个开展输配电价改革试点的城市。《深圳市输配电价改革试点方案》旨在推进电力能源市场的供给侧结构性改革，打破原有电网企业获利机制和垄断行为，开放竞争性环节，建立自愿协商、市场竞价等新的电价形成机制，为其他地区探索建立科学规范的市场化机制，形成示范推广。此次输配电价改革是我国首次基于电网总资产，在对电网企业成本的约束与激励机制基础上，按准许成本和合理收益原则制定输配电价，反映各类用户输配电成本，利用价格信号引导用户合理使用电力资源，从而实现需求端的低碳化。

在低碳发展的同时，深圳市积极试点开展生态文明体制机制改革工作。2015年7月印发《深圳市大鹏半岛生态文明体制改革总体方案（2014—2020年）》，大鹏新区优先选择了探索编制大鹏半岛生态资源资产表、构建大鹏半岛产业绿色低碳循环发展机制等4个项目抓紧推进。盐田区在全国率先建立城市生态系统生产总值（城市GEP）核算体系，获得"中国政府创新最佳实践"奖。大鹏新区、宝安区开展自然资源资产负债表编制和领导干部自然资源资产离任审计，走在全国前列。

三、低碳发展相关技术标准

深圳市在碳排放技术标准方面做了大量工作，从企业、建筑、交通的温室气体核查、量化、报告到酒店、景区、园区、社区、企业和商场低碳评价陆续出台了相关标准，为深圳市低碳发展奠定了技术基础，详见表7-4。

表7-4　　　　　　　　深圳市低碳相关技术标准汇总表

序号	名　称	实施时间（年）
1	《组织的温室气体排放量化和报告规范及指南》	2012
2	《组织的温室气体排放核查规范及指南》	2012
3	《低碳管理与评审指南》	2012
4	《建筑物温室气体排放的量化和报告规范及指南》	2013
5	《建筑物温室气体的核查规范及指南》	2013
6	《低碳酒店评价指南》	2013
7	《低碳景区评价指南》	2013
8	《公交、出租车企业温室气体排放量化和报告规范及指南》	2015
9	《垃圾焚烧发电企业温室气体排放量化和报告规范及指南》	2016
10	《产品碳足迹评价通则》	2016
11	《低碳园区评价指南》	2018
12	《低碳社区评价指南》	2018
13	《低碳企业评价指南》	2018
14	《低碳商场评价指南》	2018

四、投资与经费保障机制

（一）财政支持政策

深圳市在低碳发展上一直加大财政支持力度，从产业、能源、交通、建筑、水资源和生态环境等方面均有不同力度的财政支持，财政专项扶持为深圳市低碳产业的兴起提供了强有力的资金支持，详见表7-5。

表7-5 深圳市低碳发展财政政策支持汇总表

序号	领域	名　称	年　限	金　额	资助方式
1	产业	《深圳市未来产业发展政策》	2014—2020年	10亿元/年	无偿补助为主
2		《深圳市循环经济与节能减排专项资金管理暂行管理办法》	2012—2017年	7亿元/年[①]	无偿补助、贷款贴息、奖励
3		《深圳市新能源产业发展政策》	2009—2016年	5亿元/年	贷款贴息、项目扶持、保费补助、风险代偿
4		《深圳市节能环保产业发展专项资金管理暂行办法》	2014—2020年	5亿元/年	无偿资助、奖励、贷款贴息、创业补偿、风险补偿和股权投资
5	能源	《深圳市合同能源管理财政奖励资金管理暂行办法》	2011—2016年	1亿元/年	奖励
6	交通	《深圳市新能源汽车推广应用扶持资金管理暂行办法》	2013—2015年	50亿元[②]	无偿补助
7		《深圳市黄标车提前淘汰奖励补贴办法》	2013—2015年	——	无偿补助

---

① 佚名. 深圳财政多措并举推进节能减排工作[EB/OL]. (2016-02-03). http://www.mof.gov.cn/xinwenlianbo/guangdongcaizhengxinxilianbo/201602/t20160203_1663149.html.

② 陈姝. 深圳50亿扶持新能源车，力争年底新能源车总量达2.5万台[EB/OL]. (2015-01-23). http://www.gywb.cn/content/2015-01-23/content_2315516_all.htm.

续表

序号	领域	名　称	年　限	金　额	资助方式
8	交通	《深圳市港口、船舶岸电设施和船用低硫油补贴资金管理暂行办法》	2014—2017年	2亿元/年[①]	无偿补助
9		《深圳市道路运输行业推广使用液化天然气汽车补贴资金申报指南》	2015年	1 000万元	无偿补助
10	建筑	《深圳市建筑节能发展资金管理办法》	2012年至今	约2 000万元/年	无偿资助、贷款贴息、奖励
11		《深圳市公共建筑节能改造重点城市建设专项经费管理工作规程》	2012年	2亿元	无偿补助
12	水资源	《深圳市节约用水奖励办法》	2011—2016年	约2 000万元/年	无偿补助
13	生态环境	《深圳市大气环境质量提升补贴办法》	2014年	1.3亿元	无偿补助
14		《深圳市环境保护专项资金管理办法》	2015年	无偿补助单个项目不超过600万元，补贴类单个项目不超过300万元	无偿补助或贷款贴息

以促进环保产业发展的财政政策为例，2014年，深圳市政府印发《深圳节能环保产业振兴发展政策》及《深圳节能环保产业振兴发展规划（2014—2020年）》，提出了明确政策目标和发展重点。自2014年起，连续7年，市财政每年集中设立5亿元节能环保产业发展专项资金，用于支持相关产业。近几年，节能环保产业产值平均每年约以20%的速度高速

---

① 文灿."绿色航运"向污染说再见[EB/OL].（2014-10-17）. http://finance.qq.com/a/20141017/000232.htm.

增长，2015年达到1 204亿元，到2020年，总产值预计将超过3 000亿元。

以新能源汽车财政政策为例，深圳市颁布了一系列新能源汽车推广政策和措施，从财政补贴慢慢过渡到使用积分制、环保奖励和非货币化政策等等。以财政补贴为例，深圳市于2013年出台《深圳市新能源汽车推广应用扶持资金管理暂行办法》，将统筹设立50亿元的推广应用扶持资金。针对不同新能源车型提供不同补贴标准，最高可达11.50万元（国家补贴5.50万元、地方补贴6.00万元），深圳对于新能源车的补贴力度是全国范围内最大的；同时针对新能源公交车，深圳也出台补贴标准，但深圳是较早提出新能源公交车补贴下调的城市。

（二）公共融资政策

深圳市支持节能减排企业的政策主要有财税补贴政策、采购政策、产业支持政策和法律法规政策等，详见表7-6。但是，深圳市的传统金融机构对企业发展节能减排项目的融资扶持政策还不够，资金支持力度无法满足节能减排市场日益增长的需求。目前这些传统的银行机构还是以支持大企业、高盈利行业为主，对短期看不到明显经济效益的节能减排项目，以及提供节能减排服务的中小企业发展所需资金需求还存在比较突出的融资脱节现象。

《深圳市人民政府关于加强和改善金融服务支持实体经济发展的若干意见》（深府〔2012〕50号）与《深圳市人民政府关于充分发挥市场决定性作用全面深化金融改革创新的若干意见》（深府〔2014〕1号）对节能低碳领域给出了相关规定。

2014年，深圳启动了环境污染责任保险模式创新工作，通过引入保险经纪公司等创新举措，并以招标形式确定了7家保险公司组建"共保体"，进一步改革了环境投保模式，对相关保险产品进行创新，同时严格管控高风险企业环境影响。截至2017年底，持续深化环境污染责任保险制度，全市每年投保企业近300家，每年保额约5亿元，投保数量和总保额均为广东省第一，登记备案的理赔案例有2宗，赔付额61.8万元。

自2007年起，深圳市开始推行企业绿色信贷、绿色采购政策，金融机构优先为环保升级改造企业发放贷款。2015年累计向金融机构报送企业

表7-6 深圳市低碳发展公共融资政策汇总表

序号	政策名称	相关规定内容
1	《深圳市人民政府关于加强和改善金融服务支持实体经济发展的若干意见》(深府〔2012〕50号)	推进"绿色信贷"工程。引导金融机构制定差异化信贷政策,将信贷资源投向符合转型升级方向的项目、企业和产业,优先加大对深圳市节能重点工程项目、环境污染治理工程、节能环保技术改造和创新项目等信贷投放,严格控制对"高耗能、高污染、高排放"和产能过剩行业的贷款。探索推动深圳排污权交易体系建设,适时开展企业排污权交易试运行工作,促进低碳经济转型发展
2	《深圳市人民政府关于充分发挥市场决定性作用全面深化金融改革创新的若干意见》(深府〔2014〕1号)	鼓励发展绿色信贷,建立健全碳排放交易市场功能和环境污染责任保险等制度。扶持更多的低碳环保企业上市,构建绿色金融服务体系

环境违法信息及环保信用等级信息1 200条,银行业累计推出环境违法、黄牌和红牌企业授信35户,涉及贷款102.32亿元。

第八章

城市规划、土地利用与低碳发展

一、组团式城市规划

（一）率先提出组团式城市空间结构

早在经济特区建立之初，深圳就确立了"组团式"的城市空间布局思路。深圳"组团式"的空间发展策略，经历了从早期的"带状组团"，到全市域的"网状组团"，再到现在的"轴带组团"的演变。该策略充分利用自然地形地貌，既为城市空间发展预留弹性，适应了30多年城市高速发展的需求，又避免了"摊大饼"式的单中心城市结构，为低碳发展奠定了基础。

1986年编制的《深圳市经济特区总体规划（1986—2000年）》率先提出了组团式的城市空间结构，每个组团内部形成独立配套、相对完善的综合功能，适当分工又相互联系，富有弹性的带状组团结构奠定了长远发展格局。

1996年编制的《深圳市城市总体规划（1996—2010年）》（以下简称1996版总规）将城市规划区拓展到全市域，确立了"以特区为中心、三条放射发展轴为基本骨架，轴带结合、梯度推进的全市组团结构"，适应了高速增长阶段城市空间拓展需求。1996版总规与以前总规最大的差异在于，从发展转向控制。面向全市的均衡发展，使深圳在规模和范围上都大大延伸了，但结构上几乎完全没有脱离1986版总规所确定的城市发展轴。

经过10多年的努力，1996版总规的结构已基本成形，其优点也逐步得到体现：既很好地契合了深圳的自然山水特征，又有利于其在区域竞合中主动争取外部资源，创造有利的外部发展条件；既使得不同空间走向和片区的城市职能分工相对明确，又充分考虑各城镇内部自身功能的完善。随着已有轴线及轴线上节点的发展、新的增长极的生成、关键交通网络的建设，深圳原有的三条轴线构成的点轴式空间将向网络状空间发展，逐渐形成纵横交错的中心体系和供给网络，使城市空间进一步优化与提升。

在此基础上，2010年编制的《深圳市城市总体规划（2010—2020年）》以中心城区为核心，以西、中、东三条发展轴和南、北两条发展带为基本骨架，通过轴带系统的延展和中心体系的加密，形成"三轴两带多中心"的轴带组团结构，适应了城市转型期的空间优化和区域整体协调发展的目标要求，从而促进城市紧凑发展，提升城市发展质量和效益。

（二）从低碳生态来看组团式空间结构的优越性

以低碳生态视角来审视组团式空间结构，其优越性在于以下三点[①]：

1.顺应自然环境和地形地貌，利用自然山体、河流、农田等形成组团隔离带，使自然生态与城市很好地融合，形成了背靠青山、面向大海的景观格局，为城市预留了通风廊道、生态廊道，降低城市热岛效应40%以上，有效削减建筑制冷能耗。《深圳市2015年城市热岛监测公报》显示，2015年深圳首次出现全年和夏季城市热岛强度均降低的情况。具体来说，2015年深圳城市热岛强度为0.93℃，较2014年降低0.17℃，远低于住房和城乡建设部《国家生态园林城市标准》中对大城市热岛效应强度小于3.0℃的要求。

2.功能混合的组团成为城市活力单元，各组团相对独立，组团内最大限度地自我平衡，组团内部有相对完善的公建配套和综合服务功能，有利

---

① 张一成，邓金杰．深圳的生态内涵和低碳基础——城市规划的引领与促进[J]．城市规划，2013,3(3):66-73.

于实现居住就业的就地平衡，减少跨组团长距离通勤，降低交通能耗和污染。

3.组团间交通以大运量公共交通为主要方式，降低交通需求，有利于构建方便、快捷、舒适的公交体系，提高城市运行效率。2011年底，深圳本地小汽车拥有量突破200万辆，道路车辆密度突破300辆每千米，超过国际上270辆每千米的警戒值，位居全国之首，但深圳的道路交通尚处于可控状态。这其中最主要得力于组团式空间结构的优越性。当时深圳市规划国土发展研究中心的居民出行调查数据显示，各组团内消耗的交通量为30%~70%。

深圳市多次获得规划建设国际奖项，如联合国人居中心颁发的人居荣誉奖等，详见表8-1。

表8-1　　　　　　　　深圳市规划建设获奖清单汇总表

奖项名称	颁发单位	获奖年份
人居荣誉奖	联合国人居中心	1992年
艾伯克隆比爵士城市规划奖	国际建协	1999年
国际花园城市	联合国国际公园与康乐设施管理协会	2000年
环境保护全球500佳	联合国环境规划署	2002年

二、全国第一条生态控制线

（一）划定国内第一条生态控制线

面对自然生态被加速破坏的严峻局面，保障生态系统结构完整和生物多样性，确定城市建设边界，遏制城市无序蔓延是当务之急。

2005年，深圳市划定了国内第一条生态控制线，并制定了国内第一部关于保护城市整体生态系统的法规——《深圳市基本生态控制线管理规定》，深圳市的974平方公里土地正式纳入了基本生态控制线范围，约占深圳市陆地总面积的50%。这是一条"铁线"，除少数公益项目外，控制线内禁止经营性开发建设。此后的10年间，深圳市进一步优化和管理生态控制线，建立了基本生态控制线联席会议制度。

（二）进一步优化和管理生态控制线

2013年《深圳市基本生态控制线优化调整方案（2013）》出台，本次优化调整方案在保证全市生态线范围内土地总量不减的前提下，调入生态线用地约15平方公里，主要为山体林地和公园绿地；调出生态线用地约15平方公里，主要为基本生态控制线划定前已建成的工业区、公益性及市重大项目建设用地，一增一减布局更合理地将基本生态控制线内的用地与线外城市公园、绿化带等全部计算在内，深圳市绿地率超过56%。

2013年6月20日，深圳市再次出台了《深圳市人民政府关于进一步规范基本生态控制线管理的实施意见》（深府〔2013〕63号），从基本生态控制管理的重要性和基本原则、推进管理精细化、引导线内社区转型发展、规范动态调整机制、加强组织保障五方面进一步规范。根据该意见建立了基本生态控制线联席会议制度，联席会议召集人由分管副市长担任，成员单位包括深圳市发展改革、经贸信息、规划和自然资源局、人居环境、监察、水务、市场监管、城管等部门及各区政府，确定了各级政府和有关部门在生态控制线管理中的职责分工，并召开深圳市首次联席工作会议，2015年2月28日召开基本生态控制线第二次联席会议。

三、土地集约利用

（一）规划国土管理制度改革向纵深发展

按照全国不断推进新型城镇化发展的要求，立足深圳发展特征，全面深化规划、国土、生态领域的改革，加强土地集约利用，在制度创新方面取得了丰硕成果。

1.完善国有土地产权制度：按照法制化的思路，加强历史遗留违法建筑处理，制定了地质灾害评估、房屋安全检测、消防安全管理、临时使用管理等一系列配套支撑文件，包括出台《深圳市2015年地质灾害和危险边坡防治方案》《深圳市农村城市化历史遗留违法建筑房屋安全检测鉴定

管理暂行办法》《建设工程施工现场消防安全技术规范》《深圳市临时用地
和临时建筑管理规定》等相关政策与文件，并选择 1 个街道办、12 个社区
开展了试点工作，详见表 8-2。

表 8-2　　　　　　　　1 个街道办与 12 个社区试点名单汇总表

行政区域	社区试点名单
南山区	西丽街道新围社区
宝安区	沙井街道共和社区
龙岗区	平湖街道山厦社区、坂田街道雪象社区、南湾街道下李朗社区和南岭社区、坪地街道坪西社区
光明新区	公明街道下村社区
坪山新区	坑梓街道、坪山街道六和社区
龙华新区	龙华街道清湖社区、观澜街道茜坑社区
大鹏新区	南澳街道新大社区

资料来源：赵瑞希. 深圳历史遗留违法建筑分类处理正式启动 12 个社区 1 个街道参与试点
[N/OL]. (2014-04-10). http：//news.163.com/14/0410/18/9PG86OOS00014JB5.html.

　　2.深化土地资源市场化配置：加快实施《深圳市人民政府关于优化空
间资源配置促进产业转型升级的意见》《深圳市完善产业用地供应机制拓
展产业用地空间办法（试行）》《深圳市创新型产业用房管理办法》《深圳
市宗地地价测算规则（试行）》《闲置土地处置办法》《深圳市工业楼宇转
让管理办法（试行）》《深圳市人民政府办公厅关于加快发展产业配套住
房的意见》6 个附属文件即"1+6"文件，再加上《〈关于征地安置补偿
和土地置换的若干规定（试行）〉实施细则》，促进产业用地的高效利用
与可持续发展。这些文件为完善国有土地使用权出让制度、减少政府对市
场干预、优化土地资源配置方式、提高配置效率起到很大的作用。

　　3.创新土地二次开发利用机制：自 2009 年 10 月起，深圳市就组织开
展了土地整备机制的专项调研工作。2011 年 4 月，市政府发布了《关于推

进土地整备工作的若干意见》，成为指导全市土地整备工作的政策基础和基本依据。为了进一步深化土地整备，深圳市完成了《土地整备利益共享机制设计及试点项目实施方案》的制定，探索建立片区统筹土地整备利益共享机制，以坪山南布社区、沙湖社区为试点探索"整村统筹"土地整备模式。在土地供应年度计划的引导下，自2012年起，深圳市空间资源配置方式实现了"历史性的跨越"，正式由以新增建设用地供应为主转变到以存量用地供应为主，有力地保障了城市转型发展对空间资源的需求。到2016年，深圳市要求年度存量建设用地计划供应占总供应规模比重达85%。

（二）城市更新增加空间资源

深圳市在利用城市更新增加空间资源方面走在全国前列。2007年深圳市存量可建设用地仅剩20%，土地资源紧缺。城市更新作为一种资源战略，针对现有土地功能和资源利用不符合社会经济发展要求的旧工业区、旧商业区、旧住宅区、城中村及旧屋村等特定城市建成区实施更新活动，成为新时期深圳城市建设和发展的重要内容和主要形态，成为破解土地资源瓶颈的突破口，是解决与群众切身利益密切相关的民生问题的重要途径，也是有效提高保障性住房等公共配套服务设施提供水平的契机。改造前、后的蔡屋围如图8-1所示，改造前、后的大冲村分别如图8-2、图8-3所示。

图8-1　改造前、后的蔡屋围实景图

资料来源：佚名. 城市更新——解决城市土地供应紧张的又一途径［EB/OL］.（2011-06-28）. http://roll.sohu.com/20110628/n311929725.shtml.

图8-2　改造前的大冲村实景图（主要为城中村）

资料来源：佚名．华润官方爆猛料！666米湖贝塔+90余个旧改+后海片区规划！[EB/OL].
（2018-07-20）．https：//m.focus.cn/sz/zixun/49fa6e9a0c1622d1.html.

图8-3　改造后的大冲村实景图

资料来源：佚名．镜头记录：深圳南山大冲村变迁这十年[EB/OL].（2018-06-04）.
https：//www.sohu.com/a/233948139-493923.

　　深圳市自2005年起开始了全市旧城、旧工业区改造策略研究，城中
村改造规划与指引，福田、罗湖、宝安等区的旧工业区改造规划研究等一
系列促进城市更新的项目，并在项目研究的基础上，编制了《深圳市旧工
业区升级改造总体规划纲要》《深圳市城中村（旧村）综合整治规划编制
内容和深度指引及综合整治验收标准》《深圳市城中村（旧村）改造专项
规划编制技术规定》《深圳市城中村（旧村）改造暂行规定实施细则》《深
圳市城中村（旧村）改造总体规划纲要》等相关政策与规定，为深圳的城

市更新明确了方向、目标、策略与措施。

2010年12月，深圳市政府召开"全市城市更新工作会议"，发布了《关于深入推进城市更新工作的意见》。该文件与已经发布的《深圳市城市更新办法》《城市更新单元规划审批操作规则》等一系列文件构成了深圳城市更新的政策体系，有效促进了深圳城市更新工作的推进。2012年深圳市出台了《深圳市城市更新单元规划编制技术规定》（试行），逐步加入低碳生态的相关技术要求，使城市更新与低碳生态建设有机结合。目前，深圳市城市更新工作已形成了较完善的制度与技术体系，如图8-4所示。

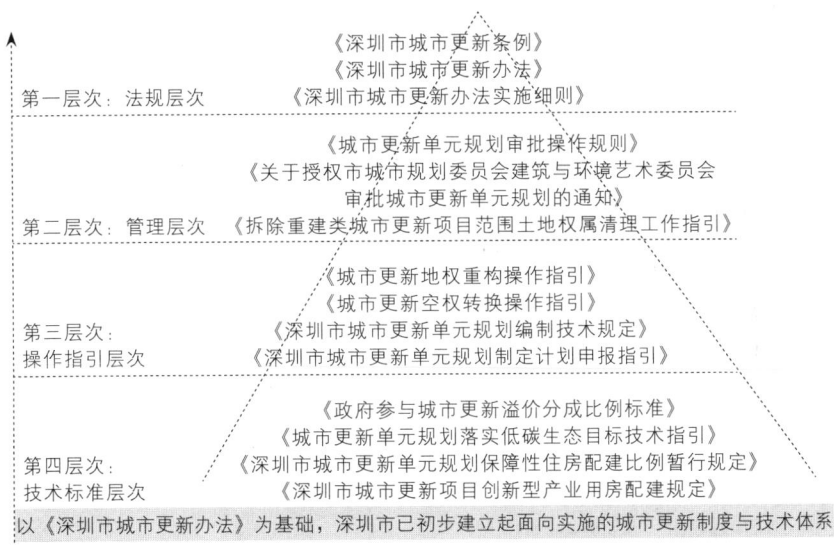

第一层次：法规层次	《深圳市城市更新条例》 《深圳市城市更新办法》 《深圳市城市更新办法实施细则》
第二层次：管理层次	《城市更新单元规划审批操作规则》 《关于授权市城市规划委员会建筑与环境艺术委员会 审批城市更新单元规划的通知》 《拆除重建类城市更新项目范围土地权属清理工作指引》
第三层次： 操作指引层次	《城市更新地权重构操作指引》 《城市更新空权转换操作指引》 《深圳市城市更新单元规划编制技术规定》 《深圳市城市更新单元规划制定计划申报指引》
第四层次： 技术标准层次	《政府参与城市更新溢价分成比例标准》 《城市更新单元规划落实低碳生态目标技术指引》 《深圳市城市更新单元规划保障性住房配建比例暂行规定》 《深圳市城市更新项目创新型产业用房配建规定》

以《深圳市城市更新办法》为基础，深圳市已初步建立起面向实施的城市更新制度与技术体系

图8-4　深圳市城市更新制度与技术体系

资料来源：唐燕. 城市更新制度的转型发展——广州、深圳、上海三地比较［EB/OL］. (2017-08-07). https: //sh.focus.cn/zixun/bfaac9f548322bdd.html.

在这些政策的指引下，深圳市各类旧城区、旧村、旧工业区的城市更新项目正在稳步推进，各区在项目实施过程中，积极探索多样化且具有针对性的更新改造模式，充分体现了因地制宜的原则，对提升土地利用效益、优化城市功能、促进空间合理紧凑发展、完善公共设施布局起到了重要推动作用。

　　深圳市城市更新的模式依据对更新地块的改造方式和程度可分为：综合整治类更新、功能转换更新以及拆除重建式更新。针对不同更新需求的三类更新模式体现了城市土地再开发利用中的不同诉求和更新理念，其最终的更新目标和效果也具备针对性，三类更新模式特点分析详见表8-3。

表8-3　　　　　　　　　　　三类更新模式特点分析

更新模式	适用更新对象	改造方式	更新程序	更新费用	更新效果	集约程度
综合整治	城市基础设施、公共服务设施亟需完善；环境恶劣或者存在重大安全隐患，以旧城中村为主	不改变建筑主体结构、使用功能	所在区政府制订实施方案并组织实施	所在区政府、权利人或者其他相关人共同承担	改善人居环境和文化保留、提升	有一定提升
功能转换	现有土地用途、建筑物使用功能或者资源、能源利用明显不符合社会经济发展要求，影响城市规划实施，以旧工业区、旧商住混合区为主	不改变建筑主体结构，改变使用功能	向市规划国土及相关主管部门申办规划许可变更和相关手续，并补缴相关地价	非商品性质房地产转为商品性质的，应另行补缴相应地价	促进城市节约再开发和促进城市产业升级	提升
拆除重建	因单独建设基础设施、公共服务设施等公共利益需要或实施城市规划进行旧城区改建需要调整使用土地及具备其他法定收回条件的更新对象	全面拆除重建	市政府根据城市更新需要组织土地使用权收购，或权利人补缴地价并获得城市更新项目规划许可文件后自行改造	根据改造后功能和土地使用权期限以公告基准地价标准缴纳地价，扣减原有合法建筑面积按原土地用途及剩余土地使用权期限地价	实现城市经济复兴及城市功能合理性	较大提升

　　资料来源：严若谷，周素红. 城市更新中土地集约利用的模式创新与机制优化——以深圳为例［J］. 上海城市管理，2010（5）：23-27.

　　根据不同更新对象采取不同需求和程度的更新模式，有助于分类实施城市土地的再利用，有助于提供更好的实施途径，实现不同文化、社会、经济效果的更新；同时，从集约再开发的角度促进了城市功能的完善和产业的升级，通过城市更新实现城市土地的再开发。

　　在深圳的城市更新过程中，综合整治成为城市更新改造的主要手段。相对于拆除重建，综合整治是一种更节约成本的提升城市环境品质与土地资源利用效益的城市更新手段。《深圳市城市更新"十三五"规划》提出了规划期内深圳将力争完成100个城中村或旧住宅区、旧商业区综合整治项目，建议以综合整治为主、拆除重建为辅。

　　《深圳市城市更新专项规划（2016—2020年）》提出了在规划期内，全市完成各类更新用地规模30平方公里，其中，以城中村和旧工业区为主的拆除重建类更新规模为12.5平方公里，实现年均土地供应2.5平方公里；非拆除重建类（综合整治、功能改变等）更新规模为17.5平方公里。这将为已有产业规模的扩大、新经济增长点的培育、居民住房条件的改善、基础设施的完善等城市各项建设事业提供强大的空间支撑。

　　近几年，深圳市城市更新工作多次得到上级的肯定，在省级层面，深圳市连续多年在广东省"三旧"改造考核中位居前列，多次荣获一等奖、二等奖。2014年8月，深圳市"以旧城镇、旧厂房、旧村庄'三旧'改造为主要内容的城市更新土地节约集约利用机制改革"经验被国家发改委纳入国家综合配套改革试验区改革成果，在全国推广。2017年，深圳获得广东省2016年度节约集约用地考核一等奖、2016年度"三旧"改造考核一等奖。

（三）加大地下空间开发利用

　　深圳的地下空间规划、利用走在全国前列。深圳市通过出台《深圳市地下空间开发利用暂行办法》，编制《深圳市地下空间资源利用规划》等，促进和规范地下空间资源利用；深圳市研究编制《深圳市轨道交通规划与土地政策研究》，采用以线路为轴线、以站点为核心的"珠链式"土地开发模式，在重要轨道站点实行TOD开发，在轨道车辆段实施上盖物业开发，充分利用轨道站点周边地上地下空间。此外，深圳市确定福田中心区、华强北商业区、罗湖商业中心、宝安中心、前海枢纽地段等8个区域为地下空间重点开发地区。2016年出台的《深圳市地下综合管廊管理办法（征求意见稿）》迈出了中国地下综合管廊建设和管理进程的重要一步，将多种市政管线集中敷设在内，统一管理，以实现地下空间的综合利用和资源共享。

以罗湖口岸改造为例，没有新征一寸土地，仅仅通过地下空间开发使过关人数由20万人/天增加至最多60万人/天，是地下空间利用非常好的案例，如图8-5所示。

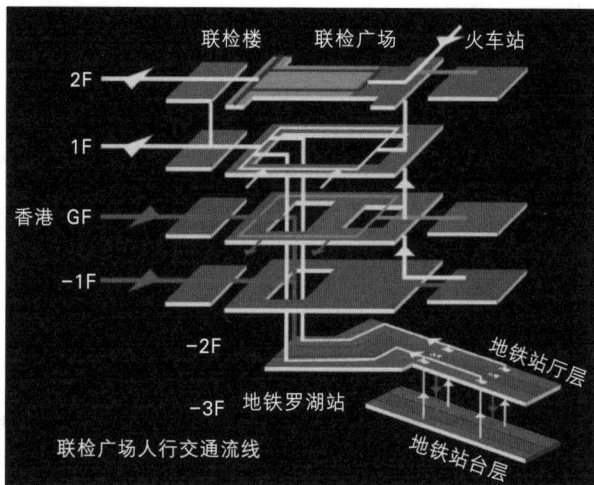

图8-5　开发地下空间后的罗湖通关口岸示意图

资料来源：顾新，赵鹏林，李凡. 深圳市城市地下空间的集约化利用 [J]. 地下空间，2014，24（1）：126-132.

深圳市还结合城市轨道建设，大力促进地下空间和上盖物业开发。深圳地铁集团提供的数据显示，地铁一、二期工程地下空间总面积约12.3万平方米。[①]其中，到2015年6月已经投入使用的空间面积约3.6万平方米。

---

① 徐兴东. 深圳地铁三期工程规划建设约8万平方米的地下商业空间[EB/OL]. (2015-06-26). http://sz.people.com.cn/n/2015/0626/c202846-25372488.html.

地铁三期建设中深圳市同步规划8万平方米的地下商业空间，其中最典型的就是车公庙枢纽和华强北地下空间。深圳地铁上盖物业开发自轨道二期工程启动，至轨道三期工程全面推动，已形成十余个项目共约600万平方米的开发规模，入市项目也获得了较好的市场反响。

（四）提高土地使用强度与加大用地功能混合

深圳市通过适当提高土地使用强度，加大用地功能混合，提高土地使用效率，实现紧凑型发展。

1.提高土地使用强度

深圳市通过出台《深圳市工业项目建设用地控制标准（试行）》《深圳市工业项目建设用地控制标准（2012年）》《深圳市物流项目建设用地控制标准》，提高了土地使用强度。

《深圳市工业项目建设用地控制标准（试行）》的出台，进一步提高了工业项目用地的集约利用水平。该标准为协议类工业项目设置了五项控制指标：投资强度、土地产出率、容积率、建筑系数、行政办公及生活服务设施用地面积所占比重。协议类工业项目必须符合这五项控制标准，否则必须对申请用地规模进行核减。通过实施《深圳市工业项目建设用地控制标准（试行）》，深圳市新增协议类工业项目的用地效益可望增加到22.5亿元/平方公里，达到中国香港现状工业用地效益水平的74%、东京都的40%。而《深圳市工业项目建设用地控制标准（2012年）》明确提出了贯彻落实《深圳市国民经济和社会发展第十二个五年规划纲要》，加快深圳市产业结构调整，实现"深圳速度"向"深圳质量"跨越，推动城市成功转型。与试行标准相比，建筑系数、行政办公及生活服务设施用地面积所占比重、绿地率3项指标执行国土资源部的《工业项目建设用地控制指标》（国土资发〔2008〕24号），不再列入控制指标，取而代之的是地均纳税额、成长率和土地弹性出让年限3项指标；工业项目还应符合《深圳市产业结构调整优化和产业导向目录》的有关规定；遵循"区别对待、分类指导、突出重点"的原则，对产业用地实施分类供应。优先保证市政府引进的战略合作产业项目和战略性新兴产业项目。

《深圳市物流项目建设用地控制标准》从一个较高精度的层面上控制物

流项目用地规模，并在深圳市土地紧张的局面下，达到引导物流产业发展、提高物流项目建设用地土地利用效益的目的。该标准对深圳市物流用地类型进行了细分，根据不同物流用地类型的空间特点，科学制定了包括固定资产投资强度、货物单位面积堆存量、货物平均存储周期、有效仓储面积比例、容积率和建筑密度等7项指标在内的用地控制标准，其中多数标准都参考了日本、新加坡、中国香港等用地效益较高的国家和地区的标准。

2.加大用地功能混合

2014年深圳市出台《深圳市城市规划标准与准则》，调整了用地性质分类，加强土地兼容，鼓励用地功能混合，并提出了建筑功能混合指引，把功能混合向三维空间拓展。例如，深圳湾体育中心把大运会比赛场、体育馆和游泳馆合而为一，不仅提高了土地利用效率，而且探索出一套建设经营模式，使赛后场馆得到充分有效利用，如图8-6所示。

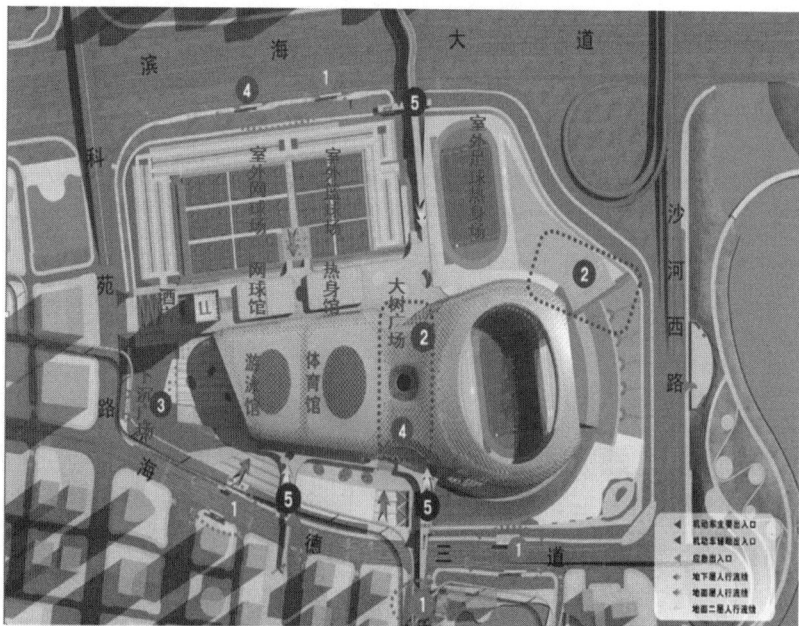

图8-6　深圳湾体育中心分区示意图

资料来源：佚名.深圳湾体育中心交规：一次换乘连铁之最盘［EB/OL］.(2010-04-23). http://www.banq.cn/html/8908.htm.

华强北商业区位于广东省深圳市福田区，其前身是生产电子、通信、电器产品为主的工业区域。随着经济发展，华强北区域功能发生变化，华强北逐渐成为中国最大的电子市场。深圳市福田区政府及时把握住转变的契机，1998年开始对华强北商业街进行改造，使其变成深圳最传统、最具人气的商业旺地之一。空间利用更加趋向立体、综合和混合，单一的平面用地类型在使用中演化为多样化的三维空间功能并且不断随市场变化而调整，以电子信息产品批发闻名的华强北地区，仅一处工业用地就已经自发融合了商业、服务、办公、旅馆和单身公寓等6种使用功能，如图8-7所示。

图8-7　深圳华强北产业空间混合使用案例示意图：从单一平面向立体混合

资料来源：王旭. 基于"适度混合"的产业空间规划管理模式探索——以深圳市为例［EB/OL］. (2016-04-16). https://wenku.baidu.com/view/8751b7460242a8956aece439.html..

（五）单位土地产出显著提升

深圳市自立市快速建设以来，随着近年建设用地的紧缺，实施严控新增用地，加大对抵消存量用地的挖潜，实现土地集约紧凑化。

中国产业信息网《2018年深圳建设用地供给方式及居住用地供给量、供给结构、供给方式分析》研究表明：从2012年以来，从计划到实际供应用地均实现了土地供应以存量用地为主的转变，存量建设用地占总建设用地比例超过50%，2015—2017年连续3年超过7成；至2017年，城市更新供地占存量建设用地供地的比例达到29%，占建设用地总供地比重已达到19%。

从图8-8可以看出，深圳市单位土地面积地区生产总值从2005年的2.49亿元/平方公里增加至2017年的11.23亿元/平方公里，增长了351%；单位土地面积地方财政收入从2008年的0.50亿元/平方公里增加至2017年的4.32亿元/平方公里，增长了764%。

图8-8　深圳市单位土地效益产出图

资料来源：深圳市统计局，国家统计局深圳调查队. 深圳统计年鉴2018［M］. 北京：中国统计出版社，2018.

第九章

发展清洁能源

大力推进能源基础设施建设，不断拓展清洁能源供应渠道。积极发展可再生能源，提高清洁能源比重。不断优化用电结构，全面强化节能降耗，低碳清洁的能源体系初步建成。

一、能源基础设施供应能力显著提高

（一）电力建设取得新成就

深圳市推进500千伏祯宝线、紫荆站等输变电工程、岭澳核电3、4号机组和南天电厂3号机组等电源项目建成投产，抽水蓄能电站、500千伏南通道（祯州至现代站）和宝昌电厂扩建、钰湖电厂扩建、华电坪山分布式能源等项目获得核准并加快建设，电力供应保障能力显著增强。

《深圳市能源发展"十三五"规划》表明：截至2015年年底，境内电源总装机容量达到1 306万千瓦，比2010年年底增长151万千瓦。其中，核电612万千瓦，占46.86%；气电480万千瓦，占36.75%；煤电191万千瓦，占14.62%；其他新能源发电装机23万千瓦，占1.76%。2015年，深圳市110千伏及以上变电站达225座，变电总容量合计为70 963兆伏安。其中，500千伏变电站5座、变电容量17 274兆伏安，220千伏变电站44座，变电容量267 90兆伏安，城市电网输配能力和技术水平进一步提高。

《深圳市能源发展"十三五"规划》表明：2010—2015年，全社会用电量由663.5亿千瓦时增长到851.3亿千瓦时，年均增长4.21%；最高用电负荷由1 250万千瓦增加到1 578万千瓦，上升了26.24%，年均增长4.78%；电力供需平衡形势宽松，2012年后未出现错峰用电现象。

（二）天然气多气源供应格局全面形成

以能源低碳化为原则，实施以引进天然气为主的石油替代战略，积极引进天然气资源，推进重大气源项目的规划建设，形成多气源供应格局。

大力推进西气东输二线广深支干线及香港支线、深圳天然气高压输配系统工程建设，2012年8月西气东输二线正式投产，可供应深圳市天然气40亿立方米/年，占全线可供气能力的15.3%；推进建成求雨岭天然气安全储备库、大鹏LNG接收站4号储罐，迭福LNG项目获得国家核准并基本建成，西气东输二线配套LNG应急调峰站获得国家核准，下洞天然气储备与调峰库加快建设，天然气"多气源、一张网、互连互通、功能互补"供应保障格局基本形成，深圳已成为国内天然气保障能力最强的大中城市之一。

《深圳市能源发展"十三五"规划》表明：截至2015年年底，建成天然气管道5 421.5公里，其中高压管道324.3公里、次高压管道196.2公里和中压管道4901公里；建成天然气门站7座，调峰（气化）站3座，调压站27座，汽车加气站31座；管道天然气用户达到160万户，天然气消费增长至530万吨；深圳市非化石能源占一次能源比重超过15%。

（三）石油储运体系进一步优化完善

《深圳市能源发展"十三五"规划》规定应大力协调推进东角头、清水河油库搬迁及吊神山成品油仓储区规划建设工作，惠州炼油厂供应量持续增加成为新的供应主渠道，新建加油站（点）45座。截至2015年年底，拥有15个油码头泊位，3个LPG（液化石油气）码头；成品油仓储库容94.62万立方米，加油站270座；LPG仓储库容17万立方米，储配站16座，瓶装气供应站206个；通过珠三角成品油管道工程，广石化油品、大鹏湾码头和惠州泽华码头的上岸油品均可输送至深圳市，成品油供应及分销体系进一步完善。

二、能源结构不断优化

进入"十二五"时期，深圳进一步加大力度引进天然气和外来电力等清洁能源，加快发展新能源和可再生能源，全面实施原有燃油发电机的"油改气"工程，关停燃油小火电机组累计达175.8万千瓦，"十一五"以来累计关停约288万千瓦小火电机组，超额完成了国家下达的关停任务。《深圳市能源发展"十三五"规划》表明：2010—2015年，一次能源消费结构中，煤炭、石油消费继续下降，天然气、电力等清洁能源比重提高了6.7个百分点，能源消费结构不断优化。

《深圳市能源发展"十三五"规划》表明：2015年年底，新建成天然气发电、核电等清洁电源约500万千瓦，深圳市电源总装机容量达到1 306万千瓦，核电、气电、新能源等清洁电源装机容量占全市总装机容量的85%以上，清洁电源供电量占全市用电量的比例大幅提升至90.5%，为全国平均水平的2倍，如图9-1所示。

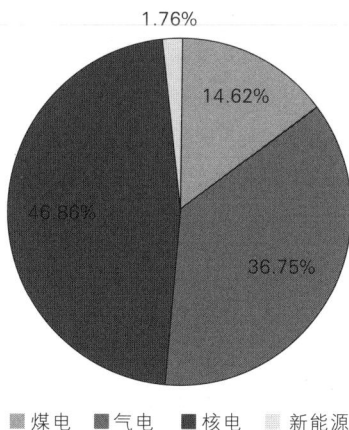

图9-1　2015年深圳市电源装机结构图

2010—2016年，深圳市在能源终端消费部门和行业中的能源消费分布比例如图9-2所示，可以看出第一产业能源消耗比例平均约为0.24%，第二产业能源消耗比例平均约为43.38%，第三产业能源消耗比例平均约为40.89%，生活消费能源消耗比例平均约为15.49%。从趋势上看，第二产业能源消耗比例略微下降，而第三产业与生活消费能源消耗比例则略微上升。

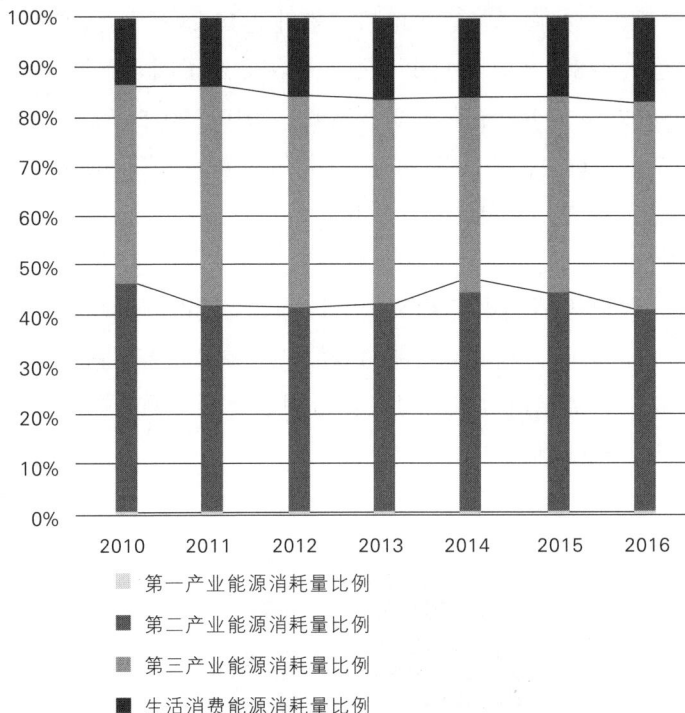

图9-2　2010—2016年深圳市能源消费分布比例图

资料来源：深圳市统计局，国家统计局深圳调查队．深圳统计年鉴2017［M］．北京：中国统计出版社，2017.

三、核电和可再生能源发展迅速

（一）安全高效发展核电

深圳市经过十年的建设已发展成为以核电设计、研发、集成和服务为主的国家级新能源产业基地。截至2015年，深圳市建成并安全运营的核电站有大亚湾、岭澳 A 和岭澳 B 三座核电站，发电量由 2007 年的 289 亿千瓦时，增加到 2015 年的 454 亿千瓦时，年均增长 9.45%，发电量占全社会用电量的 56.3%。但深圳市核电站的发电量主要是供香港消费，深圳市的电力供应除本地电厂外，主要外购西电东送的网电。

（二）加快推进太阳能光热光伏应用

在深圳的可再生能源资源中，太阳能资源相对较为丰富，具有一定的开发利用价值，但由于深圳土地资源紧缺，不适宜开发建设占地面积大的太阳能发电站，但适宜利用建筑物屋顶和侧立面建设太阳能发电站，截至2018 年，深圳市建成和在建太阳能光伏发电项目装机规模已达 49 兆瓦，太阳能热水应用总集热面积达到 2 500 万平方米。[①]此外，深圳市积极开展太阳能空调、地源热泵等可再生能源建筑应用试点。

（三）大力发展生物质能

截至 2015 年 8 月，深圳市建成垃圾焚烧发电厂 7 座，总垃圾处理能力达到 7 875 吨/日，焚烧处理率为 51%，垃圾焚烧发电总装机容量达 145 兆瓦，发电量每年达 11.6 亿千瓦时，居全国大中城市首位[②]。

（四）提升能源利用效率

深圳市以分布式能源、智能电网等为重点，着力提升能源利用效率。加大分布式能源站建设和应用力度，配套建设城市供热、供冷管网以及集中制冷站和多功能蓄能中心，积极开展智能电网建设试点，大力发展用户端的中小型分布式能源供应系统，建设用户端能源智能化管理平台，打造大电源、大电网与分布式能源系统和谐互补的安全高效新型能源供应体系。

同时，积极研发新能源，推进生物柴油、燃料乙醇、沼气发电等领域的生物质能开发利用示范项目；密切跟踪氢能、海洋能等其他可再生

---

① 李秀瑜. 深圳节能建筑面积逾 1.59 亿平方米[EB/OL]. (2018-06-19). http://www. mohurd.gov.cn/dfxx/201806/t20180620_236475.html.

② 文灿. 垃圾发电厂欢迎随时参观（深圳）[EB/OL]. (2015-08-24). http://www.seee. com.cn/news/Cnew/detail531.html.

能源。

四、全社会电力消费稳定增长，单位GDP能耗显著下降

从图9-3可以看出，2005—2016年，全社会用电量保持增长趋势，由2005年的440.2亿千瓦时增加到2016年的851.08亿千瓦时，增长了93%，年均增长6.2%；但"十二五"和"十一五"相比，全社会用电量年均增速明显放缓，由"十一五"期间的年均增速8.55%下降到4.21%。

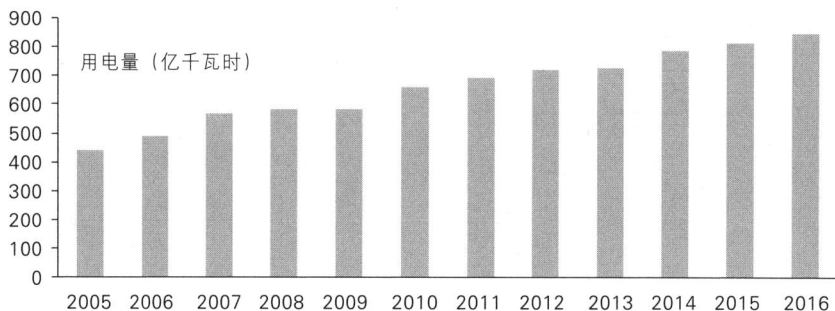

图9-3 "十一五""十二五"期间全社会用电量变化图

资料来源：深圳市统计局，国家统计局深圳调查队. 深圳统计年鉴2017 [M]. 北京：中国统计出版社，2017.

2005年深圳市单位GDP能耗为0.593吨标准煤/万元，2016年则降为0.379吨标准煤/万元，2005—2016年单位GDP能耗累计下降36%，如图9-4所示。

"十二五"期间，深圳市清洁能源消费量大幅度上升，单位GDP能耗水平不断下降并处于低位，与国内一线城市、广东省与全国平均水平相比，均处于低位。

2005年与2010年深圳市单位GDP能耗水平低于北京、上海、广州、天津，如图9-5所示，而2015年深圳市单位GDP能耗水平稍高于北京，但相对于全国平均水平而言具有明显优势。深圳市在《深圳市能源发展

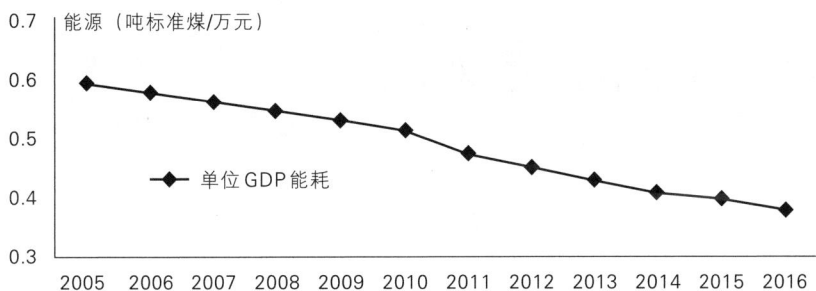

图9-4　2005—2016年深圳市单位GDP能耗变化图

资料来源：深圳市统计局，国家统计局深圳调查队．深圳统计年鉴2017［M］．北京：中国统计出版社，2017．

"十三五"规划》中提出，到2020年，深圳市单位GDP能耗比2015年下降约18.5%，远高于全国2020年单位GDP能耗比2015年下降15%的目标。

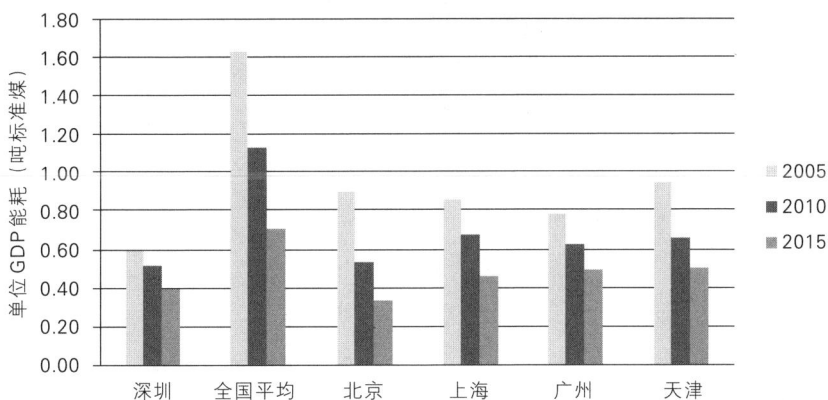

图9-5　2005—2015年各城市与全国单位GDP能耗对比图

（注：图中单位GDP能耗按可比价格，2005—2009年采用的地区生产总值为2005年可比价，2010—2014年采用的是2010年可比价。）

资料来源：根据各地统计年鉴数据整理．

[第十章]
经济发展模式转变与低碳经济

一、经济发展进入新常态，能耗水平持续下降

（一）经济发展迅猛，人均地区生产总值居全国首位

深圳市经济在经历了30年的高速增长后，正逐步转入中高速增长的新常态。从图10-1可以看出，"十一五"期间，深圳市全市地区生产总值由5 813亿元增长到9 773亿元，年均增速达13.6%；"十二五"期间，深圳市全市生产总值由1.15万亿元增长到1.75万亿元，年均增速达10.4%；2016年，深圳市全市地区生产总值为1.95万亿元，比2015年增长9.0%，增速分别高于全国、全省2.3个百分点和1.5个百分点，居广东省各地市第一，经济总量持续扩大，继续居内地大中城市第四位。

从图10-2可以看出，"十一五"期间，深圳市人均地区生产总值由6.84万元增长到9.62万元，年均增速为8.4%；"十二五"期间，深圳市人均地区生产总值由11.05万元增长到15.80万元，年均增速为7.8%，深圳市人均地区生产总值稳居全国一线城市首位；2016年人均地区生产总值达16.37万元。

（二）发展低碳经济，单位工业增加值能耗稳步下降

在"十一五""十二五"期间，深圳调整优化产业结构，全力推动结构节能减排，严格控制高能耗、高排放量和产能过剩行业新上项目，提高

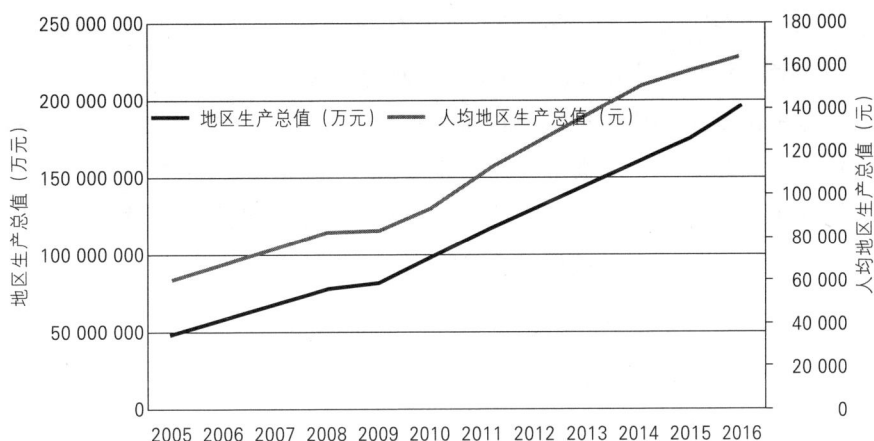

图 10-1　2005—2016年深圳市地区生产总值与人均地区生产总值变化趋势图

资料来源：深圳市统计局，国家统计局深圳调查队．深圳统计年鉴2017［M］．北京：中国统计出版社，2017.

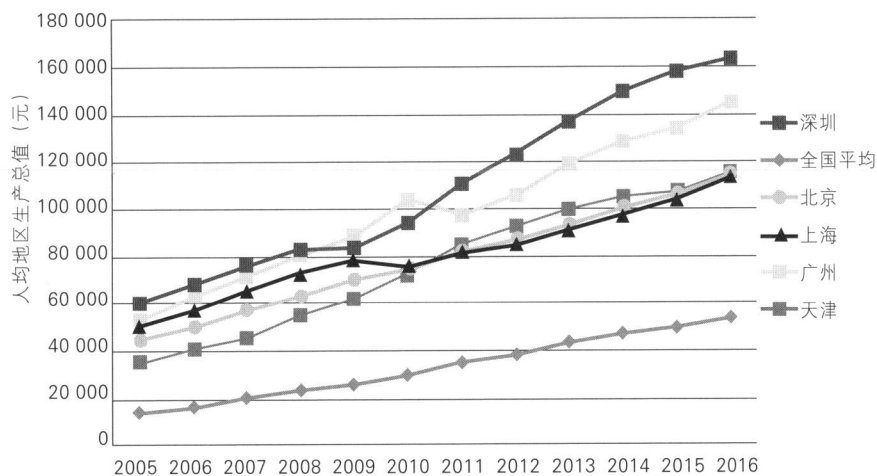

图 10-2　2005—2016年各城市人均地区生产总值与全国人均生产总值对比图

资料来源：深圳市统计局，国家统计局深圳调查队．深圳统计年鉴2017［M］．北京：中国统计出版社，2017.

行业准入门槛，加快淘汰落后产能，发展培育低能耗、低排放、高产出的新兴产业，加大对生物、互联网、新能源、新材料、文化创意和新一代信息技术等战略性新兴产业的扶持力度。在清洁生产、废物利用、绿色建筑等节能减排和低碳经济的各个领域，深圳成绩突出。

深圳市万元GDP能耗及单位工业增加值能耗均稳步下降。从图10-3可以看出，2005年，深圳市单位工业增加值能耗为0.598吨标准煤，2010年为0.492吨标准煤，2016年为0.228吨标准煤，呈现稳步下降趋势，累计下降比例达53.55%，高于万元GDP能耗下降比例，这侧面说明深圳市近年来整体低碳发展成果显著。

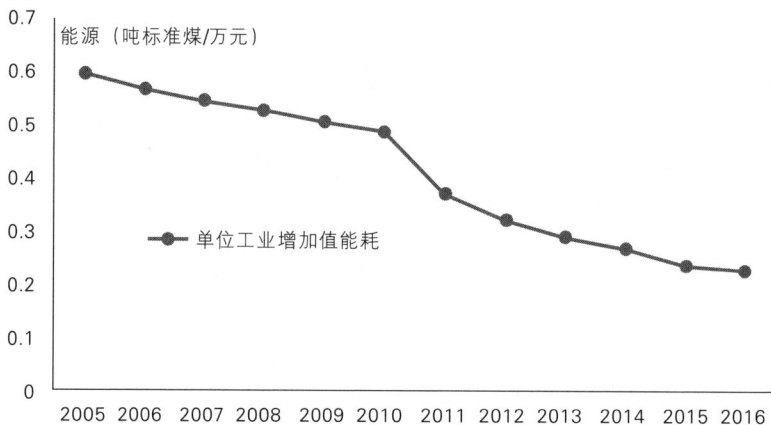

图 10-3　2005—2016深圳市单位工业增加值能耗强度趋势图

资料来源：深圳市统计局，国家统计局深圳调查队. 深圳统计年鉴2017 [M]. 北京：中国统计出版社，2017.

二、产业结构持续优化，低碳发展成果显著

（一）第三产业发展迅猛，比重突破六成

自2005年以来，深圳产业结构呈现"退二进三"的显著特征。从图10-4可以看出，2016年，深圳市第一产业增加值6.29亿元，下降3.7%；第二产业增加值7 700.43亿元，增长7.0%；第三产业增加值11 785.88亿元，增长10.4%。2017年上半年，第一产业增加值4.24亿元，增长21.0%；第二产业增加值3 743.45亿元，增长7.4%；第三产业增加值5 961.33亿元，增长9.7%。

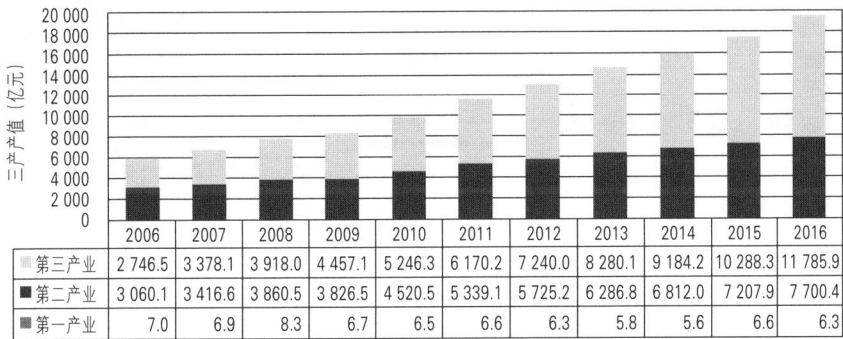

图 10-4　2006—2016 年深圳市三产产值变化趋势图

资料来源：深圳市统计局，国家统计局深圳调查队．深圳统计年鉴 2017［M］．北京：中国统计出版社，2017．

"十一五"期间，一、二、三次产业占深圳市地区生产总值的比重由2006年的 0.1∶52.6∶47.3 调整为 2010 年的 0.1∶46.2∶53.7；"十二五"期间，2015年一、二、三次产业比重调整为 0∶41.2∶58.8；"十三五"初期，2016 年一、二、三次产业比重为 0∶39.5∶60.5，第三产业产值占深圳地区生产总值的比重比上年提高 1.7 个百分点，首次突破六成。2017年上半年，二、三产业结构由上年同期的 39.0∶61.0 调整为 38.6∶61.4，第三产业产值占深圳地区生产总值的比重同比提高 0.4 个百分点。2006—2016年二、三产业占深圳地区生产总值的比重趋势如图 10-5 所示。

"十二五"期间，深圳市第三产业的碳排放强度约为第二产业碳排放强度的 2/5，第三产业产值占深圳市地区生产总值的比重提高 1 个百分点，碳排放强度下降约 0.85 个百分点。现代服务业是碳排放强度最低的行业之一，尤其是金融业、会展业、物流业、信息服务业、科技服务业、商务服务业、外包服务业、文化创意产业、总部经济和旅游业等行业。2016 年，深圳市第三产业中，批发和零售业增加值为 2 103.05 亿元，增长 3.7%；住宿和餐饮业增加值为 359.36 亿元，增长 2.8%；交通运输、仓储和邮政业增加值为 594.81 亿元，增长 10.0%；金融业增加值为 2 876.89 亿元，增长14.6%；房地产业增加值为 1 866.18 亿元，下降 0.5%；其他服务业增加值为 3 969.46 亿元，增长 17.2%。2017 年上半年，第三产业中，批发和零售

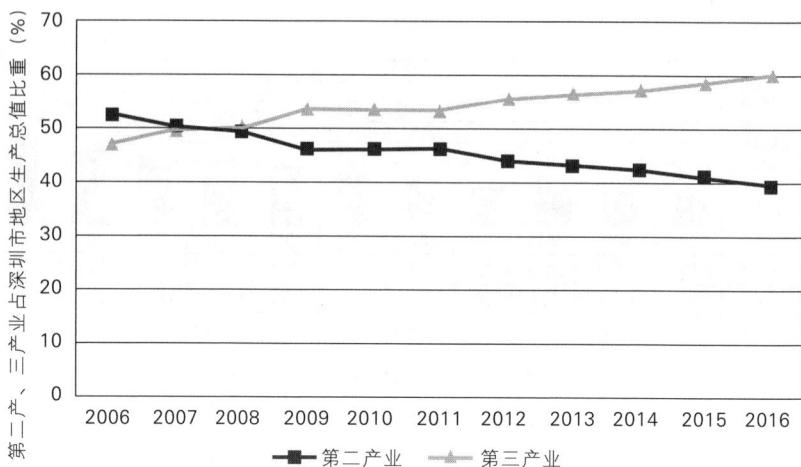

图 10-5　2006—2016 年第二、三产业占深圳市地区生产总值的比重趋势图

资料来源：深圳市统计局，国家统计局深圳调查队. 深圳统计年鉴 2017［M］. 北京：中国统计出版社，2017.

业增加值为 969.14 亿元，增长 4.9%；住宿和餐饮业增加值为 159.64 亿元，下降 0.7%；交通运输、仓储和邮政业增加值为 287.38 亿元，增长 6.5%；金融业增加值为 1 489.59 亿元，增长 12.1%；房地产产业增加值为 924.66 亿元，下降 1.4%；其他服务业增加值为 2 123.09 亿元，增长 16.3%。由此可见，深圳市依托地理优势，大力发展第三产业，全面提升现代服务业发展水平，是实现城市产业结构低碳化的最有效途径之一。

2015 年深圳市第三产业比例约为 59%，仅高于天津，低于北京、上海、广州，且低于香港、台湾、澳门、东京、新加坡等，如图 10-6 所示。第三产业占比最高的为香港，主要是在高经营成本的压力下，香港制造业大规模向广东珠三角地区转移，服务业（主要包括金融、贸易及物流、专业服务及其他工商业支持服务、旅游）在香港本地生产总值中占比保持在 90% 以上。内地五大城市中，第三产业占比最高的是北京（79.7%），其拉动三产增长的主力产业体现在信息传输、计算机服务和软件业等新技术行业。如果按经济学中的"二八原理"作为深圳市产业结构调整优化的战略目标，深圳市第三产业还有一定的发展空间。

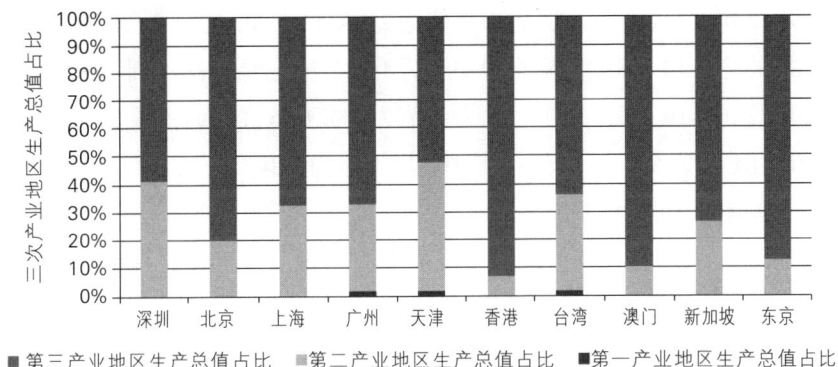

图 10-6　2015 年部分城市（或地区）三次产业比例图

资料来源：国家统计局城市社会经济调查司. 中国城市统计年鉴 2017 ［M］. 北京：中国统计出版社，2017.

（二）四大支柱产业稳定增长

深圳市以自主创新为推动手段，加大产业结构调整和空间布局优化。2010 年，高新技术产业、现代金融业、现代物流业和文化产业"四个支柱产业"占深圳市地区生产总值的比重超过 60%。第三产业增加值占深圳地区生产总值的比重超过 53%，三次产业结构日趋优化，呈现二、三产业协调发展的良好态势，处于全国领先水平，形成具有国际竞争力的高端化、集群化、总部型、创新型现代产业体系，"一带四区九基地"的产业布局结构初步形成。

为落实深圳国民经济与社会发展"十二五"规划，实现经济发展从要素驱动向创新驱动转变，促进深圳的产业结构向高端、低碳方向发展，深圳以生物、新材料、新能源、互联网、新一代信息技术及文化创意等产业为重点，通过提升产业核心竞争力，加快推进产业化进程，推广新产品应用，创新产业发展体制机制等手段，为战略性新兴产业创造了良好的发展环境。2010 年以来，生物、新材料、新能源三大产业呈现快速发展之势，成为深圳经济增长以及结构优化的新引擎。

《深圳市 2015 年国民经济和社会发展统计公报》表明：2015 年年底，深圳市四大支柱产业增加值合计 11 194.59 亿元，占深圳地区生产总值的比重为63.9%。其中，金融业增加值为2 542.82亿元，占深圳市地区生产总值的比重为14.5%；物流业增加值为1 782.70亿元，占深圳市地区生产总值的比重为10.2%；文化产业增加值为1 021.16亿元，占深圳市地区生产总值的比重为5.8%；高新技术产业增加值为5 847.91亿元，占深圳市地区生产总值的比重为33.4%。

《深圳市战略性新兴产业"十三五"发展规划》表明：深圳四大支柱产业均为碳排放强度较低的行业，尤其是金融业和文化产业，近年来，深圳市科技金融体系日趋完善，截至2015年，累计组建12只国家新兴产业创业投资基金，深圳市VC/PE机构超过4.6万家；自2004年深圳提出"文化立市"战略以来，13年间深圳文化创意产业保持了平均20%的增长速度。[1]可见，相对以钢铁、水泥、化工等行业为主导产业的城市，深圳的支柱产业较为低碳。

（三）工业高端化发展势头良好

2015年，深圳市先进制造业增加值为5 165.57亿元，增长11.3%，增速高于全市规模以上工业3.6个百分点，占规模以上工业增加值比重达到76.1%，比上年提高1.9个百分点；高技术制造业增加值为4 491.36亿元，增长9.6%，增速高于全市规模以上工业1.9个百分点，占全市规模以上工业增加值比重66.2%，比上年提高3.0个百分点。其中，计算机、通信和其他电子设备制造业增加值占规模以上工业增加值比重突破六成，达到62.1%，同比提高3.6个百分点。

《深圳市2017年国民经济和社会发展统计公报》表明：2016年，深圳市先进制造业增加值为5 428.39亿元，增长8.5%，增速高于全市规模以上工业1.5个百分点，占规模以上工业增加值比重75.4%；高技术制造业增加值为4 762.87亿元，增长9.8%，增速高于全市规模以上工业2.8个百分点，占深圳市规模以上工业增加值比重达到66.2%。其中，通信设备、计算机及其他电子设备制造业增长9.3%，占规模以上工业比重61.0%。

---

① 林洲璐. 深圳文化产业走向内涵式发展[N/OL]. (2017-04-10). http://sztqb.sznews. com/html/2017-04/10/content_3764489.htm.

在深圳的制造业各子行业中，先进制造业中的计算机、通信和其他电子设备制造业的碳排放强度最低，约为整个制造业平均碳排放强度的53%。深圳通信设备、计算机及其他电子设备制造业增加值占比超过60%，且有逐年增长的趋势，因此先进制造业的稳步发展使得深圳经济低碳化进程加快。

（四）结构优化助推低碳发展

北京大学深圳研究生院马晓明老师课题组研究成果表明：2010—2015年，结构因素正成为减缓深圳市碳排放的重要因素。虽然在这期间技术、管理等其他因素仍然是深圳减缓碳排放的主要因素，但是自2013年以来，行业结构（农业、采矿业、制造业、建筑业、交通运输业及服务业）、单位能耗碳排放（反映能源结构）及制造业内部结构（高、中、低能耗制造业结构）等结构因素正逐步成为重要的减缓因素。

其中，2013—2015年结构因素占深圳市经济部门碳排放年均减排量的37%，年均减排量85万吨CO_2；技术进步因素（单位增加值能耗下降）占年均减排量的63%，年均减排量189万吨CO_2。2010—2015年深圳市碳排放变化驱动因素如图10-7所示。

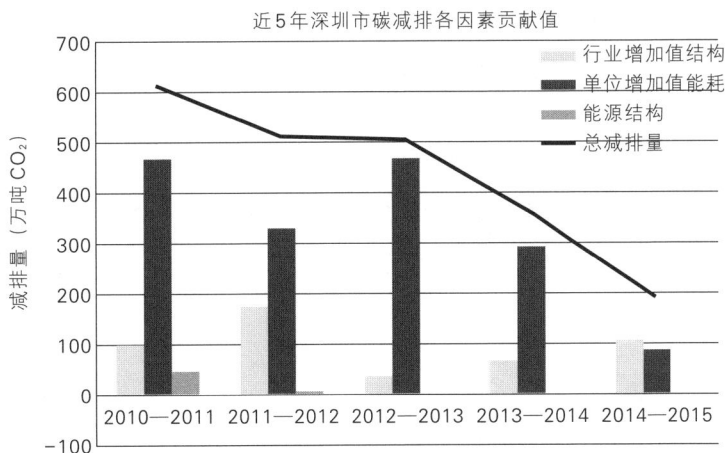

图10-7　2010—2015年深圳市碳排放变化驱动因素

三、战略性新兴产业加速发展，引领经济发展新跨越

（一）战略性新兴产业发展迅猛

2010年，深圳市战略性新兴产业呈快速发展态势，在全国率先编制出台生物、互联网、新能源三大战略性新兴产业振兴发展规划和产业政策，占深圳地区生产总值的比重为27%。

"十二五"期间，深圳全面落实国家战略部署，大力培育发展战略性新兴产业，推进经济结构战略性调整取得实质性突破，为实现有质量的稳定增长和可持续的全面发展提供了强劲动力，成为我国战略性新兴产业规模最大、集聚性最强的城市。

深圳在《"十二五"国家战略性新兴产业发展规划》的基础上，围绕国家战略部署和本地区总体经济情况进行产业布局，大力实施创新驱动发展战略，产业类别从三大战略性新兴产业（生物产业、互联网产业、新能源产业）增加到六大战略性新兴产业（新增新材料产业、文化创意产业、新一代信息技术产业），到2015年再增加到七大战略性新兴产业（新增节能环保产业），先后出台了七大战略性新兴产业发展规划和政策，推进实施产业发展增量优质、存量优化的"双优工程"。

在完善产业布局的过程中，深圳不断强化产城融合的思路和理念，以城市功能提升为导向，结合深圳土地资源有限的现实条件和产业发展的实际需求，优先为战略性新兴产业的发展提供空间保障。以各类科技园区、特色化功能区及特色学院为载体，推动战略性新兴产业在新城的集聚，加强居住和服务配套，促进产业和城市功能的协同发展，减少城市的碳排放。

"十二五"期间，深圳市战略性新兴产业发展迅猛，从2011年到2015年，产业增加值从3 259.21亿元增加到7 003.48亿元，年均增速达到21.07%。2016年深圳市战略性新兴产业实现增加值7 847.7亿元，增长10.6%，占深圳地区生产总值的比重达40.3%。深圳市战略性新兴产业实现增加值构成如图10-8所示。

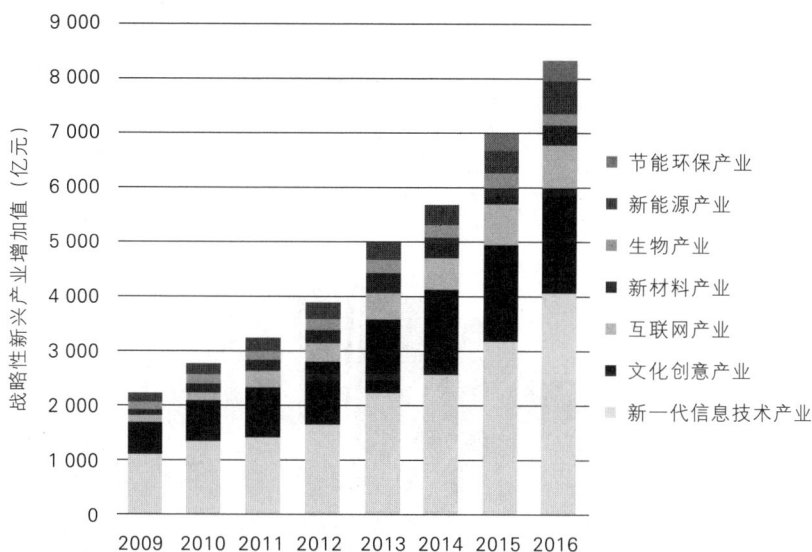

图10-8　2009—2016年深圳市战略性新兴产业实现增加值构成图

资料来源：深圳市统计局，国家统计局深圳调查队. 深圳统计年鉴2017［M］. 北京：中国统计出版社，2017.

　　从规模上看，2016年战略性新兴产业中新一代信息技术产业实现增加值4 052.33亿元，占深圳战略性新兴产业增加值的比重为51.6%，比2011年同期提高8.3个百分点；文化创意产业实现增加值1 949.7亿元，占比24.8%；互联网产业增加值为767.5亿元，占比9.78%；新能源产业增加值为592.25亿元，占比7.5%；新材料产业增加值为373.4亿元，占比4.7%；节能环保产业增加值为401.73亿元，占比5.1%；生物产业增加值为222.36亿元，占比2.8%。近年来，新一代信息技术产业增加值稳定增长，占据深圳战略性新兴产业的半壁江山。尤其是华为技术有限公司、中兴通讯股份有限公司、中国移动通信集团广东有限公司深圳分公司等一批国际知名的大企业，作为新一代信息技术产业的骨干企业，具有较强的自主创新能力和技术引领作用，形成特色鲜明的产业链，对新一代信息技术产业乃至七大战略性新兴产业长远发展的带动作用和导向作用正在逐步增强。2016年，深圳市的战略性新兴产业在原先七个的基础上又新增了四个，分别为：海洋产业，航空航天产业，机器人、可穿戴设备和智能装备产业，生命健康产业。2016年深圳市战略性新兴产业增加值构成如图10-9所示。

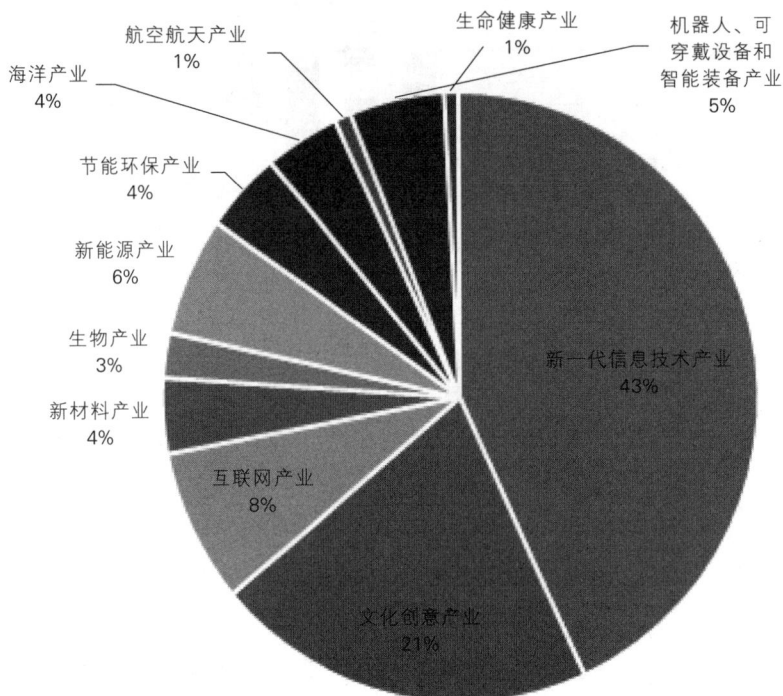

图10-9   2016年深圳市战略性新兴产业增加值构成图

资料来源：深圳市统计局，国家统计局深圳调查队. 深圳统计年鉴2017［M］. 北京：中国统计出版社，2017.

从增加值增长速度看，新能源产业增长29.3%，比深圳市战略性新兴产业的平均增长速度高出18.7个百分点，比全市生产总值现价增长速度高出20.3个百分点，表现出很大的活力和竞争力。尽管受到2016年经济下行压力的影响，互联网产业四个季度增长情况有起伏，但增长势头却始终稳居七大战略性新兴产业的首位。除了海洋产业减少9.0%外，其他战略性新兴产业的增长情况也表现出新兴经济的生命力，新一代信息技术产业增长 9.6%，文化创意产业增长 11.0%，互联网产业增长 15.3%，生物产业增长 13.4%，节能环保产业增长 8.2%，新材料产业增长 19.6%，航空航天产业增长 5.8%，机器人、可穿戴设备和智能装备产业增长 20.2%，生命健康产业增长 17.9%。

从企业单位数量上看，在深圳市 3 415 家战略性新兴企业中，工业企业 1 822 家、服务业企业 1 096 家、批发和零售业企业 441 家、建筑业企业 56 家，分别占全市战略性新兴产业企业数的 53.4%、32.1%、12.9% 和 10.6%，形成以工业和服务业为主要对象的新一轮的经济、技术、环境和社会的总体变革。

从各行业的产业分布看，在工业企业中，文化创意和新一代信息技术企业数量合计占 59.2%；在服务业企业中，文化创意和互联网企业数量合计占 77.3%；在批发和零售业中，文化创意和生物企业数量合计占 84.1%；在建筑业企业中，节能环保企业数量占 75.0%。

从各行业的产业增加值看，战略性新兴工业企业增加值占深圳市战略性新兴产业比重超过六成，达到 66.9%，工业企业的实力十分突出，对其他行业的战略性新兴力量产生了重要的影响和推动作用。战略性新兴服务业增加值占比接近三成，达到 28.9%，企业力量也逐渐强大，增长速度高达 22.1%，继续保持着良好的发展势头。

在深圳市战略性新兴产业中，龙头企业发挥着举足轻重的作用，成为各产业的中流砥柱。经过近几年的发展，深圳市战略性新兴产业效益加速释放，核心技术取得重大突破，形成了一批具有一定规模、高速稳定增长、有相当影响力的战略性新兴企业。统计数据表明，2015 年深圳七大战略性新兴产业中增加值排名前十的企业依次为：华为技术有限公司、中兴通讯股份有限公司、腾讯科技（深圳）有限公司、中国移动通信集团广东有限公司深圳分公司、鸿富锦精密工业（深圳）有限公司、深圳市比亚迪汽车有限公司、中国电信股份有限公司深圳分公司、深圳创维-RGB电子有限公司、中广核工程有限公司、宇龙计算机通信科技（深圳）有限公司，这十家大企业创造的增加值占深圳市七大战略性新兴产业的比重接近四成，龙头骨干企业作用十分突出。[①]

（二）战略性新兴产业引领经济转型升级

"十二五"时期，深圳市战略性新兴产业呈现规模快速扩张、质量稳步提升的良好态势。产业效益加速释放，核心技术取得重大突破，整体实力逐步增强，已成为深圳经济发展和转型升级的"主引擎"，为深圳率先走上质量型、内涵式发展道路发挥了决定性作用。

战略性新兴产业引领深圳经济转型升级主要体现在以下四个方面：

1.深圳市七大战略性新兴产业增加值占全市地区生产总值比重不断提高，对深圳市地区生产总值的贡献十分显著，各产业增速均高于全市生产总值增速，产业集聚效应和集群效应初见成效，涌现出一批国内外知名的骨干企业，区域产业发展态势良好，产业带动作用逐步增强，呈现增长平稳、稳中有进、进中提质的势头。

从图10-10中可以看出，2011年深圳市战略性新兴产业增加值占深圳市地区生产总值的比重为28.3%，2013年占深圳市地区生产总值的比重增至34.3%，比上年同期提高了4.4个百分点，2016年占深圳市地区生产总值的比重增至40.30%，较2011年提高了12个百分点。战略性新兴产业对深圳经济发展和产业升级的主引擎作用得到进一步发挥。

2.深圳市战略性新兴产业增加值年均增速快，对深圳经济增长拉动作用日益突出。2011—2015年深圳市战略性新兴产业增加值年均增长速度为17.4%，其中，互联网产业年均增速最快，高达29.5%，其后依次是：文化创意产业（19.6%）、新一代信息技术产业（14.5%）、新能源产业（14.3%）、生物产业（12.9%）、新材料产业11.6%。

3.深圳市战略性新兴产业核心技术取得重大突破。其中，华为技术有限公司、中兴通讯股份有限公司晋升第四代移动通信产业领导者，LTE商用网设备合同订单数量位居世界前列；腾讯科技（深圳）有限公司是全国首家市值突破千亿美元的互联网企业；华大基因已成为全球最大的基因测

---

① 张骁儒. 深圳经济发展报告(2016)[M]. 北京:社会科学文献出版社,2016.

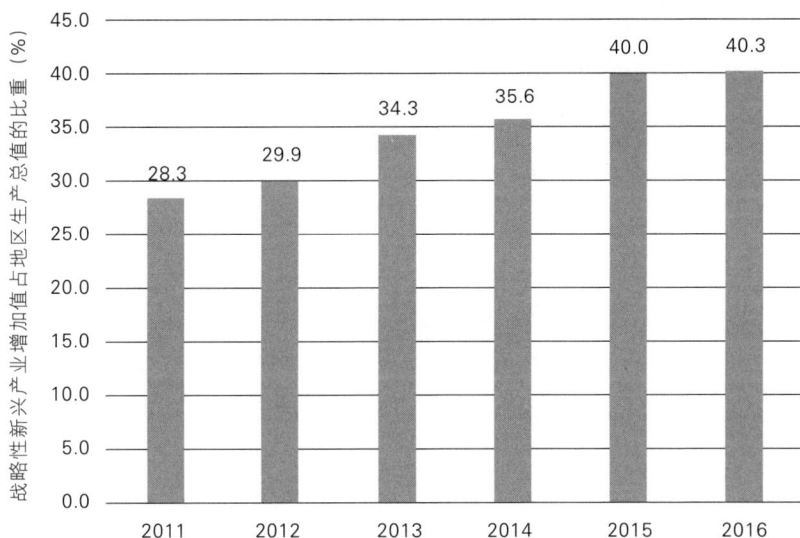

图10-10　2011—2016年深圳市战略性新兴产业增加值占深圳市地区生产总值的比重

资料来源：深圳市统计局，国家统计局深圳调查队．深圳统计年鉴2017［M］．北京：中国统计出版社，2017.

序服务中心和基因组学研究中心，基因测序和基因组学分析能力世界第一；深圳市比亚迪汽车有限公司"SBID专利技术"获得中国专利金奖，该公司还开发出绿混、车联网等技术；深圳市华讯方舟科技有限公司突破移动通信与海量传输的技术瓶颈，成为该领域的全球领航者。

4.深圳市战略性新兴产业集聚发展态势显现。目前，深圳国家战略性新兴产业区域集聚发展试点工作顺利推进，下一代信息网络、生物基因、生物医学工程等领域一批带动效应显著的项目陆续建成投产。深圳市积极布局建设坪山新区国家生物产业基地核心区、南山区蛇口网谷、新能源产业基地等23个基地和聚集区，现已全面进入建设运营阶段。光明新区的新型平板显示产业基地、宝安区的立新湖战略性新兴产业基地和尖岗山战略性新兴产业集聚区、南山区的蛇口网谷、智能电网产业集聚区、软件产业基地等产值规模均已突破百亿元，龙岗区的坂雪岗科技城的新一代通信产业基地聚集效应更为突出，产值规模突破2 200亿元。

（三）战略性新兴产业发展环境持续优化

《深圳市科技创新"十三五"规划》表明：深圳引领式创新能力不断提高。深圳深入实施创新驱动战略，创新能级迅速攀升，国际影响力不断扩大，科技创新正从"跟跑"向"领跑"转变。深圳全面推进国家创新型城市建设，获批我国首个以城市为基本单元的国家自主创新示范区。组织实施自主创新"33条"、国家创新型城市建设"1+4"文件、创新驱动发展"1+10"文件，制定出台七大战略性新兴产业发展规划与政策，构建了较为完备的战略性新兴产业政策体系。深圳市研发投入持续加大，占深圳地区生产总值的比重由 2010 年的 3.47% 增加到 2015 年的 4.05%，与世界第二的韩国水平相当。

深圳专利申请逐年增加，专利授权高速增长，如图 10-11 所示。2016年，深圳发明专利申请量达 145 481 件，授权总量 72 120 件；同年，全国发明专利授权量排名前十强企业中，深圳占 3 席，其中华为技术有限公司（2 690 件）、中兴通讯股份有限公司（1 587 件）、腾讯科技（深圳）有限公司（1 027 件）分别位居第二、第四和第六。[①]截至 2016 年年底，深圳国内累计专利申请达 812 437 件、累计专利授权 477 820 件、累积国内有效发明专利 95 369 件，专利密度为 80.09 件/万人，远远高出国家"十二五"规划 2015 年每万人 3.3 件的目标，高居全国榜首。[②]

深圳 PCT 申请持续领先全国。2017 年，深圳 PCT 国际专利申请量达20 457 件，占全国 43.07%，连续 14 年高居榜首；有效发明专利维持 5 年以上的比例达 86.72%，居全国大中城市第一；有效注册商标数量累计708 114 件，居全国大中城市第三；计算机软件著作权登记量 84 652 件，占全国 11.36%；设立 3 000 万元的知识产权质押融资风险补偿基金，质押融资登记金额近 42 亿元，居全省第一。涌现出了华为、腾讯等一批领先世

---

① 国家知识产权局. 国家知识产权局 2016 年主要工作统计数据发布[EB/OL]. (2017-01-19). http://www.sipo-reexam.gov.cn/zxzx/mtbd/20679.htm.

② 严铭华. 2016 年深圳知识产权统计分析报告出炉[EB/OL]. (2017-04-28). http://www.sznews.com/zhuanti/content/2017-04/28/content_16112554.htm.

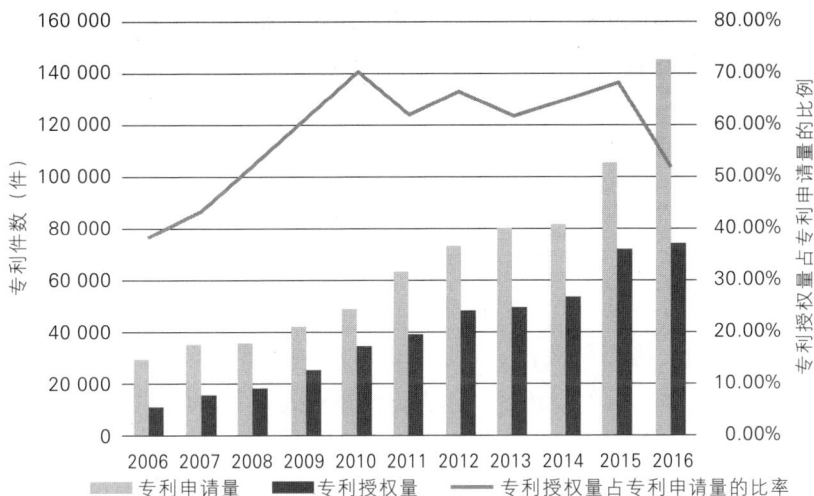

图 10-11 2006—2016 年深圳市专利申请量及授权情况

资料来源：深圳市统计局，国家统计局深圳调查队．深圳统计年鉴 2017［M］．北京：中国
统计出版社，2017.

界的创新型企业。[①]

　　深圳市技术发明不断涌现，2017年，深圳企业和科研机构获得15项国家科技奖，其中，华为技术有限公司连续11年获得国家科技奖，凸显了深圳企业的持续创新活力。[②]在第19届中国专利奖评审中，深圳企业获中国专利金奖5项，包括微芯生物、国民技术、华为、华讯方舟4家企业和获得外观设计金奖的腾讯，占全国金奖总数的20%，居各大城市之首。[③]深圳形成以华为、中兴、中集等头雁为引领，大、中、小企业共同发展的"雁阵式"布局。截至2017年10月，在全市市场监督管理部门登记注册的中小企业共170.5万家，占企业总数的99.6%。深圳现有国家级高新技术

---

　　① 王海荣，李佳佳．深圳每万人拥有发明专利89件［EB/OL］．（2018-07-04）．http://sz.
people.com.cn/n2/2018/0704/c202846-31774724.html.
　　② 闻坤，陈颖．刷新纪录！深圳在这个大会上摘得15项国家科技奖！［EB/OL］．（2018-01-
09）．http://www.sohu.com/a/215533032_321029.
　　③ 何泳．深圳专利奖再获大丰收［EB/OL］．（2018-07-04）.http://www.szass.com/skyj/
skrd/201807/t20180704_13524039.htm.

企业总数超过 10 000 家，其中中小企业占比超过 80%。截至 2017 年 12 月，深圳市中小板和创业板上市企业增至 190 家，首发募集资金 1 267.31 亿元，连续 11 年位居全国大中城市首位。[①]

深圳目前已经形成了一支有相当规模的高素质人才队伍。深圳引进人才学历结构逐渐优化，人才素质不断提高。2015—2017 年，深圳每年接收的应届毕业生分别为 7.1 万、8.09 万、10.11 万，呈明显的增长态势。[②]目前，国家、省、市级重点实验室、工程实验室、工程（技术）研究中心和企业技术中心等创新载体累计达到 1 617 家，其中国家级 110 家，覆盖了国民经济社会发展主要领域，成为集聚创新人才、产生创新成果的重要平台。[③]

同时，高交会、文博会、IT 峰会和 BT 峰会的国际影响力进一步扩大，深圳国际创客周已连续举办三届，大众创业、万众创新氛围更加浓厚。随着深圳市创新能力不断提高，高科技、低碳产业的发展环境将不断优化。

四、调整产业结构，构建以低碳排放为特征的产业体系

《深圳市国民经济和社会发展第十三个五年规划纲要》《深圳市战略性新兴产业发展"十三五"规划》《深圳市低碳发展中长期规划（2011—2020 年）》指出，深圳市未来的产业发展目标为：优化产业结构，以巩固提升战略性新兴产业支撑作用、大力发展低碳型新兴产业和现代服务业为核心，以推动高新技术产业和制造业高端化为重点，以传统产业低碳化改造为基础，加快形成低碳产业体系。

---

① 刘虹辰. 深圳中小企业逾 170 万家，上市 190 家[EB/OL]. (2017-12-15). http://gd.people.com.cn/GB/n2/2017/1215/c123932-31035656.html.

② 王帆. 深圳接收高校毕业生数量连创新高 引才新招转向"组合拳"[EB/OL]. (2018-06-14). https://www.jiemian.com/article/2230773.html.

③ 杨阳腾. 深圳迈向全球科技创新高地[N/OL]. (2018-01-30). http://paper.ce.cn/jjrb/html/2018-01/30/content_354893.htm.

（一）巩固提升战略性新兴产业支撑作用

到"十三五"末，深圳市的战略性新兴产业发展水平全面提升，优势行业形成全球发展引领能力，涌现出一批具有国际竞争力的跨国公司和产业集群，形成创新要素集聚、市场活力迸发的产业发展新生态，努力建成具有全球影响力的新兴产业创新发展策源地。

发展水平迈上新台阶，成为国内领先的新兴产业发展标杆城市。深圳市战略性新兴产业规模超过3万亿元，新兴产业（包括七大战略性新兴产业和生命健康、航空航天、海洋，以及机器人、可穿戴设备和智能装备四大未来产业）增加值占地区生产总值的比重达到42%以上，产值超千亿元的战略性新兴产业龙头骨干企业达到6家左右，产值超百亿元的行业标杆优势企业达到25家左右，经济发展主引擎作用更加突出。

自主创新取得新突破，建成具有世界影响力的一流科技创新中心。深圳市全社会研发投入占地区生产总值的比重达到4.25%以上，每万人拥有发明专利达到64件，国家级高新技术企业超过10 000家，在新一代信息技术、生命科学、超材料等技术领域掌握一批具有自主知识产权的关键核心技术，重点突破，部分领域达到世界领先水平。

集聚发展形成新格局，建立具有国际竞争力的创新型产业集群。深圳市以产业链协同发展为途径，围绕通信设备等领域培育规模超万亿的产业集群，打造全球信息经济和生命经济高地，在新能源汽车、智能装备、新材料等领域形成规模超千亿元的高端特色产业集群，进一步提升产业集群发展能力和国际影响力。

（二）低碳型新兴产业发展与传统高碳产业升级并举

大力发展新能源、互联网、生物、新材料、文化创意、新一代信息技术、节能服务、低碳服务、现代服务等低碳型新兴产业，抢占低碳产业发展制高点，打造低碳发展支柱产业。

巩固高技术产业优势地位，提升制造业信息化和数字化水平，推动电子信息产业高端化；加快现代金融、现代物流、网络信息、服务外包、商务会展等现代服务业发展，形成以高技术产业和现代服务业为主的低碳产业结构；推进信息技术与生产性服务业融合，用信息技术推进现代金融、现代物流、工业设计等生产性服务业高端化，提高信息化水平，减少碳排放。

以传统产业技术创新为突破口，加快技术改造和设备更新，在能耗、环境等约束条件基础上，增加碳排放准入门槛，控制高能耗、高污染行业发展，开展清洁生产、产品碳标识，促进传统产业改造升级和低碳化。以农业低碳生态化调整为重点，发展具有深圳特色的现代化畜牧养殖业、水产业、蔬菜水果花卉种植业和海洋渔业，提高科技管理水平和产品附加值，最大限度提高土地、水资源和能源利用效率，减少农业生产过程碳排放。

[第十一章]

推进绿色交通

一、交通机动车数量总体情况

"十一五"以来,深圳市机动车数量迅速攀升。从图 11-1 可以看出,深圳机动车数量从 2006 年的 96.3 万辆增长至 2015 年的 319.3 万辆,增长了2.3 倍。从图 11-2 可以看出,私家车的数量最多,2015 年占比达到75.72%。非营运客车占总数的 19.44%,货车的数量占总数的 3.49%,其他车辆占总数量的比重很小。

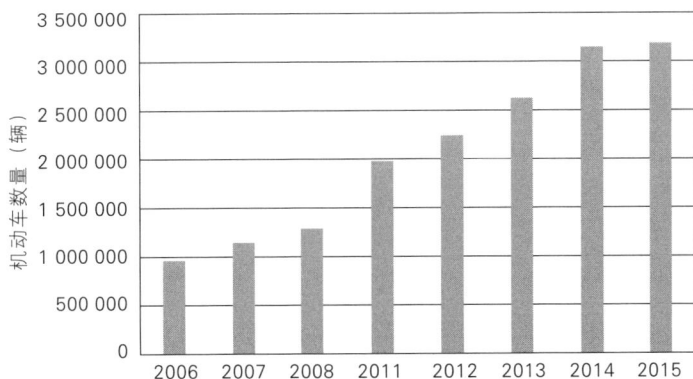

图 11-1 深圳市机动车数量变化情况

资料来源:由深圳市车管所提供.

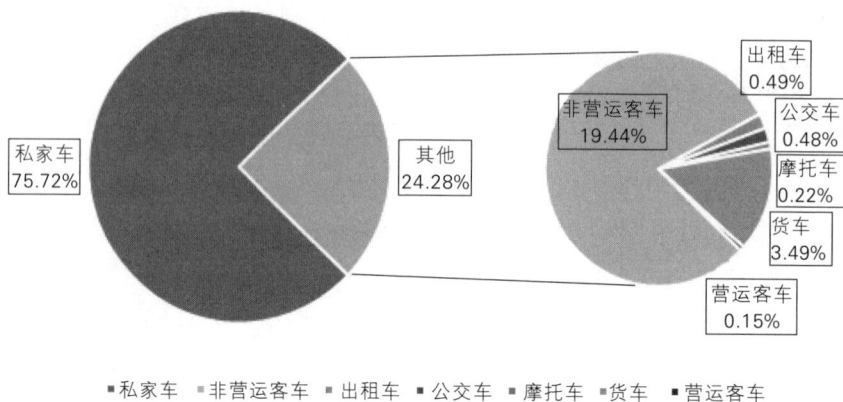

图11-2　2015年深圳市机动车组成情况分析图

资料来源：由深圳市车管所提供．

二、公共交通一体化跨越发展

（一）公共交通总体情况

深圳市贯彻"公交都市"的总体思路，由市交通运输委组织制定了《深圳市创建国家"公交都市"五年实施方案（2013—2017年）》，不断加强公交体系建设，全市公共交通整体服务水平得到了有效提升，基本形成了以"轨道交通为骨架、常规公交为网络、出租汽车为补充、慢行交通为延伸"的一体化公共交通模式，公共交通机动化分担率从2010年的44.30%提升至2015年的56.10%，增长了26.64%。2010—2016年公共交通机动化分担率变化如图11-3所示。

（二）轨道交通

《深圳创建国家低碳生态示范市白皮书（2010—2011年）》指出：自2010年以来，深圳市轨道交通建设明显加快，城市轨道网络逐步形成。2011年6月底，深圳轨道交通二期1~5号线全线开通试运营，运营总里程178公里，深圳正式步入轨道网络化运营时代。轨道交通成网运营一周内，日均客运量达156万人次，日客运量增幅164%；地面公交日客运量由之前的599万人次/日下降至550万人次/日。公共交通分担率大幅提升，深

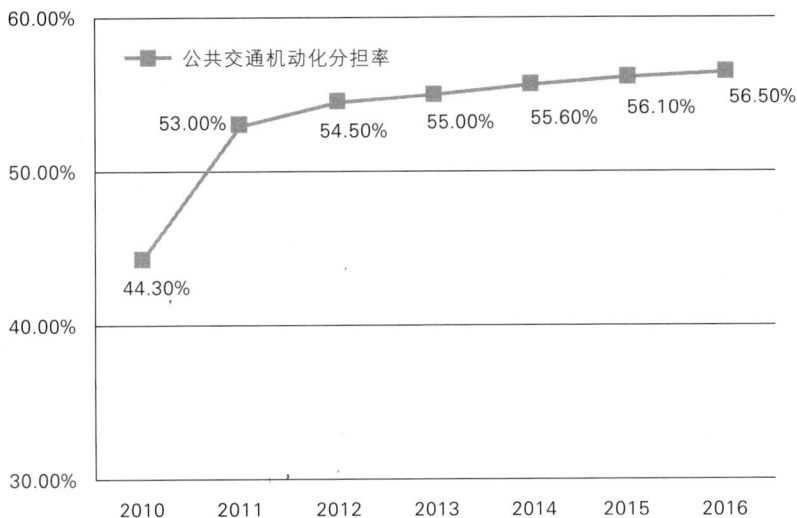

图 11-3　2010—2016年公共交通机动化分担率变化

资料来源：根据深圳市交通运输委员会工作总结及工作计划整理.

圳市公共交通客运总量由之前的739万人次/日上升至791万人次/日。《深圳创建国家低碳生态示范市白皮书（2013—2014年）》指出：轨道枢纽也随着地铁建设加快推进。2014年轨道交通累计运输乘客10.37亿人次，日均客流量为284万人次，轨道交通客运量占公交客运量比重已上升至28.4%，地铁民生公共服务和社会效益都取得了较好成效。

截至2016年年底，深圳轨道交通已完成二期建设，共有8条线路、168座车站，运营规模达到285公里，客运量由2005年的0.58亿人次、2010年的1.63亿人次增长至2015年的11.21亿人次，10年期间翻了20倍。2016年深圳市地铁7、9、11号线相继开通运营，2016年轨道交通日均客运量约354万人次，同比增长15.3%。[①]为了大力推进绿色出行，深圳市规划和国土资源委员会出台了《深圳市轨道交通线网规划（2016—2030年）》，全市共规划城市轨道线路32条，总规模约114公里。2005—2016

---

① 陈熊海. 2016年深圳轨道交通日客运量超300万[N/OL], 2017-05-17. http://kb. southcn.com/content/2017-05/07/content_170278890.htm.

年轨道交通里程及客运总人数变化如图11-4所示。

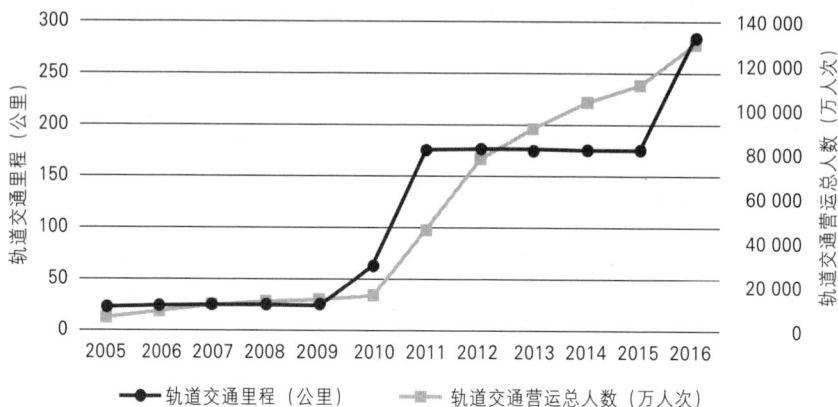

图11-4　2005—2016年轨道交通里程及客运总人数变化

资料来源：深圳市统计局，国家统计局深圳调查队．深圳统计年鉴2017［M］．北京：中国统计出版社，2017．

（三）常规公交

深圳市实施公交优先发展战略，推行公交行业特许经营，全市形成深圳巴士集团股份有限公司、深圳市东部公共交通有限公司、深圳市西部公共汽车有限公司三家公交专营的企业格局。自2010年起，原特区内实现公交站点500米覆盖率达100%，原特区外公交站点500米覆盖率则从2010年的81%上升至2015年的94.96%，如图11-5所示，增长幅度达17.23%。

2010年，深圳市公交营运线路758条，2010年常规公交客运总量为22.8亿人次。2015年，地面公交服务水平迈上新台阶，全市共运营公交线路909条，全市公交最高日客流量超过千万人次，成为全国第4个、全球第11个公交日均客流量突破千万人次的城市。2005—2016年公交营运线路数及年客运总人数变化如图11-6所示。

自2010年起，深圳市父委采取"小批量、多批次、实施一批、评估一批、改善一批"的实施模式，通过建立滚动评估与修正机制，大力推进

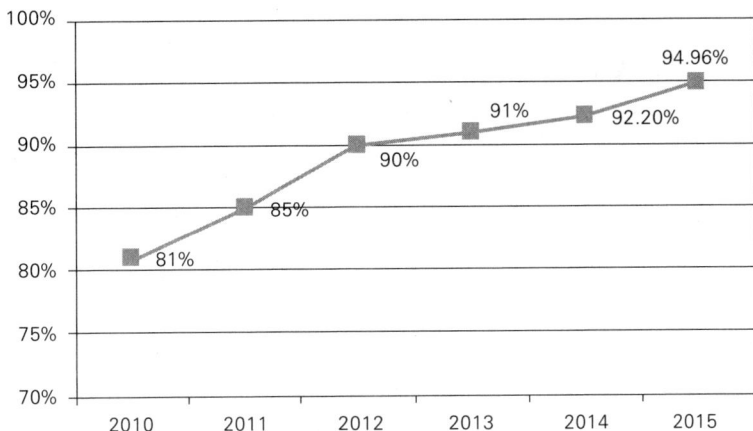

图11-5　2010—2015年原特区外公交站点500米覆盖率变化

资料来源：根据深圳市交通运输委员会工作总结及工作计划整理.

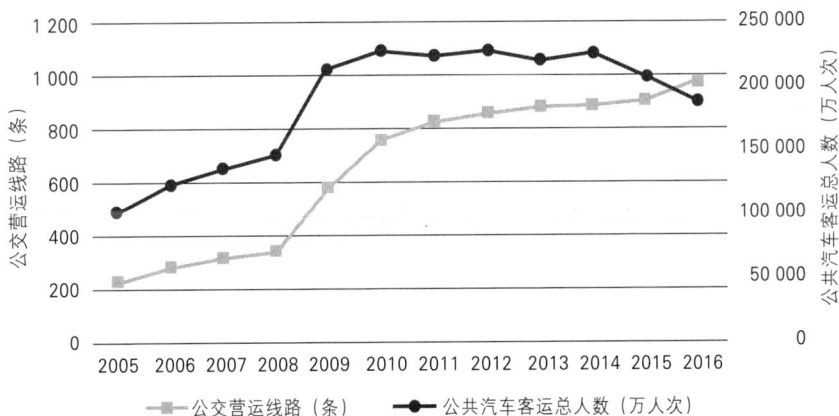

—■— 公交营运线路（条）　　—●— 公共汽车客运总人数（万人次）

图11-6　2005—2016年公交营运线路数及年客运总人数变化

资料来源：深圳市统计局，国家统计局深圳调查队. 深圳统计年鉴2017［M］. 北京：中国统计出版社，2017.

公交专用道规划建设。2011—2014年，伴随市交委公交专用道5年规划及年度实施方案的逐步实施，深圳市3年内公交专用道新增了454公里。截至2016年11月，深圳公交专用道规模已达到911公里。在高峰期，全市93%以上的公交线路实现了路权优先，为公交出行的乘客节约了大量时间。①

（四）出租汽车

截至 2017 年年底，深圳市已推广纯电动出租车 12 518 辆，占深圳市投放运营出租车总数的 62.5%。截至 2018 年 3 月为止，深圳市纯电动出租车规模已近 1.3 万辆，成为全球纯电动出租车运营规模最大的城市。按照规划，到 2020 年年底，出租车纯电动化率达到 100%。

（五）慢行网络

近年来，深圳重点围绕轨道/公交站点周边完善慢行设施，编制完成了包括《轨道站点周边重点片区自行车网点及专用道规划实施方案》《民治、白石龙、深圳北地铁站周边慢行设施改善规划》《轨道三期（7/9/11 号线）接驳改善规划及实施方案》等一系列规划，并由各区负责推进落实。

深圳市积极开展公共自行车租赁系统的相关研究，推进自行车道网络建设，改善自行车通行环境。《深圳市步行和自行车交通系统规划》指出：在蛇口试点公共自行车租赁系统，首批建成了 16 个自行车租赁网点、342 个配套锁柱、365 辆公共自行车投入运营和使用，提供全天 24 小时自助服务。深圳公共自行车项目已成功在盐田、龙岗、蛇口试点，年累计使用量已达到 2 100 万次以上。截至 2016 年上半年，全市共建成公共自行车网点 798 个、投放公共自行车 22 954 辆，除光明新区、大鹏新区外，其余各区均投放了公共自行车。至 2020 年深圳全市公共自行车推广规模将达到 5 万辆。②

自 2016 年 10 月起，共享单车企业陆续进入深圳市场。据深圳市互联网租赁自行车管理重大行政决策及立法听证会发布：截至 2017 年 11 月，深圳市互联网租赁自行车企业共有 8 家，车辆规模约 89 万辆，日均

---

① 佚名．深圳每天超 3.4 万人受益"公交优先"[N/OL]．(2016-09-25)．http://wb. sznews.com/html/2016-09/25/content_3625700.htm.

② 鲁力．深圳公共自行车 2.2 万多辆 全市通借通还[EB/OL]．(2016-11-30)．http://sz. southcn.com/content/2016-11/30/content_160704015.htm.

使用量约543万人次。2018年5月3日，深圳市交委公布在深运营共享单车服务首次考核结果。摩拜单车以67.72分位列第一、ofo以60.22分排名第二，优拜单车、赳赳单车、一步单车分列三、四、五名。深圳市交委表示，未来将把考核结果作为共享单车企业进入与退出、车辆投放管理的重要依据。①

三、淘汰高耗能汽车，推广新能源汽车

（一）淘汰高耗能汽车

早在2004年8月，深圳市就开始实施机动车环保分类标志管理制度，绿标车一年一检，黄标车半年一检。自2016年7月1日起，深圳永久性全面限行黄标车。通过实施黄标车淘汰经济鼓励政策，"十二五"期间，深圳市累计淘汰黄标车及老旧汽车31.2万辆。②与此同时，深圳市重点提升车用燃油品质，近年来对新标准的车用燃油推广应用一直领先国内绝大部分城市。目前深圳的车用汽、柴油都全面达到国V标准。与国Ⅳ车用燃油相比，国V车用燃油的硫含量从50ppm降至10ppm，降幅达80%。

（二）推广新能源汽车

1.新能源汽车总体情况

在新能源汽车应用推广方面，深圳市已有市巴士集团新能源车辆应用、深港机动车驾驶培训有限公司电动教练车节能减排项目等多个项目被确定为广东省交通运输节能减排示范项目。此外，深圳市还通过强化营运车辆用油定额考核、发展绿色物流、积极开展"无车日及交通服务咨询周"等活动，大力促进交通节能减排和宣传绿色交通理念。

目前，深圳已成为全球新能源汽车应用规模最大的城市。针对新能源

---

① 肖晗. 深圳共享单车首次考核出炉，只有两家公司及格了[EB/OL]. (2018-05-03). http://www.sznews.com/news/content/2018-05/03/content_19025907.htm.

② 周世玲, 熊晖. 机动车排气产污染？深圳治理保碧水蓝天[N/OL]. (2016-09-19). http://www.oeeee.com/nis/201609/19/463156.html.

汽车购置价格相对较高、动力电池寿命与车辆使用期不匹配等问题，深圳采用了"融资租赁、车电分离、充维结合"的模式，解决了在较短时间内集中投放新能源公交车和充电设施建设的资金压力。为全力推进新能源汽车应用，深圳不断创新推广应用模式，在公交、出租车领域，确定公交先行推广策略，将"融资租赁、车电分离、充维结合"模式优化调整为"整车租赁、充维一体"的纯电动化商业模式，初步实现资产轻化、购租结合、里程保障、分期付租、自行充电、利益共享。

据初步统计，截至2017年年底，深圳已累计推广新能源汽车超过12万辆，其中纯电动公交车1.6万辆、纯电动出租车1.3万辆、纯电动通勤车2 400多辆、纯电动物流车3.1万辆、新能源租赁汽车9 200多辆、新能源私家车4.9万辆、其他新能源汽车1 300多辆。①

2.新能源公交车

从新能源公交车的发展看，截至2017年年底，深圳市已累计推广纯电动公交车1.6万辆，到2017年9月底，深圳公交特许经营企业公交车纯电动化率达到100%。

截至2017年年底，深圳市已建设公交充电站176座、充电桩3 354个，正在建设中的充电桩1 265个。2017年深圳市完成公交纯电动化后，与传统燃油车辆对比，带来了显著的环境和社会效益。纯电动大巴单车日均营运里程为174.4千米，百公里电耗为106.38千瓦时，较传统柴油大巴节能72.9%。2016年纯电动公交车辆全年共行驶里程约2.7亿公里，总节能约9.5万吨标准煤。2017年实现公交纯电动化后，替代燃油总量为448.2升。从碳排放角度来看，基于南方电网的CO_2排放率，纯电动大巴单车百公里CO_2排放量62.43千克，较柴油大巴的CO_2减排效率为49.46%，单车百公里减排量为61.09千克。2016年纯电动公交全年CO_2减排量为16.98万吨，相当于3 780公顷绿色植被的CO_2吸收量。2017年公交纯电动化后，全市公交车辆年度CO_2减排量达63.62万吨。

---

① 王丰. 各大城市全盘统筹绿色公交[N/OL]. (2018-03-01). https://baijiahao.baidu.com/s? id=1593689984046789230&wfr=spider&for=pc.

与此同时，针对新能源汽车购置价格相对较高、动力电池寿命与车辆使用期不匹配等问题，深圳市采用了"融资租赁、车电分离、充维结合"的模式，解决了在较短时间内集中投放新能源公交车和充电设施建设的资金压力，并在此模式基础上探索推广"融资租赁、双锁共赢、充维结合"的商业模式。首先，通过减少车载动力电池数量、扩大公交载客空间、实现整车轻量化、提升车辆涉水能力与爬坡能力，从而降低了车辆整体成本。其次，运用移动储能充电车对纯电动大巴运行每个单程进行短时补电，从而保证纯电动大巴能根据公交公司的运行需求实现有效运行。移动补电不仅无须额外占用土地资源，还具有可以减少公交车辆充电无效往返里程等优点。这一商业模式充分利用电网谷电，在满足公交公司运营需求的同时锁定政府补贴支出投入与企业运营成本和风险，实现多方共赢和共同快速成长。

3.新能源出租车

截至2017年年底，深圳市推广的纯电动出租车1.3万辆。[①]

为做好新能源出租车推广工作，深圳市交通运输委建立"1+1+1+1"的推广体系，即"奖励政策引导+财政补贴政策扶持+充电配套设施保障+车辆维保体系保障"。

一是制定行业奖励政策。制定《深圳市新能源出租车推广应用政策实施细则》，设定"规模更新奖励+提前更新奖励+整体更新奖励"等行业奖励政策，充分调动企业推广纯电动出租车的积极性。

二是制定符合行业实际的财政补贴政策，落实市政府关于"纯电动推广工作力度不减"的工作要求，根据《深圳市新能源出租车推广应用政策实施细则》，对于标准工况续驶里程大于250公里的新能源汽车，每辆予以购置补贴6万元、使用环节补贴2万元、推广应用补贴5.58万元。

三是完善充电配套设施保障。积极协调比亚迪、南方电网等建管单位，加快推进充电配套设施的建设与完善，解决充电设施信息不对称、充

---

① 王丰．各大城市全盘统筹绿色公交[N/OL]．(2018-03-01)．https://baijiahao.baidu.com/s? id=1593689984046789230&wfr=spider&for=pc.

电不便捷、电价不统一等问题。同时，深圳市发展和改革委员会于2016年推出《深圳市2016年新能源汽车推广应用财政支持政策》，对于在深圳市辖区范围内的购车方，在车辆依法登记注册取得牌照（营运车辆还需取得营运许可）后，市政府主管部门按程序将充电补贴以充电优惠卡的形式发放给购车方，对实际使用的电量给予优惠补贴，并且对于深圳市辖区范围内符合标准的充电设施，在其竣工验收后，市政府主管部门按程序给予投资方补贴。

四是建立完善的车辆维护保障体系，设定定额车辆维保费用，明确电池维保承诺，减轻驾驶员与企业的负担。

4.新能源物流车

截至2017年年底，深圳市纯电动物流车的保有量为3.1万辆。为鼓励深圳市新能源物流车的发展，深圳市公安局交通警察局出台鼓励新能源纯电动物流车发展细则，允许纯电动物流车在深南大道等限行道路行驶。

5.新能源私家车

为进一步推广新能源汽车在私人新能源汽车领域的应用，深圳市以整车销售为基础、整车租赁为补充，探索推出分时租赁、汽车共享等创新模式。截至2017年年底，新能源私家车保有量为4.9万辆。[①]

整车销售是指消费者同时购置裸车和动力电池，但由于汽车整体售价高，在初期难以得到消费者青睐。采用租赁模式，由汽车租赁商从生产企业购买已配装电池的电动汽车，并提供中长期租赁服务，租赁商由此可享受到各级政府的购车补贴，而消费者只需支付车辆租金和充电费及日常维修保养费用，经济负担小。分时租赁、汽车共享是近几年兴起的一种模式，汽车租赁商以小时计算提供汽车随取即用的租赁服务。通过把一辆汽车在不同时间段分配给不同用户使用，鼓励短时租车、衔接式用车，形成资源共享，还可有效减少对中心城区车位的需求。对于新能源汽车分时租赁业务，深圳市设置了分时租赁指标，并以招标方式发放，首批确定了4

---

① 余露. 深圳新能源汽车达4.9万辆[EB/OL].（2016-11-04）. https://finance.qq.com/a/20161104/046269.htm.

家企业开展该业务。深圳市采用特许经营方式引入社会资本参与到配套基础设施投资运营中，从而激发了市场发展动力，也降低了财政压力和项目风险。同时，充电设施运营商在特许经营期内，可享受无偿使用政府划拨土地建设充电设施的优惠政策，盈利空间变大，最终实现双赢。

四、率先开展绿色港口建设

绿色低碳港口示范工程建设明显改善了深圳市港区环境质量。深圳市大力推广先进港口运输装备技术，积极扶持港口企业实施龙门吊（RTG）"油改电"、港区内拖车"油改气"、靠港船舶使用低硫油、码头岸电改造工程等，成效明显，低碳港口绿色航运效益提升。

深圳港主要集装箱码头公司自2006年起进行龙门吊"油改电"项目的试验和建设，逐步积累了"油改电"项目建设经验，形成了成熟的技术方案。经过近几年的改造和建设，目前深圳港各集装箱码头除应急设备外，基本完成龙门吊"油改电"的技术改造。截至2016年8月31日，深圳港共计429台龙门吊由电力或者混合动力驱动，彻底改变了其高油耗、高污染的状况。蛇口集装箱码头成为全球率先在港区推广使用纯电动汽车的港口。[①]

深圳港积极倡导绿色发展，2014年9月市政府印发实施《深圳市港口、船舶岸电设施和船用低硫油补贴资金管理暂行办法》，对于在深圳港区内自愿转用含硫量为0.5%及以下的船舶进行财政资金支持，用于补贴转油导致的成本增量部分（有效期3年）。2015年3月，由政府引导，深圳市船代学会、深圳港口协会、深圳市港口企业及挂靠深圳港的航运企业共同签订了《深圳港绿色公约》，由此深圳港成为国内首个倡导集装箱船舶转用低硫燃油的沿海港口。截至2016年8月31日，中海、中远、阳明、马士基等35家班轮公司及旗下243艘集装箱船舶加入《深圳港绿色公

---

① 易东,刘羽洁. 我市全力推进绿色低碳港口建设[N/OL]. (2016-10-13). http://sztqb. sznews.com/html/2016-10/13/content_3635369.htm.

约》，总计 1 337 艘次在靠泊深圳港期间使用低硫油，共使用 9 318 吨低硫油，共减排 52.19 吨 PM10、41.76 吨 PM2.5、35.8 吨氮氧化物以及 442.66 吨硫氧化物。[①]

截至 2016 年 12 月底，深圳市已有 17 个泊位具备岸电设施（蛇口港 3 个、盐田港 10 个、大铲湾 2 个、妈湾电厂码头 2 个），成为全国具备岸电设施泊位最多的港口。2016 年深圳港柴油及液化天然气（LNG）港口机械单位吞吐量能耗为 10.29 吨标准煤/万标准箱，港口电力机械单位吞吐量能耗为 6.68 吨标准煤/万标准箱，单位吞吐量港口机械能耗为 16.97 吨标准煤/万标准箱。与 2016 年 7 月 1 日实施的《集装箱码头单位产品能源消耗限额》中集装箱码头单位产品能源消耗先进值应不大于 24.0 吨标准煤/万标准箱相比，深圳港节能已达到世界先进水平。[②]

此外，深圳市颁布了相关规划促进绿色港口的发展。例如，深圳市政府印发的《深圳市绿色低碳港口建设五年行动方案（2016—2020 年）》规定，至 2020 年，港口及航运企业的节能环保意识显著提高，港口生产作业单位集装箱吞吐量综合能耗和碳排放大幅下降，清洁能源得到普遍推广应用，船舶靠泊期间硫氧化物、氮氧化物等排放强度明显降低，船舶与港口大气污染物、水污染物得到有效防控和科学治理。到 2020 年年底，深圳市港口生产作业单位集装箱吞吐量综合能耗较 2015 年下降 5%，港口生产作业单位集装箱吞吐量碳排放较 2015 年下降 4%，船舶靠泊期间硫氧化物、氮氧化物、颗粒物与 2015 年相比分别下降 75%、20%、40%。

五、区域绿道网全线贯通

基本生态控制线管理作为保障全市生态系统安全和城市可持续发展的

---

① 易东,刘羽洁. 我市全力推进绿色低碳港口建设[N/OL]. (2016-10-13). http://sztqb. sznews.com/html/2016-10/13/content_3635369.htm.

② 易东. 深圳绿色港口建设达世界先进水平[EB/OL]. (2017-02-12). http://www.so-hu.com/a/126041965_114731.

一项重大战略决策，在有效遏制城市无序蔓延，构建和谐社会，保持经济、社会和环境的协调发展方面起到了巨大的作用。2010年，深圳市在《深圳市基本生态控制线管理规定》基础上，着手起草《深圳市基本生态控制线管理条例》，以提高基本生态控制线管理力度。同时依据《珠三角绿道网总体规划纲要》的要求，深圳市编制完成了《深圳市绿道网专项规划》。

截至2017年年底，深圳市已建成全长达2 400公里的绿道网络，绿道密度达到1.22公里/平方公里，覆盖密度全省第一，并在全省率先提出省立、城市、社区三级绿道网络理念，市民骑行5分钟可达社区绿道，15分钟可达城市绿道，30分钟至45分钟可达省立绿道。[①]

六、其他低碳交通举措

（一）低碳物流体系发展

推广使用纯电动物流车，引导交通货运行业使用LNG清洁能源车辆，发展绿色运输。

进一步组织落实甩挂运输试点工作的具体要求及扶持政策，向深圳市物流企业推广应用甩挂运输，提高拖挂车在营运货车中的比例。

制定鼓励"互联网+"技术改造货运行业政策机制，改造货运行业的生产方式和生态环境，降低企业物流运输成本，提升物流运输整体效率，助力货运行业转型升级。

（二）智能交通信息系统建设

深圳市公安局交通警察局已经建立了"一个平台、八大系统"，如图11-7所示。"一个平台"即交通公用信息平台，"八大系统"包括交通信息采集系统、交通控制系统、网格化机动车识别综合应用系统、干线交通诱导系统、停车诱导系统、交通事件系统、智能交通违章管理系统以及闭

---

① 刘钢. 2400公里绿道网　串联鹏城低碳生活［EB/OL］.（2018-01-27）. http://www.luoohu.com/news-145098.

路电视监控系统。

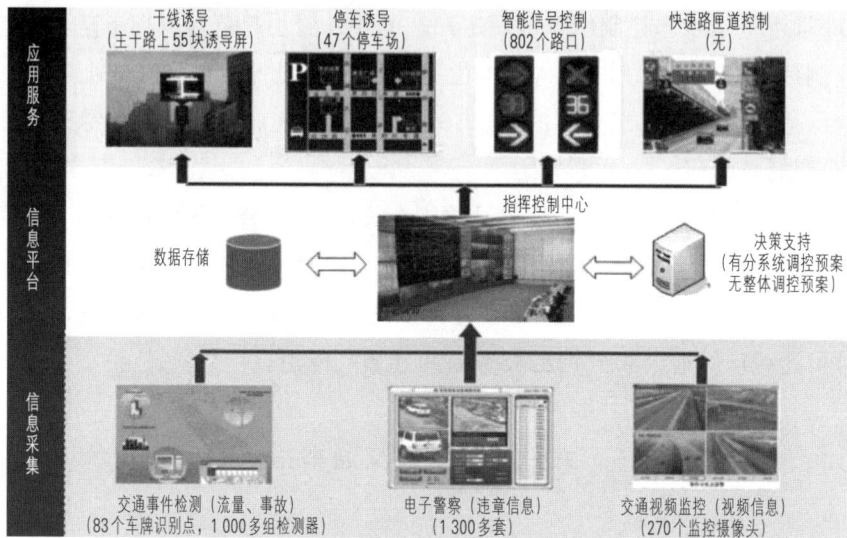

图 11-7　智能交通管理现状示意图

资料来源：根据深圳市智能交通管理系统简介整理.

（三）低碳交通运输体系政策标准制度逐步完善

深圳市相继出台了一系列促进节能减排的政策、规划与标准，不断改善节能减排制度环境。一是完善节能减排资金政策，出台了《深圳市循环经济与节能减排专项资金管理暂行办法》；二是编制并组织实施了节能减排规划与方案，完成了《深圳交通2030年发展策略及综合交通体系规划》《深圳市低碳交通运输体系建设试点实施方案》《深圳市轨道交通线网规划（2016—2030年）》《深圳市打造国际水准公交都市五年实施方案》的编制工作，为建设低碳交通运输体系发挥了重要的基础性指导作用；三是制定了深圳市公交智能调度系统系列标准，形成了国内首个公交智能调度系统系列标准，包括《公交智能调度系统车载调度终端》《公交智能调度系统通信协议》《公交智能调度系统平台规范》；四是不断完善节能减排工作制度，颁布实施了机动车排气污染检测与强制维护（I/M）制度、《关于实施道路运输车辆燃料消耗量达标车型车辆参数及配置核查工作的通知》等营运车辆燃料消耗量核查准入政策；五是制定了鼓励慢行网络、发展轨道交通等低碳交通的工作制度，如《深圳市步行和自行车交通系统规划》《深圳市轨道交通规划（2030年）》《深圳市整体交通规划》等。

[第十二章]
推广绿色建筑

一、绿色先锋城市的低碳之路

建筑作为人类文明最重要的产物，耗费了地球约50%的资源，抓好建设领域的节地、节能、节水、节材和环保等"建筑四节一环保"工作，积极推行绿色建筑、绿色小区和绿色城市的规划和建设，对生态城市建设有着举足轻重的作用。深圳作为"绿色先锋"城市，敢为天下先的改革创新精神始终贯穿于建筑节能和绿色建筑发展的全过程。

（一）"绿色先锋"城市工作开展六部曲

深圳注重政策引领，建筑节能法规制度标准体系基本完备；狠抓试点示范，带动节能事业快速发展；充分发挥市场力量，激活绿色建筑发展活力；坚持科技创新，打造绿色建筑的深圳品牌；加强交流合作，推动与国际一流接轨。深圳在建筑节能与绿色建筑领域的主要工作有：

1.加强统筹管理，建筑节能体制机制有效创立。2008年，深圳市政府建立了推行建筑节能和绿色建筑联席会议，确立了由市住房和建设局日常联络协调，各区政府、市财政委、机关事务管理局等相关主管部门协同推进的工作机制，共同推动全市建筑节能和绿色建筑工作，协调解决实施过程中的困难和问题。各区政府也明确了建筑节能主管部门，设立了责任人和联系人，建立了相关责任制度。全市自上而下形成了分工分级负责的建筑节能管理体制和工作机制，为节能工作的推进和后续发展奠定坚实的组织基础。

2.注重政策引领，建筑节能法规制度标准体系基本完备。深圳市率先在国内颁布建筑节能条例、建筑废弃物减排与利用条例、绿色建筑促进办法等地方性法规规章，成为全国首个全面强制执行新建民用建筑节能与绿色建筑标准的城市。根据发展需要，深圳市及时出台了38部相关配套规范性文件和20部地方标准，建立了涵盖可研立项、规划设计、施工验收、运营维护等全过程的建筑节能和绿色建筑制度及标准体系，为全市建设领域绿色低碳发展构建了坚实的政策保障。

3.狠抓试点示范，带动节能事业快速发展。深圳是承接建筑领域国家绿色低碳试点示范最多的城市之一。在国家机关办公建筑和大型公共建筑节能监管体系建设、可再生能源建筑应用、公共建筑节能改造、建筑废弃物减排与利用四个专项领域，深圳市先后被纳入国家首批或首个城市级试点示范区，并与住建部共建首个国家低碳生态示范市。光明新区也是全国首个绿色建筑示范区和首批绿色生态城区。通过试点示范，深圳市迅速推动全市建筑节能快速发展，为全面实施建筑节能和绿色建筑奠定了良好基础。

4.充分发挥市场力量，激活绿色建筑发展活力。按照市场在资源配置中起决定性作用和更好发挥政府作用相结合的原则，深圳市率先在国内全面推行合同能源管理（EMC），引入社会资金完成既有建筑节能改造面积超过2 000万平方米。推动行业成立了深圳市绿色建筑协会，这是全国第一家绿色建筑行业组织。深圳市大力培育发展了一批绿色建筑设计咨询、节能改造、建筑工业化、可再生能源建筑应用、建筑废弃物综合利用等创新型绿色低碳产业，成为规模超千亿元的绿色建筑产业集群，在国内形成较大影响力。

5.坚持以科技创新，打造绿色建筑的深圳品牌。深圳市创新采用BT、BOT等建设模式，建成国内首个大型公共建筑能耗监测平台，实现500栋大型公共建筑能耗实时监测。结合本地气候、资源环境、经济文化等特点，深圳市建立健全地方建筑节能和绿色建筑标准体系，多部标准为国内率先发布，为国家和行业标准制定提供了重要参考。深圳市大力推广装配式建筑，积极打造"深圳建造"品牌，建成全国首个大面积应用工业化技术建造的住宅——龙悦居保障房项目，并率先在超高层住宅项目中实施装配式建筑、在保障性住房中全面推广标准化设计、推广EPC总承包弱化资质管理强化能力建设。

6.加强交流合作努力，推动与国际一流接轨。深圳市积极融入世界绿色城市阵营，参与发起设立世界低碳城市联盟并举办两届联盟大会。深圳国际低碳城是中欧可持续城镇化合作的旗舰项目，获得由美国保尔森基金会和中国国际经济交流中心合作颁发的"可持续发展规划项目奖"。深圳市政府支持英国建筑研究院（BRE）中国总部落户深圳，与美国劳伦斯伯克利实验室也有务实合作。深圳与欧美、亚太10多个国家、地区和国际组织建立了友好合作交流关系，在绿色低碳领域开展广泛的交流合作。此外，深圳市还以"绿色建筑主题年"活动为主线，通过报纸、网络、媒体、展会、论坛、培训等各种方式，加强绿色建筑的宣传、教育和推广，积极营造良好氛围。深圳市政府每年组团参加"绿博会"，充分展现了深圳市在建设科技、绿色建筑与建筑节能领域取得的成果，有力推动了深圳市建设科技、绿色建筑与建筑节能事业的发展。

（二）深圳市建筑节能与绿色建筑发展大事记

2005年，深圳招商地产泰格公寓获得美国绿色建筑委员会LEED银级认证，被美国《新闻周刊》誉为"中国第一栋绿色商用建筑"。

2006年7月，深圳率先出台了全国第一部建筑节能法规——《深圳经济特区建筑节能条例》，开启了深圳建筑节能发展的新时代。

2008年5月，深圳市政府建立了推行建筑节能和发展绿色建筑联席会议制度，协调处理发展过程中的重大问题，办公室设在深圳市建设局。

2007年10月，深圳获批成为全国首批三个节能监管体系建设试点城市之一。

2008年，深圳市政府与住房和城乡建设部（简称住建部）签署合作协议，以发展绿色建筑为基础和突破口，将占地156平方公里的光明新区打造成国家级的绿色建筑示范区，这是全国第一个绿色建筑示范区，也是迄今为止全国最大的一个生态城区。

2008年，深圳市政府成立深圳市建设科技促进中心，组建了全国首家城市级绿色建筑咨询委员会，全面推行绿色建筑免费评价标识。

2008年12月，推动行业成立了全国第一家跨专业、跨学科的市一级社会团体——深圳市绿色建筑协会，这也是全国第一家绿色建筑行业组织。

2009年，深圳市获批成为国家首批"可再生能源建筑应用示范城市"，开启了全市太阳能屋顶计划。

2009年5月，深圳建成全国首个国家机关办公建筑和大型公共建筑能耗监测平台，通过建设部验收并获高度评价。

2010年1月，住建部与深圳市人民政府举行共建国家低碳生态示范市合作框架协议签字仪式，深圳成为住建部开展合作共建的第一个国家低碳生态示范市。

2010年12月，国内第一个以气候带划分的国际性绿色建筑组织——热带及亚热带地区（夏热冬暖地区）绿色建筑委员会联盟在深圳成立，为深圳绿色建筑走向世界搭建了新的平台。

2011年，深圳成为全国首批国家机关办公建筑和大型公共建筑节能监测三个示范城市之一。同年，深圳市获批成为全国首批公共建筑节能改造重点城市。

2012年，深圳市建筑科学研究院和美国劳伦斯伯克利国家实验室合作成立低碳建筑和社区联合研究中心，这是该研究机构在美国之外成立的第一个联合研究机构。

2012年3月，在参加北京第八届"绿博会"期间，深圳市获住建部、中国城市科学研究会颁发的中国首个绿色建筑实践奖——城市科学奖，被住建部誉为住房和建设领域"绿色先锋"城市。

2013年7月，深圳市发布实施国内第一部绿色建筑政府令——《深圳市绿色建筑促进办法》，成为全国首个全面强制执行新建民用建筑节能与绿色建筑标准的城市，自此，绿色建筑发展迈入了快车道。

2014年5月，时任市长许勤和英国商务、创新与技能国务大臣兼贸易委员会主席文斯·凯布尔博士共同见证深圳市住建局与英国建筑研究院（BRE）的合作签约仪式。

2014年8月，深圳在建筑工程类职称体系中创新增设了全国第一个"绿色建筑专业职称"，同年诞生了全国第一批绿色建筑工程师。

2015年3月，深圳市发布了全国第一个绿色建筑LOGO，时任住建部副部长、国务院参事仇保兴为深圳绿色建筑LOGO发布仪式揭幕。

2016年4月，英国建筑研究院中国总部正式落户深圳。

2017年1月，公共建筑节能改造示范市、可再生能源建筑应用示范市顺利通过住建部组织的验收。

二、绿色建筑规模化发展，生态效益令人瞩目

（一）绿色建筑总量居全国大城市首位

深圳市大力推进绿色建筑区域化、规模化全面发展，在国内率先推进保障性住房、政府投资项目100%按绿色建筑标准建设。2013年7月，深圳市政府253号令发布的《深圳市绿色建筑促进办法》，要求所有新建民用建筑全面执行绿色建筑标准，全市绿色建筑发展正式步入法治化的快车道，实现从全面推行建筑节能到全面推行绿色建筑的跨越。

截至2018年4月，深圳累计已建成节能建筑面积超过1.5亿平方米，绿色建筑总面积7 320万平方米，完成既有建筑节能改造面积逾1 650万平方米，建有10个绿色生态城区和园区。①累计8个项目获全国绿色建筑创新奖，是目前国内绿色建筑建设规模、建设密度最大和获绿色建筑评价标识项目、国内绿色建筑创新奖数量最多的城市之一。深圳市首个按绿色建筑标准建设的保障性住宅小区——龙悦居（如图12-1所示），也是全国首个按绿色建筑标准建设的保障性住宅小区。深圳市首个绿色工业建筑——坪山雷柏工业厂房（如图12-2所示）获得国家二星级绿色建筑评价标识，

---

① 深圳市住房和建设局. 深圳大力推进建筑领域绿色低碳发展[EB/OL]. (2018-04-03). http://www.sz.gov.cn/zjj/csml/bgs/xxgk/tpxw/201804/t20180403_11661746.htm.

实现深圳市工业绿色建筑项目"零的突破"。深圳机场T3航站楼是全国最大的绿色空港。

图12-1 深圳市首个按绿色建筑标准建设的保障性住宅小区——龙悦居

资料来源：佚名. 龙悦居成深首个绿色建筑标准保障性住宅小区［EB/OL］.（2014-03-28）. https：//sz.house.qq.com/a/20140328/008054.htm.

图12-2 深圳市首个绿色工业建筑——坪山雷柏工业厂房

资料来源：根据科创空调厂房、净化工程案例整理.

（二）从绿色建筑到绿色城区/城市

此外，深圳市初步实现了从绿色建筑到绿色城市的转型，绿色生态园区和城区建设继续深化，建有10个绿色生态城区和园区。光明新区作为国家首个绿色建筑示范区和全国首批绿色生态城区，相关示范建设继续推进，并以优秀等级第一个通过国家绿色生态示范城区试点验收。前海深港合作区正努力打造具有国际水准的"高星级绿色建筑规模化示范区"（效果图如图12-3所示），二星级绿色建筑占比达到50%，三星级达到30%。龙华新区制定了深圳北站商务中心区建设规划，将成为全市第二个"高星级绿色建筑规模示范区"，高星级绿色建筑比例计划达到90%。东部湾区（盐田区、大鹏新区）开展"国家生态文明先行示范区"建设。

图12-3　前海深港现代服务业合作区效果图

资料来源：谢振轩. 深圳前海条例获通过 精英人才有个税优惠［EB/OL］.（2011-06-28）. http://finance.sina.com.cn/roll/20110628/104310059385.shtml.

《深圳市建筑节能与绿色建筑"十三五"规划》表明："十二五"期间，深圳市新建筑节能量累计超过64万吨标准煤，减排二氧化碳189万吨。其中，新建绿色建筑节能量累计超过26万吨标准煤，减排二氧化碳

77万吨，绿色建筑与建筑节能减排工作继续稳居全国前列。

三、大型公共建筑节能监管

（一）全国首批建筑能耗实时动态监测试点城市

自2007年起，全国24个试点城市开始实施能耗统计，形成报表制度，并在全国试点城市开始推行能源审计。同年，国家确定深圳与北京、天津是全国首批3个国家机关办公建筑和大型公共建筑节能监管体系实时动态监测试点城市。

深圳为首批示范城市，每年上报1.8万栋建筑能耗信息，累计完成750栋建筑能耗审计，在全国数量最多，累计监测564栋公共建筑，目前规模仅次于上海。

深圳市建筑能耗管理系统对564栋公共建筑的能耗进行实时监测（如图12-4所示），并可按照不同的行政区进行统计分析，实时展示、统计各区的能耗情况，同时该平台结合深圳市能耗限额标准，对各个监测建筑进行管理、监测，及时发现高能耗建筑。

图12-4　监测系统登录页面

资料来源：根据深圳市建筑科学研究院股份有限公司相关资料整理.

（二）能耗监测系统助力建筑节能

政府管理部门可根据该平台，掌握深圳市的大型公共建筑能耗现状，及时发现高耗能建筑，并可通过行政处罚等措施，强制建筑业主进行节能改造，同时根据各区的能耗情况，制定不同的政策措施，督促全市按照国家要求，有条不紊地推进建筑节能改造工作。

该系统还对每个建筑业主（管理单位）开放，各建筑业主可查看自身用能的实时监测情况。平台还可对每栋建筑进行能耗分析，并生成分析报告，供建筑业主及时了解建筑的能耗分布情况，针对能耗偏高的区域采取相应的节能措施，降低建筑能耗。同时，建筑业主还可查看同类建筑中本栋建筑的能耗排名，进一步提升对建筑节能改造的重视。

该平台还有信息发布功能，及时向公众发布各个建筑的用能情况，通过大众的监督，督促建筑（企业）进行节能运营，并及时进行节能诊断及改造。

未来，该平台还将与深圳市碳交易平台对接，鼓励更多的建筑纳入碳交易试点中，为深圳市完成碳排放达峰做出贡献。

四、有序推进既有建筑节能改造与可再生能源建筑

（一）全国首批三个公共建筑节能改造重点城市

2011年，深圳市被住房和城乡建设部、财政部列为全国首批三个公共建筑节能改造重点城市之一。深圳市不断探索既有建筑节能改造方法，以抓试点为手段，通过合同能源管理等模式，采取政府发动、社会参与等多种方式，有效推进了既有建筑节能改造工作。

深圳市出台了《深圳市既有公共建筑节能改造实施方案》《深圳市既有公共建筑节能改造专项资金管理办法》《深圳市既有公共建筑节能改造工程监管办法》等11个政策文件，发布了《深圳市既有公共建筑节能改造技术规程》《深圳市既有公共建筑节能改造合同能源管理技术导则》《深圳市绿色物业管理导则》等4个技术指导文件以及节能诊断关键技术系列

研究、建筑节能量认定方法研究等4个专项研究。

　　截至2017年5月，深圳市已申报187个公共建筑节能改造合同能源管理项目，已完成167个，改造面积逾862万平方米，不同建筑类型的面积分布如图12-5所示，改造技术措施应用项目数量分布如图12-6所示。

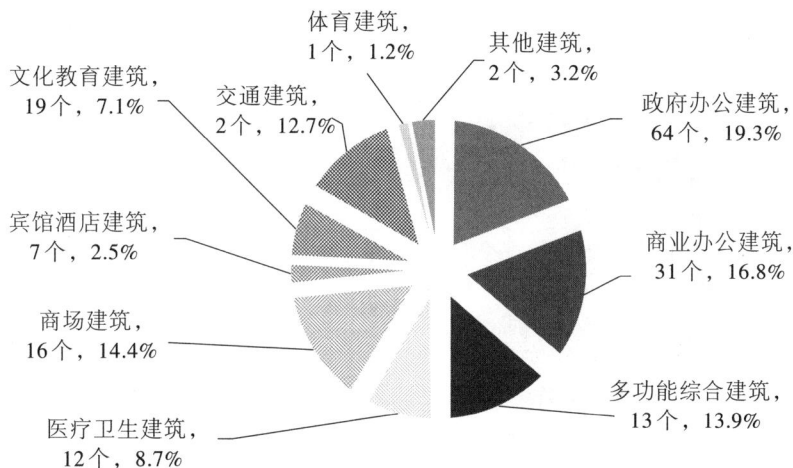

图 12-5　167个不同建筑类型的面积分布

资料来源：由深圳市建筑科学研究院股份有限公司公共建筑节能改造研究组提供.

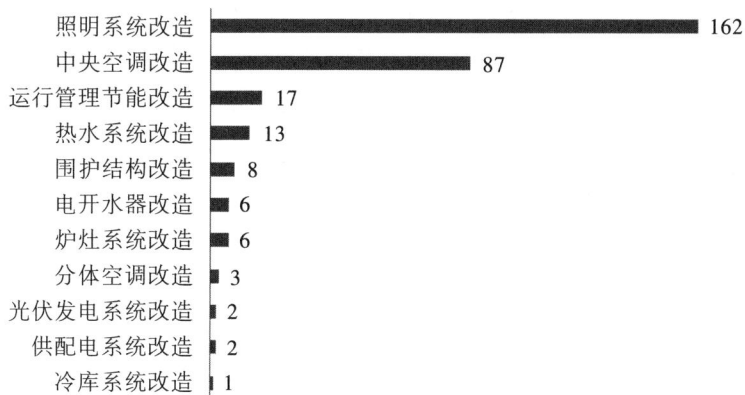

图 12-6　167个改造技术措施应用项目数量分布

资料来源：由深圳市建筑科学研究院股份有限公司公共建筑节能改造研究组提供.

深圳市按照市场在资源配置中起决定性作用和更好发挥政府作用相结合的原则，率先在国内全面推行合同能源管理（EMC），引入社会资金完成既有建筑节能改造，167个不同投资方式的项目数量分布如图12-7所示。

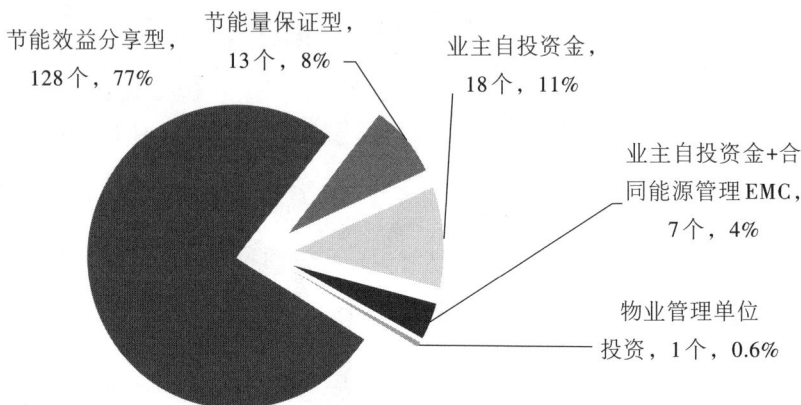

图12-7　167个不同投资方式的项目数量分布

资料来源：由深圳市建筑科学研究院股份有限公司公共建筑节能改造研究组提供.

（二）全国首批可再生能源应用示范城市

深圳市于2009年成为国家首批"可再生能源建筑应用示范城市"之一，已出台可再生能源示范市工作方案、资金管理、专项规划以及典型工程案例汇编等政策技术文件。在示范市建设期间，共建成太阳能热水建筑应用项目225个，面积约718万平方米，按验收标准折算可再生能源建筑应用面积达359万平方米，全面完成了可再生能源建筑应用示范城市建设任务。[①]截至2018年6月，深圳市太阳能热水建筑应用面积规模超过2 500万平方米，建成和在建的太阳能光伏装机容量达49兆瓦。[②]

---

① 窦延文. 深圳建成太阳能热水建筑应用项目225个[EB/OL]. (2017-01-12). http://www.dutenews.com/p/35377.html.

② 李秀瑜. 深圳节能建筑面积逾1.59亿平方米[EB/OL]. (2018-06-19). http://www.mohurd.gov.cn/dfxx/201806/t20180620_236475.html.

五、重视住宅产业化，推动绿色施工与运营

（一）住宅产业化规模效应初步显现

深圳市积极探索装配式建筑的发展模式与路径，并根据时代的发展以及技术的进步制定相应的政策。2013年，深圳市建立了住宅产业化联席会议制度，统筹规划、指导协调全市装配式住宅工作。2014年3月，深圳市发布了《深圳市住宅产业化试点项目技术要求》，对住宅产业化试点项目提出了具体的技术要求，包括选用装配式钢筋混凝土结构体系，推广使用预制外墙、楼板、楼梯等混凝土构件，要求预制率不低于15%、装配率不低于30%等。

2014年11月，深圳市住建局、规土委、人居委联合发布了《关于加快推进深圳住宅产业化的指导意见（试行）》，该文件明确提出"从2015年起，新出让住宅用地项目和政府投资建设的保障性住房项目全部采用产业化方式建造，鼓励存量土地的新建住宅项目采用产业化方式建造"等工作目标；此外，该文件还明确对建设单位在自有土地（包括已规划批复的城市更新项目）自愿采用产业化方式建造的，可申请建筑面积奖励；产业化住宅项目在办理报建、审批、预售、验收相关手续时可开辟绿色通道，优先返还墙改基金和散装水泥基金，施工进度达到7层以下（含本数）的已封顶、七层以上的已完成地面以上1/3层数的可提前办理《房屋预售许可证》。

2015年初，市政府发布了《深圳市人民政府关于印发打造深圳标准构建质量发展新优势行动计划（2015—2020年）的通知》，提出"从2015年起，新出让土地住宅用地项目和政府投资建设的保障性住房项目100%采用产业化标准建造"，突出强调提高城市建设标准。

深圳市参与编制了住房和城乡建设部出台的《建筑产业现代化发展纲要》，还参与了广东省住房和城乡建设厅出台的《广东省人民政府关于加快推进建筑产业现代化的意见（代拟稿）》《广东建筑产业现代化技术路线图》等重要政策文件的编制，为国家及广东省装配式建筑发展贡献了

力量。

深圳市结合实际情况，并充分借鉴国内外的先进经验，研究制定了一系列装配式建筑的标准和规范，构建了与国家标准互为衔接的标准体系，先后发布了《预制装配式钢筋混凝土结构技术规范》《预制装配钢筋混凝土外墙技术规程》《深圳市保障性住房标准化设计图集》。

深圳市在"十二五"期间加快建筑工业化政策制定和配套技术标准建设，成功培育了4个国家级住宅产业化示范基地、3个国家康居示范工程以及40个市级示范基地和项目，基本形成涵盖规划设计、建设开发、部品构件生产、装配施工的建筑工业化全产业链条。全市已竣工和在建建筑工业化项目累计超过300万平方米，规模效应初步显现。龙华龙悦居三期项目荣获"2015年中国土木工程詹天佑奖"。万科云城是深圳首个大规模实施装配式建筑的公共建筑项目，如图12-8所示。裕璟幸福家园是保障房装配式建筑项目，如图12-9所示。

图12-8 深圳首个大规模实施装配式建筑的公共建筑项目——万科云城

资料来源：佚名. 深圳绿色建筑面积超6 000万平方米［EB/OL］.（2017-05-27）. http：//news.cbg.cn/gndjj/2017/0527/7978289.shtml.

图12-9　保障房装配式建筑项目——裕璟幸福家园

资料来源：邻聚深圳. 深圳首个装配式保障房——裕璟幸福家园2018年建成［EB/OL］.
(2017-11-02). http://tuliu.com/read-65910.

（二）绿色施工与运营继续深入开展

深圳市大力推动绿色施工。2013—2014年，在国内率先编制了《深圳市绿色施工评价规范》和《深圳市建设工程质量提升行动方案（2014—2018年）》，推广绿色施工标准，全面提升建设工程质量。绿色施工在地铁项目中全面推行，轨道交通9号线9105标段红树林车辆段土建工程，创建国家AAA级文明工地及绿色施工样板工地。深圳太平金融大厦项目被评为"全国绿色施工示范工程"，如图12-10所示。

在绿色施工中，深圳市在建筑废弃物管理方面亦有较好成果。《深圳市建设事业发展"十三五"规划》表明：《深圳市建筑废弃物减排与利用条例》实施以来，全市建成并投入使用的建筑废弃物综合利用项目6个，建筑废弃物年综合处理能力达620万吨。深圳市率先在政府工程中推行"零排放"模式，南方科技大学校区拆迁项目、北环大道改造工程等成为全国首批建筑废弃物"零排放"示范项目。

目前深圳市共有22个建筑废弃物综合利用项目，建筑废弃物资源化率可达95%左右。

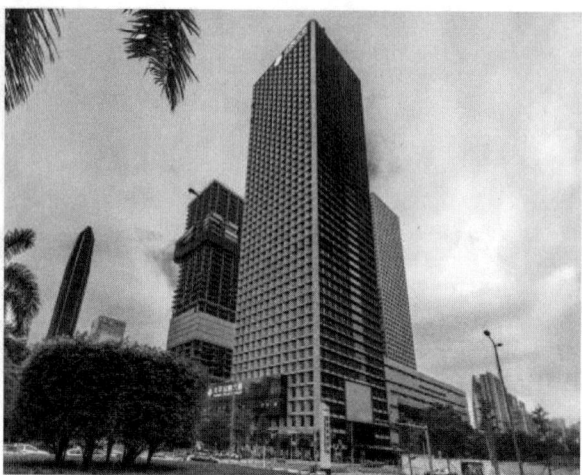

图 12-10　太平金融大厦项目实景图

资料来源：吴清慧. "深"蓝下的改革开放40年！利用25项绿色施工技术，打造百万平"绿色空间"[EB/OL].（2018-07-11）. http：//m.sohu.com/a/240645780_684881/？pvid=000115_3w_a.

《深圳市建设事业发展"十三五"规划》表明：2011—2015年，深圳市工程项目创优共1 429项，其中获国家鲁班奖15项、国家优质工程奖23项、金匠奖36项、省优良样板工程70项、省安全文明优良样板工程271项。深圳市未发生较大及以上生产安全事故，质量安全监管长效机制初步建立，工程质量水平进一步提升，工程安全得到更好的保障。

《深圳市建设事业发展"十三五"规划》表明：深圳市在国内率先实施的绿色物业管理和物业管理全面进社区继续深入开展。2013年，发布实施《深圳市绿色物业管理导则》配套文件——《深圳市绿色物业管理项目评价办法》及《深圳市绿色物业管理项目评价细则》。截至2015年年末，全市老旧住宅区、城中村和"村改居"社区项目引入物业管理服务的覆盖率达98%以上，绿色物业管理试点项目近300个，启动80个智慧社区建设试点，节电（节能）、节水和生态环境效益显著，同时提升了居民的生活质量和安居乐业的幸福感。

[第十三章]

低碳发展与生态环境协同

深圳市秉承"绿水青山就是金山银山""环境是生产力也是竞争力"的理念，打造深圳质量、深圳标准，实现有质量的稳定增长和可持续的全面发展，在国内率先走出一条具有深圳特色的绿色低碳发展之路。在低碳发展的过程中，深圳把环境保护置于与经济发展同等重要的位置，以前所未有的力度加强环境保护，全面加强污染治理、环保监管和生态建设，人居环境事业发展驶入快车道、跃上新台阶。

一、先行探索生态文明建设制度

（一）率先于全国建立市政府环境形势分析会制度

自2012年起，深圳创新性地在市政府层面设立环境形势分析会制度，并提到与经济形势分析会同等重要的位置，每年召开环境形势分析会，"十二五"期间出台大气质量提升40条、水环境治理40条、固体废物污染防治行动计划、环境基础设施提升改造工作方案等系列文件，有力地促进了全市环保及大气、水、固体废物等污染防治工作。

2012年，深圳市政府首次实行环境形势分析会制度，把环境建设与经济建设放到同等重要的位置上，定期分析、研判环境保护工作形势，研究解决突出的环境问题，使环境形势分析会逐步成为市政府重要的工作制度。

2013年深圳市第二次环境形势分析会以大气污染治理为主题，建立大气环境质量提升联席会议制度。

2014年的第三次环境形势分析会，研究部署下一阶段生态文明建设特别是水环境治理工作，打一场治水提质攻坚战，凸显出深圳将建设生态文明、提升环境质量提高到与改革发展、提升经济质量同等重要的地位。

2015年的环境形势分析会，贯彻落实"五位一体"总体布局要求和"五大发展理念"，研究固体废弃物综合治理工作，系统提升生态文明建设水平，争当绿色发展排头兵。

2016年的第五次环境形势分析会，通报分析深圳市的环境形势，查找生态文明建设存在的突出问题和薄弱环节，并专项研究土壤环境保护和质量提升工作。

2017年召开的深圳市环境保护工作会议上，市政府与各区（新区）签署了《水污染防治目标责任书》，印发了《深圳市大气环境质量提升计划（2017—2020年）》，并对贯彻落实《深圳市人居环境保护与建设"十三五"规划》（以下简称《规划》）进行了部署。

（二）率先于全国制定生态文明建设考核制度

2013年，深圳通过改革创新打造环保评价制度的"升级版"，把已开展了6年的环保实绩考核"升级"为生态文明建设考核，制定出台了生态文明建设考核制度和2013年考核实施方案，对全市10个区（新区）、17个市直部门和12个重点企业生态文明建设考核工作实施年度考核。这是全市保留"一票否决"考核事项的六项考核之一，考核结果作为领导干部年度考核、选拔任用及"五好"班子评选的重要依据。2015年年底，生态文明建设考核获环境保护"绿坐标"制度创新奖，被新华社誉为生态文明"第一考"。

（三）建立我国第一个自然资源资产负债表及离任审计制度

2014年，深圳市宝安区在全国率先探索建立自然资源资产负债表及领导干部自然资源资产离任审计制度，构建了深圳市自然资源的核算体系、核算方法，形成了一套完整的自然资源资产负债表体系，探索出了我国第一个较为成型的自然资源资产负债表框架体系。

（四）国内首次发布城市 GEP

2015年，深圳市盐田区在国内首次发布城市 GEP[①]，为生态环境贴上"价格标签"，为"美丽中国"提供量化依据，也将区域发展切换到地区生产总值与地区生态系统生产总值 "双核算、双运行、双提升"的模式，为国家生态文明先行示范区建设添砖加瓦，获得2015年度"中国政府创新最佳实践"奖。盐田区城市 GEP 核算体系共包含3级指标：一级指标2个，分别是"自然生态系统价值"和"人居环境生态系统价值"；二级指标11个，包括生态产品、生态调节、生态文化、大气环境维持与改善、水环境维持与改善、土壤环境维持与改善、生态环境维持与改善、声环境价值、合理处理固废、节能减排和环境健康；三级指标28个，包括直接可为人类利用的食物、木材、水资源等价值，间接提供的水土保持、固碳产氧、净化大气等生态调节功能及源于生态景观美学的文化服务功能，水、气、声、渣、碳减排、污染物减排等指标。

核算体系在具备通用性的同时，也要充分考虑不同特点。因此，指标的设置具有普遍性，不管农村还是城市，都设置了28个指标要素，但具体核算项目可能有所不同，比如针对盐田港环境污染治理压力较大的现实，其主要核算项目就是节能减排。

二、绿色市政建设成效显著，资源循环利用不断深化

深圳作为一个超大规模的现代化城市，在日益增长的发展需求与资源能源与环境承载力约束的矛盾面前，加快节约型城市建设成为深圳需要一直探索的重要课题。面对资源、能源紧缺的现实制约，深圳市在市政基础设施建设中，尤其注重运用低冲击开发理念，减少开发建设对自然环境的破坏，强化自然生态与城市生态的有机融合。同时，深圳市通过有效的政

---

① GEP 是"生态系统生产总值"（Gross Ecosystem Production）的英文简称，是指生态系统为人类福祉提供的产品和服务的经济价值总量。与 GDP 更关注经济系统运行状况不同，GEP 关注的是生态系统运行状况。

策引导和管理措施，倡导节约用水和固体废弃物循环利用，有效提高了资源、能源利用效率和水平。

（一）推进废弃物资源循环利用

1. 主要措施与行动

（1）环境基础设施提升改造与资源化利用

通过大力发展垃圾焚烧发电，推进填埋气体、餐厨垃圾和建筑垃圾综合利用，深圳市固体废弃物资源化率大幅提升。下坪固体废弃物填埋场、塘朗山建筑垃圾综合利用工程等一批重点环卫设施建成使用。

2010年，深圳市生活垃圾焚烧发电处理量约占垃圾处理总量的40%，年发电量超过2亿度。[①]除发电以外，经处理的固体废弃物还被广泛用作肥料、燃料、建筑材料等，实现了循环经济的"减量化"、"再利用"和"资源化"目标。

截至2015年8月，深圳市建成垃圾焚烧发电厂7座，总垃圾处理能力达到7 875吨/日，焚烧处理率为51%，垃圾焚烧发电总装机容量达145MW，发电量11.6亿度/年，居全国大中城市之首。[②]《深圳市能源发展"十三五"规划》表明：深圳市建成老虎坑、下坪固体废弃物填埋气发电，装机容量14兆瓦，2015年填埋气收集量14 924万立方米，发电量8 769万千瓦时。深圳市建成下坪固体废弃物填埋气提纯制取民用天然气工程，2015年制取天然气达700万立方米，削减填埋气体1 400万立方米。

重点推进《深圳市固体废物污染防治行动计划（2016—2020年）》7大方面27项任务建设。《2016年度深圳市固体废物污染防治信息公告》表明：截至2016年年底，深圳市生活垃圾焚烧发电处理量约占垃圾处理总量的43.42%，东部环保电厂、妈湾城市能源生态园、老虎坑焚烧发电厂

---

① 龚夷菲."绿色建筑之都"已具雏形[EB/OL]. (2011-09-27). http://roll.sohu.com/20110927/n320631213.shtml.

② 崔宁宁. 2018年八成垃圾焚烧处理[EB/OL]. (2015-08-24). http://huanbao.bjx.com.cn/news/20150824/655739-2.shtml.

三期已全面开工；建成了3座餐厨垃圾处理设施和4座污水厂污泥处理设施；严格参照欧盟最新标准对5座垃圾焚烧厂进行提标改造；同时，对3座垃圾填埋场进行提升改造。

（2）垃圾分类减量工作

自2013年起，深圳加大对垃圾减量分类工作的推进力度，同步研究制定了垃圾减量分类示范单位创建启动补贴和减量补贴管理暂行办法、垃圾减量分类实操指引等指导性文件，启动了《深圳市垃圾减量分类管理办法》立法工作。

目前，深圳市建立了有害垃圾、大件垃圾、绿化垃圾、果蔬垃圾、废弃织物、年花年桔、餐厨垃圾七大资源类垃圾的分流回收处理体系，这些被分流回收处理的垃圾在缓解末端垃圾设施压力的同时，也能得到资源化程度更高的利用或更高环保标准的无害化处理。据统计，2016年日均分流分类处理资源类垃圾约800吨，预计3年内达到3 000吨/日。[①]《2016年度深圳市环境状况公报》表明：深圳市积极开展"生活垃圾分类和减量"达标小区创建和"资源回收日"活动，在2 097个住宅小区（城中村）共开展"资源回收日"活动38 800多场次，创建达标小区827个，覆盖率29%。

（3）建筑废弃物处置

自《深圳市建筑废弃物减排与利用条例》实施以来，深圳市建成并投入使用的建筑废弃物综合利用项目6个，建筑废弃物年综合处理能力达620万吨。

自2014年起，深圳市陆续完成了鹿丹村旧改、银海工业区旧改、长源村旧改、茶光工业区升级改造、大沙河创新走廊等旧改项目建筑废弃物现场综合利用。其中，市政府重点民生项目鹿丹村旧改项目开创了在市中心区（居民生活区）建筑废弃物现场处理的先河，为深圳市城市更新项目建筑废弃物处理提供了新思路。

---

① 佚名. 深圳七大资源类垃圾回收处理体系初步形成[N/OL].（2016-06-20）. http://sz.peo-ple.com.cn/n2/2016/0620/c202846-28532744.html.

2.废弃物处置利用水平成效不断提升

（1）工业固体废弃物处置

从图13-1可以看出，自2007年开始，深圳市工业固体废弃物产生量一直处于下降趋势，而工业固体废弃物处置利用率则逐年上升，2015年达到99.86%。

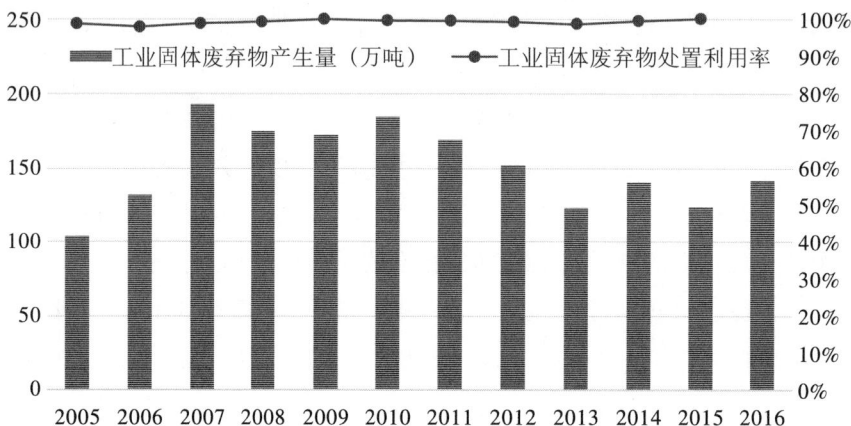

图13-1　2005—2016年工业固体废弃物产生量与处置利用率

资料来源：深圳市统计局，国家统计局深圳调查队．深圳统计年鉴2017［M］．北京：中国统计出版社，2017．

（2）生活垃圾处置

截至2015年年底，深圳市共有垃圾转运站895座，平均每个街道办14座。①《深圳市人居环境保护与建设"十三五"规划》表明：深圳市建成生活垃圾无害化处理设施10座，实际处理能力从2010年的12 311吨/日增加到2015年的15 753吨/日。2016年生活垃圾处理设施处理总量572.28万吨，无害化处理率100%，其中垃圾焚烧量248.46万吨，填埋量323.82万吨。2005—2016年生活垃圾清运量与无害化处理率如图13-2所示。

_____

① 张小玲．高标准推进3座大型垃圾处理设施建设［EB/OL］．（2017-11-15）．http://epaper. oeeee.com/epaper/H/html/2017-11/15/content_87162.htm.

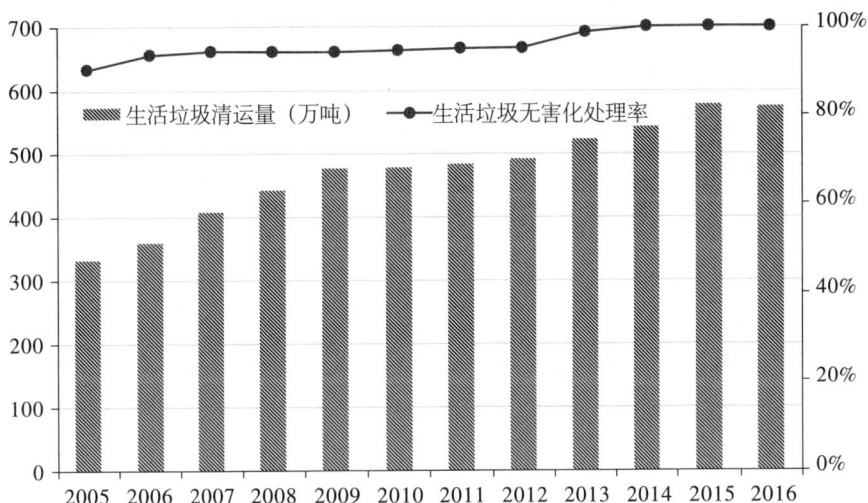

图 13-2 2005—2016 年生活垃圾清运量与无害化处理率

资料来源：深圳市统计局，国家统计局深圳调查队．深圳统计年鉴 2017 ［M］．北京：中国统计出版社，2017．

（二）推动水资源最严格管理制度落实

面对资源、能源紧缺的现实制约，深圳市在市政基础设施建设中，尤其注重运用低冲击开发理念，减少开发建设对自然环境的破坏，强化自然生态与城市生态的有机融合。同时，深圳市通过有效的政策引导和管理措施，倡导节约用水和固体废弃物循环利用，有效提高了资源、能源利用效率和水平。

1.主要措施与行动

在政策指引方面，在落实最严格水资源管理制度方面迈出新步伐。2012 年 7 月，深圳市以高分通过国家水资源综合管理试点评估和节水型社会建设试点验收，成功转入国家最严格水资源管理制度试点城市创建新阶段。按照《深圳市实行最严格水资源管理制度的意见》，深圳市加快建立用水总量控制、用水效率控制、水功能区限制纳污等水资源管理控制指标和监控体系。

自 2010 年以来，万元 GDP 水耗累计下降 44.7%，提前达到"十二五"

规划目标。在大力节水的同时，深圳市对再生水资源的利用管理也得到加强。自2010年以来，深圳市以再生水、雨水利用为重点，先后出台了《关于加强雨水和再生水资源开发利用工作的意见》《深圳市再生水、雨水利用水质规范》等一系列文件。2014年1月深圳市政府办公厅印发《深圳市再生水利用管理办法》，对再生水利用管理体制、范围，再生水设施的规划、建设、运营方式，再生水定价政策，鼓励使用再生水的保障措施等方面做了详细规定，为全市推广使用再生水提供了政策依据。2015年4月，水利部考核验收深圳最严格水资源管理试点城市创建工作，深圳市成为全国12个试点城市中首个通过验收的城市；同年7月在深莞两市茅洲河协调会上，解决了两市联合整治茅洲河的机制建设问题。

在工程实践方面，自2010年以来，深圳市先后建成了南山商业文化中心区、侨香村等一批再生水和雨水综合利用项目，完成了西丽再生水厂、罗芳污水处理厂深度处理等再生水利用项目，各项技术性指标均达到国家考核要求，部分指标达到国内先进水平，高分通过了国家节水型城市验收工作，为深圳市低碳生态城市建设做出了突出的贡献。另外，深圳市通过在南山商业文化中心区、光明新区、坪山新区开展低冲击开发模式试点建设，积极推广以低冲击为特色的雨洪利用，综合考虑雨水资源化开发利用与防控洪涝灾害、削减城市污染源的有机结合，实现了水与城市的协调发展。深圳市将建设东江水源二期工程，实施珠江流域（深圳）水环境综合整治和治污保洁工程，进行深圳河湾、新洲河、福田河、大沙河、盐田河、观澜河等河流的整治。

2.水资源利用效率不断提升

随着最严格水资源管理制度的逐步落实、"三条红线"指标体系初步确立，产业结构的不断优化升级、用水效率逐步提升，万元地区生产总值用水量、万元工业产值用水量和万元工业增加值用水量基本呈下降趋势。

在2016年深圳市供水量中，污水处理回用9 236.40万立方米，雨水利用1 885.20万立方米，占总供水量的5.58%；万元地区生产总值用水量10.22立方米，较2005年减少23.45立方米；万元工业增加值用水量为6.51立方米，较2005年减少14.19立方米；全市人均用水量458.62升/日，较

2005年减少17.38%，用水效率显著提升。2005—2016年深圳市用水效率的变化情况如图13-3所示。

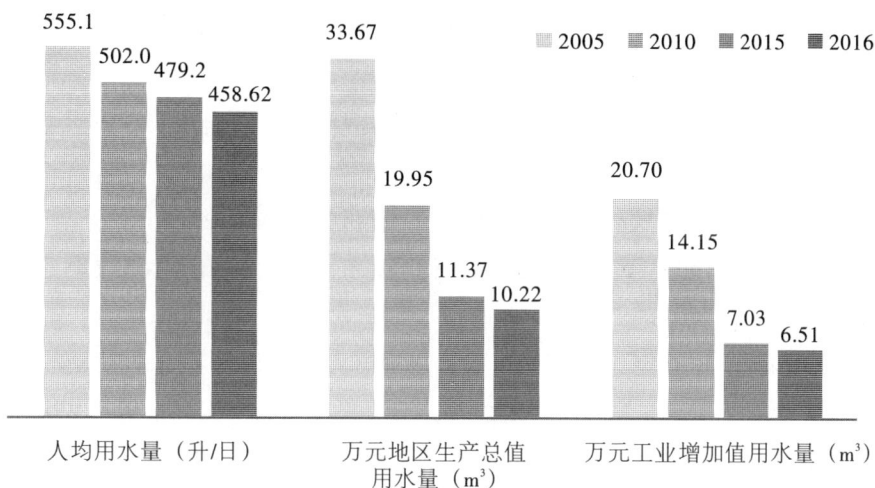

图13-3　2005—2016年深圳市用水效率的变化情况

资料来源：根据深圳市水资源公报整理.

三、生态环境整治成效显著，人居环境质量显著提高

在经济社会高速发展的同时，深圳市整体环境质量保持在较好水平。2016年，深圳市环境质量总体保持良好水平。深圳市环境空气中二氧化硫、二氧化氮、可吸入颗粒物（PM10）和细颗粒物（PM2.5）年平均浓度均符合国家二级标准；主要饮用水源水质良好，符合饮用水源水质要求；主要河流中下游氨氮、总磷等指标超标，其他指标达到国家地表水Ⅴ类标准；东部近岸海域海水水质达到国家海水水质第一类标准，西部近岸海域海水水质劣于第四类标准；城市区域环境噪声处于一般（三级）水平；辐射环境处于安全状态。

（一）生态环境治理与生态文明建设

1.主要措施与行动

2010年，编制《深圳市生态文明建设指标体系》，修订完善《深圳市生态街道评价标准》《深圳市生态工业园区建设标准》《深圳市绿色社区考核标准》《绿色家园系列创建标准》，加大生态创建力度。

2011年，推进国家生态园林城市创建工作，加大综合性城市公园的建设力度，初步形成了"森林（郊野）公园-综合性公园-社区公园"三级公园体系。

2012年，修改完善《深圳市生态文明指标体系》，启动深圳市生态文明建设工作考核指标体系研究工作。

2013年，编制《深圳市生态文明建设规划（2013—2020年）》，出台《深圳市生态文明建设考核制度（试行）》，在全国率先启动生态文明建设考核。

2014年，出台《中共深圳市委、深圳市人民政府关于推进生态文明、建设美丽深圳的决定》及其配套实施方案，修改完善《深圳市生态文明建设规划（2014—2020年）》，推动《深圳经济特区生态文明建设条例》立法工作，首次实施生态文明建设考核。

2015年，制定《深圳市人居环境委员会全面深化生态环境保护改革行动计划（2015—2017年）》和2015年度改革任务计划表，顺利推进深圳市生态文明体制改革任务25项，启动国家生态文明建设示范市创建，组织开展国家生态文明建设示范市创建工作方案、规划的编制。

2016年，高水准推进部市合作共建"一带一路"环境技术交流与转移中心，建立了环境安全生产责任制，深入实施"蓝天工程"，推进淡水河、石马河污染整治重点督办和2016年南粤水更清及跨界河流整治任务，开展固体废弃物污染防治行动，制定并推动市政府印发《深圳市土壤环境保护和质量提升工作方案》，深圳经济特区环境保护条例修改形成草案，大气污染防治立法启动调研。

2.生态环境质量有所改善

深圳市建成区绿化覆盖率、绿地率和人均公园绿地面积三大指标都达到了国家"生态园林城市"验收标准，在国内主要大中城市中名列前茅。根据《2015年深圳市城市管理统计指标分析》，2015年建成区绿化覆盖率45%，建成区绿地率达到39.21%，在建成区面积比上年增大1.1%的情况下，建成区绿化覆盖率和绿地率仍比2014年增加了0.02个百分点，公园911个，人均公园绿地面积16.9平方米。2015年深圳与国内其他大城市园林绿化指标对比如图13-4所示。

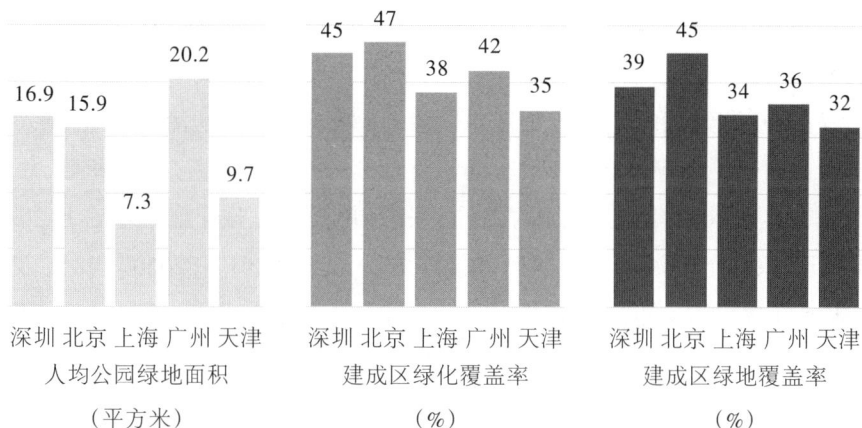

图13-4　2015年深圳与国内其他大城市园林绿化指标对比

资料来源：根据2015年深圳市城市管理统计指标分析整理.

　　积极推动生态示范创建。在市级层面，深圳市组织创建国家生态市、国家生态文明建设试点地区、国家低碳生态示范市、国家低碳试点城市、国家生态园林城市、国家绿色建筑示范城市、国家节水型城市。在区级层面，福田、罗湖、南山和盐田4个区创建成为"国家生态区"，光明新区成为"国家绿色生态示范城区"，盐田区成为"国家水土保持生态文明区"，大鹏新区生态文明体制改革项目被评为"粤治-治理现代化"政府治理创新优秀案例。在街道层面，南山区桃源街道、龙岗区龙城街道、宝安区石岩街道以及大鹏新区南澳街道通过生态街道复查。深圳大力培育孵化宜居社区及范例奖项目，428个社区获评广东省宜居社区、17个项目获评广东省宜居环境范例奖、4个项目获评中国人居环境范例奖，成为广东省宜居社区和宜居环境范例奖最多的城市。深圳市积极开展绿色系列创建，1 055家单位创建为绿色单位、14家单位被命名为环境教育基地、3家单位创建为自然学校。

（二）大气环境整治

1.主要措施与行动

逐步完善大气环境管理制度政策体系。深圳市于2013年9月印发了《深圳市大气环境质量提升计划》（深府办〔2013〕19号），提出了深圳市2013—2016年期间40项具体的大气污染防治任务，综合运用法律、经济、科技和行政手段，在全市范围内限行黄标车、禁燃高污染燃料、淘汰全部散煤和普通工业用煤、全面推广水性涂料、实施远洋船舶污染治理，形成了政府引导、企业施治、市场驱动、公众参与的大气污染防治新机制。

在完成2013年实施的《深圳市大气环境质量提升计划》基础上，深圳市组织制定《深圳市大气环境质量提升计划（2017—2020年）》，以PM2.5和臭氧污染防治为重点，进一步强化电厂污染减排、挥发性有机物治理和新能源车辆推广力度，提高在用柴油车和机械的治理标准，增加柴油车总量控制和强制岸电使用率等新要求，全面治理减排机动车、船舶、工业生产及城市建设排放的大气污染物。

此外，深圳市发布了《家具成品和原辅材料有害物质限量》（SZJG52-2016）、《低挥发性有机物含量涂料技术规范》（SZJG 54-2017）、《建设工程扬尘污染防治技术规范》（SZDB/Z 247-2017），同时完成了《生产、生活类产品挥发性有机物含量限值》等特区技术规范的编制；形成了环境空气质量状况定期发布机制。

自2011年以来，深圳累计淘汰和改造1 000多台高污染锅炉，成为全国首个电机组全面实现低氮燃烧的城市；全面开展挥发性有机物治理、餐饮油烟污染控制和非道路移动源排放污染控制，持续推进扬尘污染专项治理；加快推进港口船舶污染治理，开展"油改气"和"油改电"工作，推广使用岸电和低硫油，30多家国际港航企业签署《绿色航运深圳宣言》，深圳成为亚洲范围内率先全面开展港口船舶污染实质性治理工作的城市。

2.大气环境质量显著改善

从图13-5可以看出，2005—2016年，深圳市空气中的二氧化硫日均值、二氧化氮日均值、可吸入颗粒物日均值总体均呈下降趋势，空气质量居中国内地大城市最优水平，深圳蓝成为常态。2016年，深圳市空气中可吸入颗粒物（PM10）平均浓度为42微克/立方米，细颗粒物（PM2.5）平均浓度为27微克/立方米，空气质量指数（AQI）达到国家一级（优）和二级（良）的天数共354天，优良率达到96.7%。灰霾日持续减少，2016年为27天，比2004年减少了160天，降幅达到85.6%。2005—2016年深圳市空气质量参数变化如图13-5所示。深圳市空气质量优良天数和灰霾天数变化如图13-6所示。

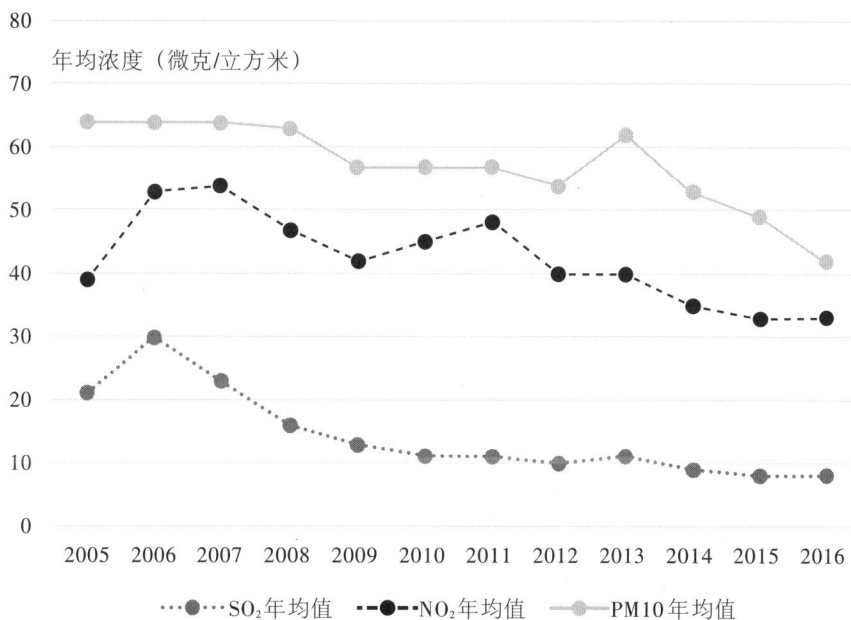

图13-5　2005—2016年深圳市空气质量参数变化

资料来源：深圳市统计局，国家统计局深圳调查队. 深圳统计年鉴2017［M］. 北京：中国统计出版社，2017.

（三）水环境整治

1.措施与行动

2014年，深圳市召开第三次全市环境形势分析会，制订了深圳市治水提质总体方案、深圳市环境质量提升十项行动，探索河流治理新模式，推行主要河流治理"河长制"。

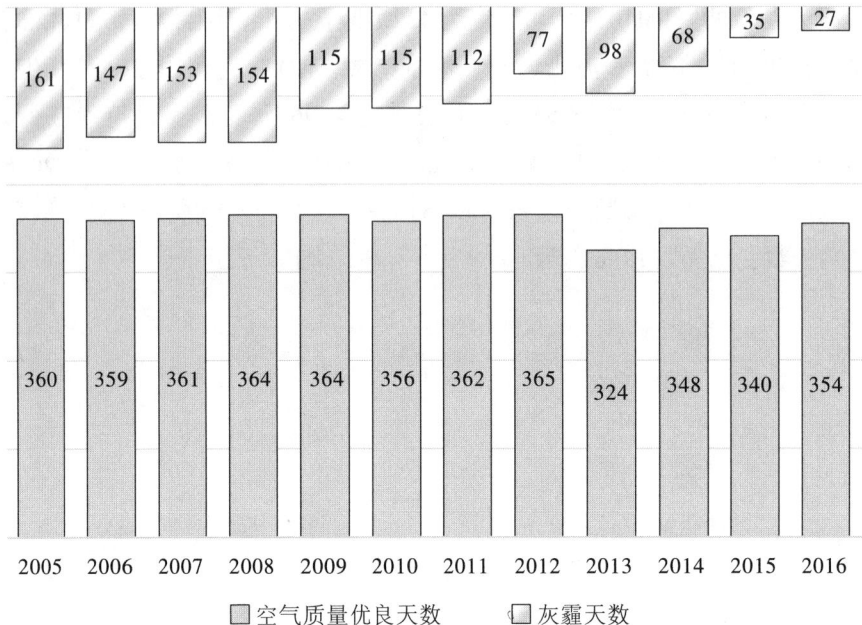

图 13-6 2005—2016 年深圳市空气质量优良天数和灰霾天数变化

资料来源：深圳市统计局，国家统计局深圳调查队. 深圳统计年鉴 2017 [M]. 北京：中国统计出版社，2017.

以污水管网建设为重点，加快全市环境基础设施建设。深圳市建成污水处理厂 31 座，总设计处理能力 479.5 万吨/日，位居国内城市第二；建成污水管道总长 4 628 公里。

开展水源保护专项执法。2016 年，深圳市以"雨季行动"为契机，推进清理水源保护区内的违章建筑、乱搭建、农家乐、地下作坊和暴露垃圾等，减少面源污染。开展不定时间不打招呼不听汇报的现场"点菜式执法"、随机抽取污染源和执法人员的"双随机执法"等多模式执法行动，不断提升监管执法效能。

全面实施治水提质建设计划。深圳市制订 2016 年度茅洲河、淡水河、石马河污染整治实施方案，统筹推进跨界河流治理。2016 年，深圳市共安排治水提质项目 461 个，全面推进污水管网、河道综合整治、污水厂提标扩容等治污工程。同时，加快污水管网建设，全年完成1 033公里建设任务；加快干支流综合整治，动工建设52条河道综合整治工程，其中茅洲河干流中上游段完成19公里河道整治，深圳河四期已完成85%工程量。深圳市还启动14座水质净化厂新扩建及8座污水厂提标改造，其中沙井厂二期污水厂，盐田、罗芳厂提标改造工程开工建设。

强化水质目标管理。2016年，深圳市增加河流、水库、近岸海域监测点位和频次，将常规监测的河流从48条扩展到217条，断面从75个增加到253个，深圳湾及西部海域增加5个监测点位，基本实现水环境监测全覆盖，并建立水质异常的通报机制。同时，开展了深圳市水污染源调查，基本摸清了污染源的结构和分布，为精准治污打下坚实基础。

2.水环境质量有所改善

2005—2016年，深圳市主要集中式饮用水水源地水质达标率从98.11%提升至100%，如图13-7所示。

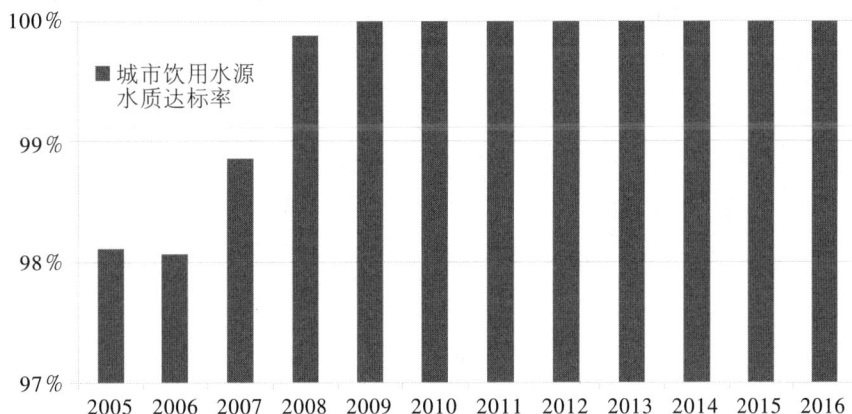

图13-7　2005—2016年深圳市饮用水水源水质达标率变化

资料来源：深圳市统计局，国家统计局深圳调查队. 深圳统计年鉴2017［M］. 北京：中国统计出版社，2017.

2016年，在饮用水源方面，在12个主要集中式饮用水水源地中，枫木浪水库和三洲田水库水质达到国家地表水Ⅰ类标准，深圳水库、梅林水库、罗田水库、清林径水库、赤坳水库、松子坑水库和径心水库水质达到国家地表水 II 类标准，水质为优；西丽水库、铁岗水库、石岩水库水质达到国家地表水 III 类标准，水质为良。与上年相比，罗田水库水质有所改善，其他水库水质保持稳定。深圳市主要集中式饮用水源地水质达标率为 100%。

2016 年，在河流方面，在 15 条主要河流中，盐田河水质达到国家地表水 II 类标准，王母河水质达到国家地表水 IV 类标准，大沙河水质达到国家地表水 V 类标准；深圳河、龙岗河和坪山河上游水质达到或优于国家地表水 II 类标准；主要河流中下游水质氨氮、总磷等指标超过国家地表水 V 类标准，其他指标达到 V 类标准。与上年相比，盐田河、王母河和大沙河水质有所改善；福田河污染程度明显减轻，茅洲河、深圳河、新洲河和坪山河污染程度有所减轻；西乡河、布吉河、凤塘河、观澜河和龙岗河水质基本保持稳定；皇岗河污染程度有所加重，沙湾河（罗湖）污染程度明显加重。

（四）土壤环境整治

2016 年，深圳市完成了土壤环境质量国控监测点位布设工作，持续开展土壤环境质量监测，近年来共对深圳市 1 514 个土壤点位进行了调查。深圳市对典型饮用水水源地、农用地和工业企业用地开展研究性调查，并以土壤污染防治为主题，召开全市第五次环境形势分析会。深圳市在广东省率先印发《深圳市土壤环境保护和质量提升工作方案》，全面落实国家"土十条"各项要求，结合深圳实际从 9 个方面提出了 40 条具体工作措施，明确了深圳市"十三五"期间土壤环境保护工作的总体要求和工作目标。

为全面贯彻落实国家"土十条"及市"土四十条"相关要求，深圳市全面启动土壤环境质量详细调查工作，摸清土壤环境质量家底，强化土壤环境监测，为开展土壤环境保护和污染防治工作创造了前提。从 2017 年起，深圳市制订区级土壤环境保护和质量提升工作方案，完成 837 家重点行业的企业用地基础信息调查，核实布设国家农用地土壤污染状况调查点位 666 个，布设土壤环境质量监测国控点位 66 个、省控点位 74 个、市控点位30个，初步建立了国家、省、市三级土壤环境质量监测体系。

　　深圳市采取措施全面防控土地污染。一是源头防控农用地土壤污染，推广水肥一体化和测土配方施肥技术，组织农业清洁生产技术培训，开展11个"菜篮子"种植基地农用地灌溉水水质监测。深圳市全年未发生因耕地土壤污染导致农产品质量超标的不良社会影响事件。二是严防工业企业污染，实行排污许可证"一证式"管理，强化涉重金属企业清洁生产审核，加大对土壤环境重点监管企业巡查力度，严防土壤环境安全隐患。全市10家土壤环境重点监管企业签订了土壤污染防治责任书，明确了企业土壤污染防治的目标和责任。三是加强建设用地土壤环境风险防控，制定部门规范，部署应用全国污染地块土壤环境管理信息系统，将土壤环境质量作为城市更新计划审批的前置条件，确保土地用途变更过程中的用地安全。

[第十四章]

低碳试点示范

一、低碳试点工作推进顺利

2014年深圳市积极组织开展深圳市低碳试点示范项目申报工作，从低碳政府机关、低碳企业、低碳城区、低碳园区和低碳社区五个层面开展试点，46家单位踊跃报名参加，涌现出一批典型案例，营造了良好的社会氛围，2014年低碳试点工作资助示范项目清单详见表14-1。

表14-1　　　　　2014年低碳试点工作资助示范项目清单

序号	示范项目名称	建设单位
	企业类	
1	友联船厂（蛇口）有限公司分布式能源系统建设项目	友联船厂（蛇口）有限公司
2	深圳市建筑科学研究院股份有限公司建筑信息化展示平台建设项目	深圳市建筑科学研究院股份有限公司
3	深圳市鹏程电动汽车出租有限公司电动车服务及管理系统建设项目	深圳市鹏程电动汽车出租有限公司
4	深圳创维-RGB电子有限公司生产线升级改造项目	深圳创维-RGB电子有限公司

续表

序号	示范项目名称	建设单位
5	深圳市汉京物业服务有限公司汉京国际大厦绿色升级项目	深圳市汉京物业服务有限公司
6	深圳科能先进储能材料国家工程研究中心有限公司中国储能大厦低碳建设项目	深圳科能先进储能材料国家工程研究中心有限公司
政府机关类		
7	市纪委办公楼绿色升级项目	市机关事务管理局
园区类		
8	深圳数字技术园绿色升级项目	深圳国家高技术产业创新中心
9	中海信创新产业城低碳建设项目	中海信科技开发（深圳）有限公司
10	深圳市百旺信高科技工业园绿色升级项目	深圳市常安物业服务有限公司
社区类		
11	高桥社区低碳社区建设项目	高桥社区工作站

资料来源：根据深圳市发展和改革委员会公示的深圳市低碳试点示范项目名单整理.

二、深圳国际低碳城综合示范效果显现

深圳多年的绿色低碳发展实践，为国际低碳城规划建设、打造低碳发展升级版奠定了良好的基础。2012年深圳国际低碳城作为中欧可持续城镇化合作旗舰项目正式启动。深圳国际低碳城以低碳、智慧为核心理念，通过打造气候友好城市先行区、新型低碳产业集聚区、低碳生活方式引领区、低碳国际合作示范区"四个区"的方式，最终将建设成为国家低碳发展的综合试验区。目前深圳国际低碳城已经进入全面建设阶段。

深圳国际低碳城所在区域生态环境良好，但属于深圳市经济发展相对落后地区，城区建设粗放、基础设施薄弱。深圳国际低碳城努力探索城市

后发区域跨越式低碳发展模式，运用多规协同手段推动产城融合建设，以低碳发展方向引领产业升级转型，利用国际国内两种资源创新市场化的体制机制，为国家新型城镇化建设和低碳绿色发展探路和示范。深圳国际低碳城会展中心鸟瞰图如图14-1所示。

图14-1　深圳国际低碳城会展中心鸟瞰图

资料来源：根据深圳市建筑科学研究院股份有限公司相关资料整理.

深圳国际低碳城建设摒弃大拆大建的思路，尊重现状、就地改造，积极开展生态本地诊断，对现有企业进行全面碳核查；编制低碳城指标体系，对低碳城土地拍卖、项目准入及开发建设实行碳指标控制；建立碳排放监测公共平台，对企业碳排放进行监测、管理、监督、考核；创建社区共享模式，探索开展社区、校区、园区共享公共设施。

2014年，深圳国际低碳城成为全国新型城镇化十大范例之一，并获得由中国国际经济交流中心和美国保尔森基金会共同发起的"2014可持续发展规划项目奖"，成为国内唯一获得该奖项的项目，其低碳发展模式的优势以及可复制性、可推广性获得低碳生态城市（区）规划领域认可。2015年，深圳国际低碳城入选首批国家低碳城（镇）试点，并位居试点8席中的首位。

深圳国际低碳城启动区所在的坪地街道地区生产总值从2013年的65.50亿元增长到2016年的126.30亿元，年均增长25%；工业总产值从2013年的182.37亿元增长到2016年的277.70亿元，年均增长14%；2014—2016年，坪地街道地区的单位GDP碳排放强度下降了27%。实际上，深圳国际低碳城项目自实施以来，坪地街道不仅没有因为低碳城建设和产业转型而导致经济下滑，反而实现了稳定增长。

（一）实施与国际接轨的"SMART"低碳综合创新规划

作为中欧可持续城镇化合作项目，深圳国际低碳城在规划阶段就充分体现了国际低碳、生态城市规划建设的最新理论与技术方法。在控制性详细规划中，深圳国际低碳城建设遵循低碳生态、以人为本、产城融合、平衡利益、面向实施的理念，避免了低碳城规划常见的"技术至上"误区，从碳汇网络、微气候、绿色建筑、绿色市政、低碳交通等角度建立"SMART"低碳规划设计方法，在低碳的空间框架下植入适宜的低碳技术，展现价廉高效的综合减碳方式。规划注重规划管理文件向低碳生态成果的落实，以规划控制单元为平台，建立刚、弹结合的规划指引；规划注重跨学科合作，围绕项目从规划、市政、交通、工程等专项系统集成设计，提高了低碳生态的整体效益。

2013年到2014年，深圳市龙岗区编制完成了《国际低碳城总体发展规划纲要》《1平方公里启动区详细规划》《国际低碳城53平方公里总体发展规划》《深圳国际低碳城空间规划》《深圳国际低碳城核心启动区详细规划》，提出以产城融合的发展路径实现地区跨越发展，为国际低碳城的高标准规划奠定研究基础。地铁3号线东延段已纳入深圳市轨道交通建设规划三期修编，坪西路项目前期策划、横坪路市政化改造和富高路的方案设计、丁山河（二期）改造工程调研报告均已完成，并且开展了启动区一期8条市政道路建设前期工作。丁山河路、汇桥路、塘桥东路、桥乡南路、万维路5条道路的建设工作正式启动。为保障各项重点工程，深圳市同步推进土地整备工作，已经完成土地整备面积约104万平方米，协议金额约12.6亿元。

在建设过程中，深圳国际低碳城完成对重大项目的前期研究，启动了一批具有示范性的重大项目。2013年初，分布式能源项目已经进入项目可研评审阶段。2013年6月，由"深圳国际低碳城能源供应与资源综合利用中心"、"低碳技术示范区"与"国际节能环保产业聚集区"三个子项目构成的节能环保产业园项目完成项目选址，深圳市将借鉴国外先进经验，通过国际合作进行规划建设。2016年10月12日，由深圳市建筑科学院股份有限公司与美国劳伦斯-伯克利国家实验室共同组建的中美低碳建筑与社区创新实验中心开始动工（效果图见图14-2），该项目对绿色建筑研究、绿色建筑技术孵化、产业化推广绿色建筑和社区具有重要作用。

图14-2　中美低碳建筑与社区创新实验中心效果图

资料来源：根据深圳市建筑科学研究院股份有限公司相关资料整理.

（二）采用全面创新工作组织协调机制

深圳市采取1+2+N的创新组织形式，加强统筹协调力度。其中"1"为由市政府成立的深圳国际低碳城规划建设领导小组；"2"为龙岗区政府和市特区建发集团，作为共同开发主体；"N"为市经贸信息委、科技创新委、规划国土委、人居环境委、交通运输委、住房建设局、水务局等相关部门，各部门履行本单位职责，共同推动国际低碳城项目建设。

国际低碳城采取整体规划与滚动开发相结合的模式，充分发挥市场机制的作用，建立开放平台，吸引国内外企业等各类主体聚集，参与低碳城的建设、运营和管理。同时，深圳市探索"市区共建、封闭运作、自我平衡"的模式，土地增值收益全部用于低碳城的开发建设，确保低碳城可持续发展。

（三）提升城市碳汇功能，探索近零碳示范区

深圳市统筹生产、生活、生态三大布局，把握生产空间、生活空间、生态空间的内在联系，实现生产空间集约高效、生活空间宜居适度、生态空间山清水秀。同时，深圳市坚持集约发展，科学划定城市开发边界，明确分梯次开发路径。按照绿色循环低碳的理念规划建设低碳市政设施，深圳市力争将1平方公里启动区建设成为近零碳示范区。

深圳市按照"中心集聚、轴带拓展"的理念合理布局城市功能区，构建"一轴一带、一核三心、十字拓展、组团布局"的空间结构，实现产业、生活和公共服务等不同功能的有机融合，沿轨道交通3号线延长线拓展，建设坪西、教育路车辆段、六联三个TOD中心，串联低碳城综合服务中心，向西连接龙岗中心城，打造城市功能拓展轴，形成职住平衡、功能完善的城市组团，有效降低城市热岛强度，实现城市空间综合减碳。

以建设海绵城市为目标，深圳市加快污水处理设施和污水管网建设，积极开展人工湿地、下凹式绿地、可渗透路面、雨水蓄积、中水回用设施等建设。一方面，深圳市结合新建（改）道路、高压电力通道、供冷（热）管、市政干管走廊等，推动新型建设，统筹和提高地下空间利用效率，探索PPP模式下的绿色低碳基础设施建设路径。另一方面，深圳市加快构建城市碳汇和绿道网络，建设完善的城市绿地系统，提高城市碳汇能力和碳汇质量，基本实现绿道网络全覆盖和无缝对接。

深圳市在1平方公里启动区，构建清洁低碳、安全高效的能源体系，加快降低市政、交通、建筑、产业等领域碳排放，重点推动中美低碳建筑与社区创新中心等净零排放示范项目建设。

（四）构建绿色产业体系

深圳市加快培育低碳新兴产业，推动传统产业低碳转型，扶持低碳制造业和低碳服务业发展。推进产业空间整合，引导产业适度集聚，培育特色鲜明、协同发展、具有国际竞争力的低碳产业集群。到2018年，新兴产业占深圳市地区生产总值的比重达到30%。

积极培育低碳新兴产业。深圳市引进节能环保、航空航天、新能源、生命健康、高端制造、低碳服务业等低碳新兴产业。例如，深圳市加快建设太空科技南方中心、中美低碳建筑与社区创新实验中心、中物功能材料研究院、维示泰克3D打印、中德生命健康谷等一批代表未来战略新兴产业项目；引进和扶持为企业和项目在节能减排等方面提供服务和支持的产业，如合同能源管理、建筑节能设计、节能监测评估等。加快培育低碳技术服务、低碳金融服务和低碳综合管理服务等产业，如碳排放统计、碳标准、碳标识、碳认证、碳交易、碳金融、碳培训教育等。着力孵化培育低碳服务产业链，形成特色和规模。

引导现有产业转型升级。按照绿色低碳标准，深圳市制订了重点行业碳排放控制目标和行动方案，对启动区所有企业和拓展区规模以上工业企业实行碳排放管理，存量企业碳排放水平必须达到相应行业先进水平，重点推动深南电路、盛隆兴、同兴等现有产业项目转型升级。实施产业碳排放准入和退出机制，严格控制高耗能、高排放、高污染产业发展，鼓励企业将传统制造环节有序转出，积极引导企业向工业设计、品牌营销等高附加值、低碳排放的价值链环节转型。

推进重点产业集聚。深圳市推进节能环保产业园、新能源产业园、生命健康产业园、航空航天产业园、低碳服务产业园、智能装备（机器人）制造产业园等六大低碳产业园区建设。六大产业园区预计总投资达到890亿元，形成以"高端引领、创新驱动"为典型特征，覆盖低碳产业研发、设计、生产等多个环节的低碳绿色产业集聚发展格局。

（五）举办国际低碳论坛，打造国家级绿色低碳高端平台

以"绿色发展、循环发展、低碳发展"为方向，将论坛塑造成为国际一流的论坛品牌，努力打造低碳领域全球合作交流平台、宣传绿色低碳发

展成效的国家窗口和服务深圳市绿色低碳发展的重要载体，成为国际化城市低碳建设的新亮点。每年举办的深圳国际生态城论坛，广泛吸引国内外政府机构、国际组织和跨国企业参与进来，成为深圳绿色低碳发展的展示、交流对话和汇聚低碳国际资源的重要平台。

2013年6月17—18日，首届低碳城论坛顺利举办，活动期间共有16个国家（地区）的1 600名国际组织官员、专家学者、企业代表等嘉宾出席，整项活动得到了国家发改委解振华副主任、住建部仇保兴副部长、徐少华常务副省长和市委书记王荣的充分肯定。

截至目前，深圳市已连续举办五届深圳国际低碳城论坛，在海内外产生了较大反响。中国第一个碳市场在这里诞生，全球可再生能源领先技术蓝天奖在这里发布，国家低碳技术展在这里首次呈现。深圳国际低碳城论坛已经成为展示我国积极应对气候变化工作成效的重要窗口，也成为全球低碳领域探讨前沿话题、分享智慧成果、开展务实合作的重要平台。深圳国际低碳城论坛如图14-3所示。

图14-3　深圳国际低碳城论坛

资料来源：根据深圳市建筑科学研究院股份有限公司相关资料整理.

三、光明新区"凤凰城"低碳生态城区建设顺利推进

光明新区于 2007 年 8 月 19 日挂牌成立，是深圳市加快国际化城市建设，完善城市发展布局的重大战略举措。深圳市委市政府赋予新区加快转变经济发展方式、探索城区建设新模式、打造新的区域增长极的重要历史使命。

光明新区以可持续发展和综合竞争力为出发点，立足于深圳市总体发展的全局，提出了将新区打造成为深圳市第一个绿色生态综合示范城区的思路，致力于把新区建设成为立足深圳、服务珠三角的"绿色新城、和谐新城、创业新城"和贯彻落实科学发展观的典范地区。

光明新区在全市范围内最早提出低碳生态发展的理念，并从规划、设计、建造、管理等方面开展了全方位的试点建设工作。目前，新区"绿色规划"和支持政策体系基本形成，绿色建筑已取得示范效应，绿色市政建设正在加快推进，绿色产业集群也在加快发展。

光明新区为全国唯一集七块"国字号"绿色生态招牌于一体的城区，详见表 14-2。

表 14-2　　　　　　　　　光明新区七块"国字号"招牌

序号	授予部门	授予称号	授予年份
1	国家住房和城乡建设部	全国首批"国家绿色建筑示范区"称号	2008 年
2	国家住房和城乡建设部	国家低碳生态试验区	2010 年
3	国家住房和城乡建设部	全国首个"国家低冲击开发雨水综合利用示范区"	2011 年
4	国家住房和城乡建设部	全国首批"国家绿色生态示范城区"	2013 年
5	国家发改委和财政部	"国家循环化改造示范试点园区"	2014 年
6	国家发改委等 11 部委	"国家新型城镇化综合试点地区"	2014 年
7	财政部、国家住房和城乡建设部、水利部	以光明新区凤凰为试点区域，深圳市成功入选第二批"国家海绵城市建设试点城市"	2016 年

（一）绿色低碳理论及政策宏观指导规范新区建设，且不断完善

光明新区高度重视规划设计的源头引导作用，率先开展绿色新城的规划研究工作，先后制定了《深圳市光明新区绿色新城建设纲要和实施方案研究报告》《绿色新城建设行动纲领和行动方案》等纲领性文件，率先出台了《光明新区绿色新城指标体系》。光明新区高起点编制了绿色建筑、综合交通、再生水及雨洪利用、共同管沟、生态建设与环境保护等 40 多个"绿色"专项规划，在《深圳市光明新区再生水及雨洪利用详细规划》等十几项专项规划基础上，开展了《深圳市光明新区绿色建筑示范区建设专项规划》研究工作。

光明新区制定相关政策作为绿色建筑示范区和绿色生态示范城区的建设准则，编制发布了《光明新区绿色建筑示范项目建设管理试行办法》《光明新区全面实施〈深圳市绿色建筑设计导则〉管理办法（试行）》等两个管理文件，特别是 2014 年出台的《深圳市光明新区国家绿色生态示范城区建设管理办法》《深圳市光明新区国家绿色生态示范城区专项资金管理办法》等政策文件，形成更加完善的绿色建筑工程建设全过程行政监管机制，为推进绿色生态城区建设提供了重要政策依据，在全国同类示范城市中也属首创。

光明新区不断完善技术支撑，加强技术指导，启动了《光明新区国家绿色生态示范城区建设运营技术服务》、广东省重大科技专项课题《光明新区门户片区绿色低碳城区建设技术集成与示范》、《落实生态文明，加强推进光明国家低碳生态示范区建设综合调研评价及重点工作研究》等一批重要研究课题。同时，光明新区大胆创新政企合作模式，积极加强技术合作，组织开展了"光明新区国家绿色生态示范城区建设运营技术服务招标"工作，安排技术人员驻现场开展绿色建筑建设目标指导、施工图设计文件抽查、评价标识初审以及竣工验收等环节绿色建筑专项审查，为新区的低碳生态理念落实与技术推广创造了良好条件。

（二）"凤凰城"低碳生态城区建设全面启动

以光明凤凰城片区为试点，以广东省重大课题《光明新区门户片区绿色低碳城区建设技术集成与示范》和《广深港光明站门户区低碳生态及低冲击开发启动示范区详细规划及实施方案》等研究项目为基础，光明新区明确要求光明新城及光明高铁城两个城市综合体、华强创意产业园及光明平板显示园人才住区、中小企业总部基地综合体、光电企业产业加速器及高端人才住房等重点项目达到国家绿色二星级建筑标准，争取实现绿色三星级建筑标准的目标，同时在规划设计中深化慢行交通、绿色景观、生态廊道以及绿地系统等相关绿色生态设计内容。

为了保证整个地区的低碳生态效果，"凤凰城"创新引入总规划制，光明新区聘请专家担任总规划师，全过程参与指导凤凰城的规划建设工作，效果图如图14-4所示。光明新区还与荷兰阿尔梅勒市进行合作，积极筹组光明凤凰城规划发展中外专家咨询委员会，通过组织工作坊、学术研讨交流、评审会、各类考察，策划专题展览，搭建网络公共信息平台等多种方式，借助专业智慧以国际化视野推动凤凰城建设向纵深发展。

图14-4　"凤凰城"低碳生态城区效果图

资料来源：佚名. 深圳光明凤凰城强势崛起，投资超1 000亿元的产业高地正在形成！［EB/OL］. （2017-12-14）. http：//www.sohu.com/a/210548239_675420.

（三）大力促进绿色产业集群发展

光明新区大力促进绿色产业集群发展。以循环经济、自主创新为核心，大力发展新材料、新能源等高端产业、新兴产业，吸引了一批高新技术产业项目、高成长型企业向光明新区聚集，初步形成了平板显示、LED、电子信息、太阳能光伏、生物医药、新材料和优势传统产业的绿色产业集群。

在新区规划的新材料、生物、新能源三大重点发展新兴产业中，新材料产业现有规模以上企业20多家，初步形成以行业领军企业为龙头、横跨新材料细分行业的新材料产业体系，2014年产业累计实现产值约211亿元；生物产业已聚集企业20多家，其中不乏上市公司和行业内领军企业；新能源产业则主要集中在太阳能和储能材料设备生产方面，均已形成以龙头企业为代表的产业组团。

光明高新技术产业园区是深圳市高新技术产业带下最大的片区，是光明新区产业发展的主要聚集区，如图14-5所示。园区规划面积为20.25平方公里。通过实施"园区集聚"战略，光明高新技术产业园区现代产业体系正逐步形成。园区初步形成5大产业集群：以华星光电、旭硝子等为主体的平板显示产业组团；以研祥、普联等为主体的新一代信息技术组团；以拓日新能源、科士达等为主体的太阳能光伏产业组团；以九州光电、普耐光电等为主体的半导体照明（LED）产业组团；以万和制药、雷杜等为主体的生物医药产业组团，其中迈瑞、雷杜等2家企业为上市公司，康泰生物、开立科技、万和制药均为行业内领军企业。

（四）绿色建筑进入规模常态化发展新阶段

作为首批国家绿色生态示范城区之一，光明新区利用激励政策鼓励项目按照高等级绿色建筑实施，新区城建局协同新城办、市规土委光明管理局与重点项目建设单位沟通绿色建筑实施情况。

从2012—2017年年底，光明新区已开工69个项目共490.04万平方米绿色建筑，总投资约219.696亿元。其中，国家绿色建筑一星级项目44个约271.03万平方米；国家绿色建筑二星级项目22个约209.31万平方米；国家绿色建筑三星级项目3个约9.70万平方米，二星及以上建筑面积约219.01万平方米，占绿色建筑总面积比例为44.69%。新区绿色建筑示范项目无论是数量还是分布密度，都位居全国前列。其中一批项目还获得国

图 14-5 光明高新技术产业园区入口处

资料来源: 佚名. 光明新区用循环经济助推新型城镇化发展 [EB/OL]. (2017-09-23). http://news.163.com/14/0918/07/A6DIQSDF00014AED_mobile.html.

家级奖励: 光明招商科技园获称"国家双百示范项目"; 光大环保杜邦太阳能光伏发电工程是国家"金太阳示范工程"项目之一, 年发电量148万千瓦时, 每年减少碳排放量约940吨, 是目前中国南方单个面积最大、容量最大的屋顶光伏电站; 拓日产业园获得国家及广东省可再生能源示范项目等, 集屋顶及幕墙光伏电站、太阳能热水系统、LED照明、风力发电等多项应用技术于一体, 太阳能光伏电站装机年发电量约43万千瓦时。

(五) 低冲击开发雨水综合利用示范效应凸显

2013年12月《光明新区建设项目低冲击开发雨水综合利用规划设计导则 (试行)》被正式印发, 该导则要求在光明新区范围内全面推广低冲击开发理念和技术, 要求新建、改建、扩建建设项目应当配套建设相应规模的低冲击开发雨水综合利用设施。2014年7月, 光明新区发布了《光明新区建设项目低冲击开发雨水综合利用规划设计导则实施办法》, 要求政府各相关部门按职责严格把关, 将低影响开发指标纳入现行行政审批审查机制。

光明新区先后启动26个低冲击开发雨水综合利用示范项目的建设工

作，示范项目类型多样。光明新区低影响开发示范项目无论从数量上还是从分布密度上都位居全国前列。形成了2个实施方案、2个专项规划、1个规划设计导则、1个实施办法和26个示范项目，其中公共建筑项目2个、市政道路项目9个、公园绿地项目6个、水系湿地项目2个、居住小区（保障性住房）项目5个、工业园区项目2个，涉及建筑面积370.57万平方米，道路总长度16.32公里。

光明新区已建成36号及38号道路共约5公里，此外光明新城公园、明湖城市公园湿地、光明新区群众体育中心、公明实验中学初中部、广深港客运专线（光明段）拆迁安置房、光明集团经济适用房光明办事处用地保障性住房、宏发上域花园、招商局光明科技园企业加速器等建筑雨水综合利用示范项目均已建成使用，效益非常明显。36号道路植生滞留槽建设过程如图14-6所示，36号道路植生滞留槽建成后实景图如图14-7所示。

图14-6　36号道路植生滞留槽建设过程图

资料来源：根据深圳市光明区住房和建设局（城市更新局）相关资料整理.

图14-7　36号道路植生滞留槽建成后实景图

资料来源：根据深圳市光明区住房和建设局（城市更新局）相关资料整理.

对36号道路进行效果评估测试，评估人员发现低冲击开发提升了道路的排水防涝能力，使径流系数控制在0.5，中小雨不产生汇流，在4~11mm/h的降雨时，径流总量和峰值削减率最高可达95%和84%，洪峰延迟12~34分钟，污染物削减率超过40%，道路排水能力由2年一遇提升至4年一遇，环境效益明显。

（六）绿色市政和绿化环境整体水平提升

结合新区基础设施建设，全面落实低碳生态要求。已建成和正在建设的光明大道、光侨路等九纵八横17条主干道路，以及30多条支路，都按照绿色道路标准建设，全部采用LED绿色照明系统，公交站亭采用光伏太阳能顶，光侨路部分路段实景图如图14-8所示。

光明新区已建成绿道161公里，基本实现了"把乡野引入城市，把市民送到田园"的目标。大力推进绿道和绿地系统建设。光明新区辖区内5号区域绿道长度约为19公里，南起大水坑水库，北至东莞大屏障森林公园，全部为生态型区域绿道，被列为深圳市4条区域绿道示范段之一。同时，光明新区大力推进新城公园、明湖城市公园等建设，完善城市绿地系统，改善室外环境，新城公园如图14-9所示。

图14-8　光侨路部分路段实景图

资料来源：根据深圳市光明区住房和建设局（城市更新局）相关资料整理.

图14-9　新城公园

资料来源：根据深圳市光明区住房和建设局（城市更新局）相关资料整理.

　　光明新区是深圳市第一个真正意义上实施城市综合管沟工程的区域。高标准规划建设城市主干道综合管沟21公里，其中有8.4公里已建成并投入使用，光侨路交叉口平面交错后逐级坡降如图14-10所示。

图 14-10 光侨路交叉口平面交错后逐级坡降

资料来源：根据深圳市光明区住房和建设局（城市更新局）相关资料整理.

第十五章

碳交易市场

一、构建碳排放权交易市场

深圳率先启动碳交易市场，明确提出要按照市场化、法治化、国际化的方向和要求推动碳市场建设。深圳碳市场经过5年的试点建设与发展，创造了多个全国第一：全国首家碳市场、全国首家碳市场能力建设中心、全国首单"碳债券"、全国首家向境外投资者开放的碳交易平台、全国首个私募碳基金、全国首笔绿色结构性存款、碳市场履约企业数量居国内碳交易试点省市之首、全国首个总成交额突破亿元大关的碳市场等。这些成绩依赖于一系列的制度建设和法制保障。

（一）率先启动碳交易市场

2011年10月29日，国家发展和改革委员会印发了《国家发展改革委办公厅关于开展碳排放权交易试点工作的通知》（发改办气候〔2011〕2601号），同意北京、天津、上海、重庆、湖北、广东及深圳开展碳排放权交易试点。在这7个试点省市中，深圳作为唯一的计划单列市，在筹备碳市场的开始就明确提出要按照市场化、法治化、国际化的方向和要求建设碳市场。

1.立法先行

深圳充分利用特区立法权优势，率先出台地方性法规和政府规章，为推动碳交易试点奠定了坚实的制度基础。2012年10月30日市第五届人民代表大会常务委员会第十八次会议通过了《深圳经济特区碳排放管理若干规定》(以下简称《若干规定》),这是我国首部专门规范碳排放和碳交易的地方性法规,被全球立法者联盟评为当年全球气候变化立法九大亮点之一。《若干规定》明确了碳排放管控制度、配额管理制度、碳排放抵消制度、碳排放交易制度、碳排放报告核查制度和惩罚制度六大重要制度。碳排放权交易在我国是一项全新的事物,此前尚未有相应的法律法规进行规范。尽管《若干规定》作为地方性法规,对深圳市碳排放权交易试点工作作出纲领性和概括性规定,但碳排放权交易试点工作仍然需要更为详细和具体的法律法规进行明确和规范。

为保障深圳市碳排放权交易试点的正常开展和规范运行,2014年3月深圳市政府出台了《深圳市碳排放权交易管理暂行办法》(以下简称《管理办法》),该办法的篇幅之长和规定之细居各试点碳交易管理办法之首。《管理办法》明确了碳排放权交易试点涉及的各项要素,包括总量设置、配额分配、数据量化报告与核查、注册登记、交易与履约等内容;明确了碳排放权交易试点各类主体,如政府主管部门、减排企业、市场投资者、交易场所、市场服务机构等的各项职责权利;规范了碳排放权交易市场的运行、管理和监督行为。《若干规定》和《管理办法》为深圳碳市场的建立和平稳有序运行保驾护航。

2.上线交易

在深圳市委市政府的高度重视下,经过多方共同努力,深圳碳交易市场于2013年6月18日正式启动,启动仪式如图15-1所示。深圳成为全国最早正式启动碳交易市场的试点城市,也是全球发展中国家第一个开展配额交易的碳市场。上线交易第一天,深圳碳排放权交易就完成了8笔,成交21 112吨碳配额。[①]

---

① 赵磊. 七试点地区碳交易平台或将年底全部上线[EB/OL]. (2013-10-09). http://www.cerx.cn/lnews/1728.htm.

图 15-1　深圳碳排放权交易启动仪式现场图

资料来源：根据深圳排放权交易所相关资料整理.

　　经过4年多的运作，深圳市已将最初的636家重点工业企业和197栋大型公共建筑纳入碳排放管控范围，初步建成多层次的碳交易市场。交易所内每天不断刷新的成交记录，被视为深圳践行绿色低碳发展观的重要标志。

　　在2016年度碳排放权交易启动工作中，新增了一批管控单位，除了早期的制造业、水、电、气行业外，还增加了深圳巴士集团股份有限公司、深圳市地铁集团有限公司、深圳市机场（集团）有限公司、赤湾集装箱码头有限公司等交通运输企业，以及金蝶软件（中国）有限公司、深圳市中金岭南科技有限公司、康佳集团股份有限公司、长安标致雪铁龙汽车有限公司等246家重点企业。

　　根据深圳排放权交易所提供的数据：截至2017年6月30日，深圳排放权交易所会员总数达到 2 252 家，其中纳入深圳碳市场的管控单位数量达到 824 家、建筑物业主单位 197 家、个人投资者 1 010 个、公益会员 170 家，此外，还有经纪会员、托管会员和机构投资者。

（二）创新碳交易框架机制

深圳碳市场率先运行，并成为全球发展中国家的第一个碳交易市场，首先得益于市委市政府经济发展理念的转变与大胆创新精神，特别是在碳排放权交易体系设计的理念、要素和措施等方面，深圳逐步探索出一系列具有创新性和突破性的做法，对建立全国碳交易体系和全球发展中国家开展碳交易具有重要的借鉴作用和推广意义。

1. 开创总量与强度双控模式

由于深圳没有钢铁、化工、水泥等高耗能、高污染、高排放行业，以高技术产业、战略性新兴产业和现代服务业为主的较低能耗、低排放产业特征决定了深圳碳交易体系采用碳总量和碳强度的双重控制模式。一方面，深圳根据经济发展情况为纳入碳交易体系的管控单位设置碳排放总量；另一方面，深圳根据管控单位及其行业的历史碳排放强度为每个行业和管控单位设定碳排放强度目标，并根据实际生产情况对每个管控单位的配额进行调整。深圳碳市场同时规定，配额调整中的新增配额不超过扣减配额，保证了碳排放总量不会因为配额调整被突破。这种双重控制模式既符合了碳交易"总量控制"的要求，又适应了深圳现有管控单位不断发展成长的需要。

2. 创新配额分配机制

深圳纳入碳交易的管控单位不仅数量多，而且行业类型和产品复杂多样，涵盖了国家 39 类工业行业中的 26 个行业类产品，如何科学、合理、公平、公正地分配碳配额是深圳建立碳市场面临的最大挑战。基于复杂独特的产业特点，深圳创造性地提出了基于有限理性重复博弈理论的碳配额分配机制，并开发了博弈软件。该方法将子行业类型、产品类型、规模类型近似的企业分成组别，政府对不同组别的企业先行根据对子行业的碳强度目标设定配额数量上限，再要求同一组别的企业通过博弈软件同时上报碳排放量以及工业增加值目标，再由博弈软件根据企业上报的数据按照规则进行配额分配。该方法有效地解决了不完全信息条件下政府主管部门无法获得单个企业碳强度目标的问题，提高了企业在配额分配过程中的参与程度，极大地提高了配额分配的效率。同时，利用电子化配额分配软件有效地避免了配额分配过程中的人为干预，防止可能出现的权力寻租等不当行为。

3.建立市场调节机制

为稳定碳市场价格水平，激励管控单位深度减排，深圳大胆创新，建立了相对完善的市场调节机制，主要包括配额固定价格出售机制和配额回购机制。这两种机制一方面强调以温和的市场方式调控市场，避免了对碳市场的强冲击；另一方面由于对这两种机制设定了相应的调控限制，例如调控的力度、频率、对象等，从而防止政府无限制干预市场，导致市场失灵。

4.保障和激励碳市场创新

通过借鉴国际碳市场的发展经验，深圳碳市场早在设计过程中已经为碳市场创新创造条件。《若干规定》鼓励机构和个人参与碳交易，《管理办法》规定配额可以通过转让、质押以及以其他合法方式取得收益等，更是为碳市场创新奠定了法律基础。目前，深圳碳市场已经基于现货开发了碳质押、碳债券、碳基金、碳配额托管等在内的碳金融产品和服务，帮助企业利用碳资产进行融资，同时为投资者提供多样化的投资渠道，充分发挥碳资产作为金融资产的功能和价值。

（三）碳市场运行高效活跃

深圳碳市场在7个试点省市中，是碳配额总量最小、纳入碳交易市场的管控单位最多、碳交易活跃度最高的市场。

1.企业履约率高

深圳在履约前期严格执行了法律规定，坚持履约日期不调整，充分利用媒体渠道宣传相关法律、公开违约执法流程，彻底打消了部分管控单位的观望态度和消极思想，有效地保障了深圳首年度的履约，成为国内仅有的两个没有推迟履约的试点地区之一。开展试点以来，深圳碳排放管控单位的年度碳排放履约率一直较高。

根据深圳排放权交易所提供的数据：在2014年首次履约期间，深圳碳排放管控单位的履约率即达99.4%[1]。2015年第二次履约时，履约率达到99.69%。2016年违约单位的数量只有1家，完成率为99.84%。2017年的履约率为99%，履约的管控单位数量居各试点省市之首，已经接近国际成熟碳市场的履约率。

2.市场交易活跃

2013—2015年间，深圳市政府根据深圳产业结构特点每年给企业分配3 000万吨碳排放配额，这个额度相对于全国其他6个试点省市来说是最小的，仅占2.5%，虽然配额规模小，但从另一个角度也说明深圳企业排放量小，产业结构轻，绿色程度高。虽然配额规模小，但深圳碳市场活跃度和流动性在全国领先。

截至2018年6月7日，深圳碳市场总成交量超3 500万吨，总成交额为10.81亿元，分别占7个试点碳市场的15.5%和23.38%，深圳累计成交额在7个试点碳市场中居第二位，仅次于湖北省。

3.MRV机制完善

在MRV规范和指南的制定方面，深圳以ISO14064-1：2006《组织层次上对温室气体排放和清除的量化与报告的规范及指南》和《温室气体议定书：企业核算与报告准则》为基础，结合深圳的实际情况，编制并以地方标准形式出台了《组织的温室气体排放量化和报告规范及指南》（SZDB/Z 69-2012）和《组织的温室气体排放核查规范及指南》（SZDB/Z70-2012），规范了组织层面温室气体量化、报告和核查的原则与要求。针对建筑和交通运输领域，深圳出台了《建筑物温室气体排放的量化和报告规范及指南》（试行）、《建筑物温室气体排放的核查规范及指南》（试行）和《公交、出租车企业温室气体排放量化和报告规范及指南》（SZDB/Z141-2015），对建筑物运行中和不同类型交通运输企业的温室气体排放的量化、报告和核查进行了规定。此外，深圳还建立了第三方核查

---

[1]　大部分违约企业由于在首次履约中对相关流程并不熟悉，在履约期后两个月内也都大多完成了履约。

机制，对核查机构和核查员进行规范管理，出台了《深圳市碳排放权交易核查机构及核查员管理暂行办法》。

4.有效交易日多

开展试点以来，深圳碳市场每年的有效交易日均在200天以上，2014—2016年有效交易日分别为：237天、238天、226天；2017年上半年有效交易日达117天。碳市场平均价格保持在40元/吨左右，居7个试点市场首位，详见表15-1。深圳碳交易体系的市场功能初步发挥，形成了相对完整的价格曲线，为交易主体提供了有效的决策信息。

表15-1　2013—2017年上半年深圳碳市场有效交易日与交易价格

年　份	2013年	2014年	2015年	2016年	2017年上半年
有效交易日（天）	90	237	238	226	117
交易价格变动区间，为最低价至最高价（元）	28~143.99	21~93.5	21.04~57.98	14.27~56	14.25~51.76

资料来源：数据由深圳排放权交易所提供.

（四）市场化减排效果明显

1.实现了碳排放总量和碳强度的"双降"

深圳在首个履约年成功实现了碳排放总量和碳强度的双重下降。开展碳交易的635家管控单位在首个履约年的碳排放总量相较2010年下降了375万吨，下降幅度为11.5%；同时，万元工业增加值碳强度较2010年下降33.5%。2015年管控单位的碳排放绝对量较2010年下降了531万吨，碳强度下降率高达41.8%，远超"十二五"期间国家下达给深圳的21%的下降目标。同期，635家管控单位于2013年的工业增加值比2010年增加了1 051亿元，上升幅度为42.6%，2015年比2010年增加了1 484亿元，增幅达54.7%，详见表15-2。

实践证明，管控单位在保持经济增长的同时，实现了单位产出碳排放水平更快速地下降，有效控制了经济增长驱动下工业能源消耗和碳排放上升的势头，促进了深圳绿色低碳发展。

表15-2　　　　　　　　深圳碳市场减排效果

年　份	碳排放下降量 （万吨）	单位工业增加值碳 强度下降（%）	工业增加值增加量 （亿元）	增长幅度 （%）
2013年	375	33.5	1 051	42.6
2015年	531	41.8	1 484	54.7

资料来源：数据由深圳排放权交易所提供.

2.制造业达峰值，有力促进了深圳市碳减排工作

深圳制造业在全市各领域中率先达到碳排放峰值，经过3年碳交易市场运行，制造业碳排放总量和碳强度实现了持续稳定下降，其排放量占全市碳排放的比重也从2010年的37%下降到2015年的26%。通信设备、计算机及其他电子设备制造业的碳排放占比下降，但增加值占比显著上升；机械、设备、仪表制造和有色金属压延业的碳排放占比基本不变，增加值占比小幅下降；塑胶、橡胶、金属和非金属制造和压延业的碳排放占比上升，但增加值占比小幅下降；造纸、印刷和化学制品制造业，文教体育用品和家具制造业，食品、饮料、农副产品制造业等的碳排放和增加值占比均呈现下降趋势。总体上，制造业内部低碳强度、低能耗行业占比上升，推动制造业达峰后碳排放总量和碳强度稳定下降，实现了经济增长与碳排放量的绝对脱钩。

3."深圳蓝"更加靓丽

从碳交易市场启动的2013年到2016年，深圳的PM2.5由40微克/立方米下降到27微克/立方米，如图15-2所示。深圳连续多年在地区生产总值排名前20位的城市中空气质量位居第一，实现了经济效益和生态效益"双提升"。

由此可见，碳市场在推动深圳经济发展方式转变、能源结构优化、节能减排、加快城市碳排放达峰等方面发挥了重要作用。

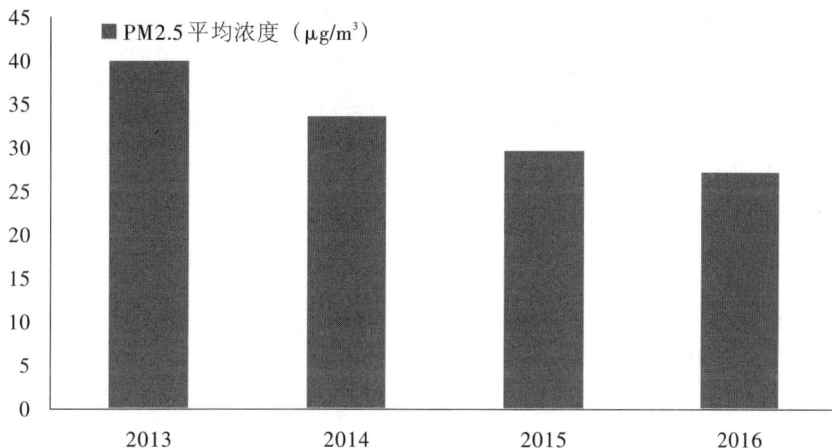

图15-2　2013—2016年深圳市PM2.5平均浓度

资料来源：根据2013—2016年度深圳市环境状况公报整理.

二、碳金融创新

雄厚的金融产业和开放、创新的精神为深圳发展碳金融奠定了坚实基础，使深圳在碳金融创新方面领先全国。深圳碳金融主要围绕配额和CCER等碳资产，以及与低碳相关的项目融资等方面。截至目前，深圳成功发行国内首只碳债券，支持发起国内首只碳基金，推出碳配额质押、跨境碳金融交易产品，以及绿色结构性存款产品，一系列碳金融服务产品发挥了资本杠杆的放大效应，极大地活跃了深圳的碳排放交易市场。

（一）创新多个碳金融第一

1.成功发行国内首只碳债券

2014年5月，深圳排放权交易所与浦发银行、国家开发银行、中广核财务公司合作，为中广核风电公司成功发行国内首只碳债券"中广核风电附加碳收益中期票据"，成为我国碳金融市场的破冰之举。

在银行间市场引入跨市场要素产品的债券组合创新，对于包括CCER交易市场在内的新型虚拟交易市场有扩容的作用，提高了金融市场对碳资产和碳市场的认知度与接受度，其推广和大规模发行将有利于发挥金融体系和资本市场在促进经济向低碳转型中的作用。

2.成为世界银行国际金融公司国内首个碳交易合作伙伴

2014年4月22日，深圳排放权交易所成为世界银行国际金融公司（IFC）在中国首个战略协作伙伴，IFC将与交易所共同探索和开发创新性碳排放权交易产品，为深圳建设可持续发展的碳交易市场和碳交易金融中心构建核心竞争力。深圳市政府认为本次合作对深圳碳市场的发展意义重大，"标志着深圳碳市场的发展将跃上一个新的高度，向着更丰富、更成熟和潜力更为巨大的碳金融市场迈进"。

3.推出国内首笔绿色结构性存款业务

2014年11月27日，深圳排放权交易所、兴业银行深圳分行和华能碳资产管理公司联合推出国内首笔绿色结构性存款业务。绿色结构性存款主要面向深圳碳排放权市场的参与企业，根据企业配额管理、资金收益等要求，在原有理财或结构性存款产品的基础上，引入第三方碳资产运营管理机制，在产品到期日提供多样化的支付结构选择，为企业提供更加灵活的资产管理方案。此款产品是国内碳金融服务领域的又一创新，揭开了国内定向存款制度、投资存款制度、存款收益协商制度发展的序幕。惠科电子（深圳）有限公司通过认购兴业银行深圳分行发行的绿色结构性存款，在获得常规存款利息收益的同时，在结构性存款到期日，将获得不低于1 000吨的碳排放权配额。

4.成功完成国内单笔最大的碳交易、国内首单跨境碳资产回购交易

由深圳能源集团股份有限公司控股的妈湾电力有限公司和BP公司在深圳排放权交易所成功完成国内首单跨境碳资产回购交易业务，交易标的为400万吨配额，交易额达到亿元人民币规模，同时也是全国试点碳市场启动3年以来最大的单笔碳交易。此次跨境碳资产回购业务的落地，是深圳碳金融创新服务实体经济的实践典范，开创了境外投资者运用外汇或跨境人民币参与中国碳排放权回购交易的先河，为深圳以及未来全国碳市场注入了新的活力。

5.成立国内首只私募碳基金

2014年10月11日，深圳诞生国内首只私募碳基金"嘉碳开元基

金"。该基金主要开展标准化碳资产开发业务和碳排放权交易业务。私募碳基金的出现，进一步丰富了深圳碳金融业务以及引导民间资金投资流向。

（二）推出多个碳金融新业务与新产品

1.成功推出碳配额质押业务

碳配额质押业务是深圳排放权交易所和合作银行即将共同推出的最新碳资产融资业务，目前各项业务规则和流程已经就绪。管控单位通过碳配额质押，可以更加灵活地管理碳资产，提前变现，增强配额在管控单位资产中的地位，激励管控单位提升碳资产管理水平和温室气体减排力度。

作为承担碳金融创新使命的深圳前海要素交易平台，深圳排放权交易所为其机构会员——广东南粤银行和深圳市富能新能源科技有限公司推介并撮合成功全国首单碳配额并以此开展单一质押品的贷款业务。交易所受主管部门的授权为双方提供了质押见证服务，出具了《配额所有权证明》和《深圳市碳排放权交易市场价格预分析报告》。作为深圳碳交易的主管部门，深圳市发展和改革委员会在2015年11月2日受理了深圳市富能新能源科技有限公司碳排放配额质押登记的申请。南粤银行深圳分行对富能提供了5 000万元人民币的贷款额度，成为国内碳金融领域的一大创新。

2.积极推进绿色债券业务

深圳排放权交易所通过整合券商、银行、会计师事务所、律师事务所、评估机构等合作伙伴的专业团队，在绿色气候债券领域积极探索，现已取得阶段性的突破。深圳排放权交易所在主管部门的支持下开展绿色债券政策研究；与证券和银行合作，主导设计附加碳收益的绿色债券，并向企业推介绿色债券；帮助企业向地方政府（深圳市发改委、前海管理局等）申请绿色债券的政策支持，如贴息政策等；协助企业申请绿色债券的认证，发挥贴标绿色债券的营销效益。

3.成功推出"绿商汇"创新型低碳金融产品

2016年6月17日，深圳排放权交易所在第四届深圳国际低碳城论坛碳交易分论坛上推出了"绿商汇"创新型低碳金融产品。"绿商汇"创新型低碳金融产品致力于打造集碳资产担保与融资、碳资产管理以及碳盈余和CCER项目的开发与投资三个服务版块为一体的全方位、链条式、个性化综合服务方案。围绕这三个服务版块，深圳市汇碳金融服务有限公司（简称汇碳金融）通过整合各方资源，奠定了银企合作、政企合作的坚实基础。

"绿商汇"创新型低碳金融产品的推出是深圳碳金融领域的一个创新，其多元化的方式和便利的融资、担保机制，将促使资本快速进入企业的绿色低碳项目，有利于先进节能技术获得应用；利用市场化手段促进企业产生碳盈余，同时提供碳资产管理一站式综合服务，助力能耗企业产业结构转型与升级。

4.成功推出国内首款互联网碳金融产品——配额宝

互联网碳金融是碳金融与互联网技术相结合的新兴领域。依托大数据和云计算在开放的互联网平台上形成的功能化金融业态及其服务体系，将线下碳交易延伸到线上，具有普惠化、平台化和信息化的特点。

作为深圳排放权交易所的战略合作伙伴，汇碳金融凭借在互联网金融以及碳资产管理领域积累的专业优势，在深圳排放权交易所的支持下推出了国内首款互联网碳金融产品——配额宝，致力于为控排企业推进节能减排提供高效的资金解决方案。配额宝是一款创新型的碳配额质押融资产品，其服务的融资对象是具有融资需求的控排企业，质押物为企业持有的碳配额，其风控措施为通过排放权交易所的碳配额回购业务实现碳配额质押，所使用的融资平台则是汇碳金融建设和运营的互联网金融平台。该产品可以有效地帮助控排企业盘活碳资产，降低企业授信门槛，解决节能减排项目担保难、融资难的问题，促进碳交易的活跃，推动碳市场和碳金融的共同繁荣。

5.积极筹备合同能源管理项目收益权挂牌交易产品

深圳积极将节能减排与金融领域结合，引导更多的资金进入节能减排领域，推动碳市场的发展。深圳排放权交易所与基金管理公司、节能公司合作，将节能公司优质的节能服务合同（或能源管理合同，简称EMC）开发成为收益权挂牌交易产品，促进能源管理项目收益权的流动，推动节能服务产业的发展。

三、碳价与碳交易市场发展

全国碳市场的建立运行开启了我国低碳减排的新阶段，这意味着过去5年，实现了从碳排放权交易试点到全国性市场建设的第一阶段目标。碳市场运行的实践显示，大中型城市是我国碳减排工作的重点，也是我国环境生态保护的重点空间领域。因此，在全国碳市场建立后，即使7个试点市场在客观上已经成为区域市场，还是会在全国碳市场发展过程中继续发挥重点省市碳市场的作用。

目前，深圳碳市场的流动性与价格整体运行良好，但也存在问题。由于试点时间紧、任务重，试点阶段主要政策出台后配套规则的制定相对滞后。深圳在主要政策的制定和出台方面走在试点前列，如《若干规定》和《管理办法》。但《管理办法》要求的配额拍卖、价格平抑储备配额、配额回购、稳定调节资金等配套管理办法尚未出台，尤其是配额拍卖管理办法亟待制定。配额拍卖影响市场供应，对管控单位和市场参与者预测市场价格走向有着重要作用。

（一）现阶段深圳碳市场的特点

1.深圳碳市场良好的设计基础

深圳碳市场作为一个小型的碳排放权交易试点市场，能够取得不俗的成绩与其机制设计有明显的关系。在机制设计中，深圳不仅参考了国际经验，同时推出符合深圳情况的创新。具体来说，一是综合考虑了供给端与需求端因素对碳排放的影响，以直接排放推动能源结构转型，以间接排放推动生产结构升级，由此形成了一个相对较紧的配额供给市场。二是在机制设计时汲取欧盟的经验教训，设立了预分配和履约核查确认制度。三是允许配额跨期使用和交易。四是建立了多元完善的碳排放监测核算/报告/核查（MRV）体系，有效地防止了变相扩大配额供给的市场扩张冲动。深圳碳市场与国际碳市场的对比详见表15-3。

表 15-3　　　　　　　　深圳碳市场与国际碳市场的对比

基本要素	深圳碳交易体系	欧盟碳交易体系	加利福尼亚州碳交易体系
总量控制	绝对总量和相对总量控制	绝对总量控制	绝对总量控制
纳入气体	CO_2	CO_2、N_2O、PFCs	CO_2、CH_4、N_2O、SF_6、HFCs、PHCs、NF_3
主要管控行业	工业制造业、发电企业、大型公共建筑、移动排放源	发电业、非电力工业企业、商业民航	工业制造业、配电行业、燃料/能源供应商
纳入门槛	3 000 tCO_{2e}	25 000 tCO_{2e}	25 000 tCO_{2e}
交通管控	移动排放源管控	航空排放管控	上游能源供应商管控
配额分配	1.逐年分配； 2.基准线法； 3.竞争性博弈法	1.除8个国家的电力企业外实行拍卖分配； 2.非电力工业企业以基准线法分配，免费配额比例逐年下降	1.一个履约期包含3年，3年配额同时发放； 2.历史法； 3.基准线法
履约要求	逐年履约	逐年履约	3年履约，前2年每年履约3年配额的30%，最后1年完成履约要求
市场调控	1.拍卖机制； 2.价格平抑储备配额； 3.配额回购机制	1."折量拍卖"； 2.结构性改革，建立"市场稳定储配"	1.拍卖机制； 2.价格平抑储备配额
MRV机制	1.公布了全行业的量化、报告、核查指南； 2.按层级报送； 3.报送碳排放报告和统计指标报告； 4.碳排放报告报送季度和年度报告	1.EU ETS通过关于监测报告温室气体排放的指导方针，各成员国根据方针制定本国的MRV程序； 2.2007年和2012年进行调整； 3.具体程序可根据设施大小调整	1.核查机构认可机制； 2.企业核查频率不同，视排放量定； 3.核查机构与同一家企业只可合作4年，避免核查机构与企业的利益冲突； 4.决定权归属空气资源管理委员会

基本要素	深圳碳交易体系	欧盟碳交易体系	加利福尼亚州碳交易体系
抵消机制	1.允许中国核证减排量CCER； 2.10%的排放量抵消额度	1.允许CDM项目和JI项目产生的减排量； 2.第二阶段获得免费配额的企业，2008—2020年可以使用不高于2008—2012年期间允许使用的信用数量或者2008—2012年期间分得的免费配额数量的11%； 3.第三阶段新纳入的企业，2008—2020年期间可以使用2013—2020年排放量的4.5%； 4.第三阶段有新增设施的企业，2008—2020年可以使用不高于2008—2012年期间允许使用的信用数量或者2008—2012年期间分得的免费配额数量的11%或2013—2020年排放量的4.5%； 5.航空企业2013—2020年期间可以使用排放量的1.5%	1.允许8%的排放量抵消额度，允许美国、加拿大和墨西哥相关减排项目和前期减排额度； 2.承认早期活动抵消额度； 3.承认基于行业的抵消额度，前两个履约期抵消限制为抵消额度总量的1/4，即2%，后期履约期抵消限制为4%
违约处罚	1.超出的配额以市价的3倍罚款； 2.提供给企业社会信用管理机构和金融系统征信信息管理机构； 3.取消政府财政资助； 4.对社会公开未履约企业名单	1.第一阶段每吨40欧元罚款； 2.第二阶段每吨100欧元罚款； 3.第三阶段每吨100欧元罚款，"点名批评"并要求补齐	1.超出配额的4倍配额罚款； 2.延期履行处罚超过30天对超出部分的每份配额进行每45天25 000美元的罚款

2.深圳碳市场稳步运行

（1）成交额居全国之首，平均碳价居全国第二

2018年6月7日，深圳碳排放权二级市场配额成交额突破10亿元，标志着深圳碳市场率先迈入10亿元俱乐部。截至2018年7月25日，深圳碳市场累计成交额达10.91亿元，累计成交量为3 572.82万吨，在全国7个碳交易试点省市中排名第一。从平均成交价格来看，北京地区最高，上海、深圳等地紧随其后。图15-3展示了深圳碳市场从建立期初至2018年8月初的碳价和成交额情况。从中可以看出，在碳市场建立初期，碳价波动比较大：从2013年8月初的40元/吨很快飙升至90元/吨，甚至于2013年10月，加权平均碳价超过了122元/吨，达到了深圳甚至全国所有碳市场迄今为止的最高价。在碳市场建立的第一年里，碳价的飙升可能是因为碳市场在中国属于新鲜事物，不乏投机者的炒作抬升，随后市场渐渐理性。在CCER可用于履约之前的一年，深圳碳价的平均值约为70元/吨，可以认为这是深圳碳价的合理值。随后，由于实际每年配额的发放量超出企业的实际碳排放量以及CCER的引入，导致深圳碳价持续下跌。总体来看，深圳碳市场平均价格位居7个试点碳市场的第二位。

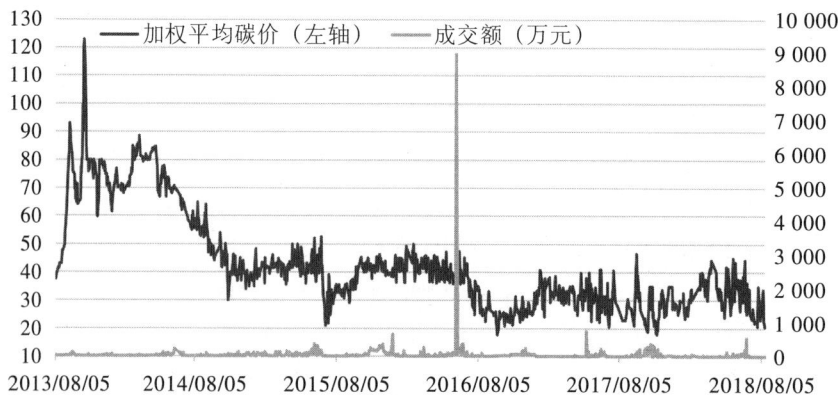

图15-3　深圳碳排放权二级市场加权平均价格和成交额

（注：这里的价格是按每个交易日的成交量加权平均后的成交价格。）

（2）深圳碳市场是交易最活跃、流动性最好的碳市场

深圳碳市场建立至今成绩显著。先来看CCER引入之前的碳市场运行情况。在碳市场建立的第一年，纳入深圳碳交易体系的635家工业企业温室气体排放量较基期下降了370万吨，下降幅度约为11％；与此同时，制造业企业工业增加值增长792亿元，增长率为29％，使得万元工业增加值CO_2排放强度较基期下降了0.13吨/万元，下降幅度达到23％，超额完成了深圳"十二五"规划年均碳强度减排目标要求。

尽管深圳碳市场在全国7个碳交易试点省市中的市场配额规模最小，却是交易最活跃、流动性最好的碳市场。如图15-4所示，2013—2016年度深圳碳排放权配额流转率分别为5.23％、8.53％、11.99％和16.10％，连续4年在全国碳市场拔得头筹。深圳碳市场以占全国碳试点市场2.5％的配额规模，实现了全国碳试点市场15.5％的交易量和23.38％的交易额。

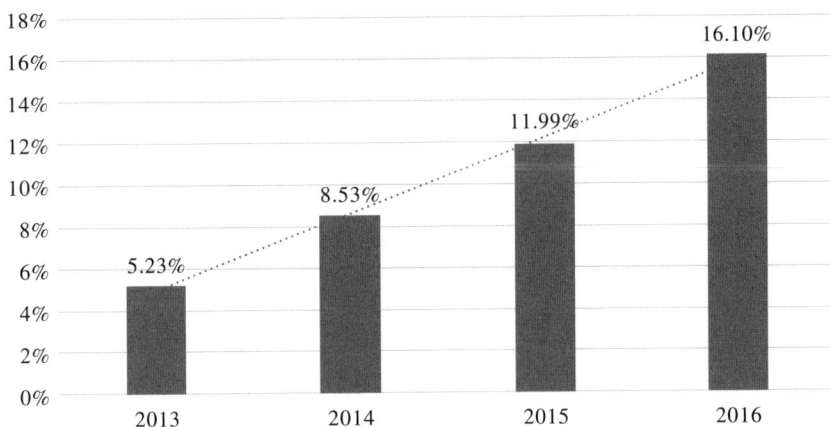

图15-4　碳排放权配额流转率

（二）深圳碳市场的不足之处

深圳碳市场作为全国最早建立、流动性最好的碳市场，取得了骄人的成绩。但是，与EU ETS碳市场和RGGI碳市场相比，深圳碳市场还存在碳价过低和市场有效性不足等问题。

1.碳价呈现走低趋势，不能充分反映边际减排成本

目前深圳的平均碳价不超过 50 元/吨，这远远低于广东省测算的二氧化碳减排成本 3 000 元/吨。[①②]深圳碳市场建立 5 年以来，碳价呈现逐渐走低趋势，对平均碳价进行 HP 滤波分解看得更清晰。如图 15-5 所示，HP滤波分解后的碳价趋势项，在 2013 年达到最高值约 85 元/吨，在 2014 年之后碳价趋势项下跌，2017—2018 年虽然有小幅反弹，但很快又从 35 元/吨下跌到 25 元/吨。

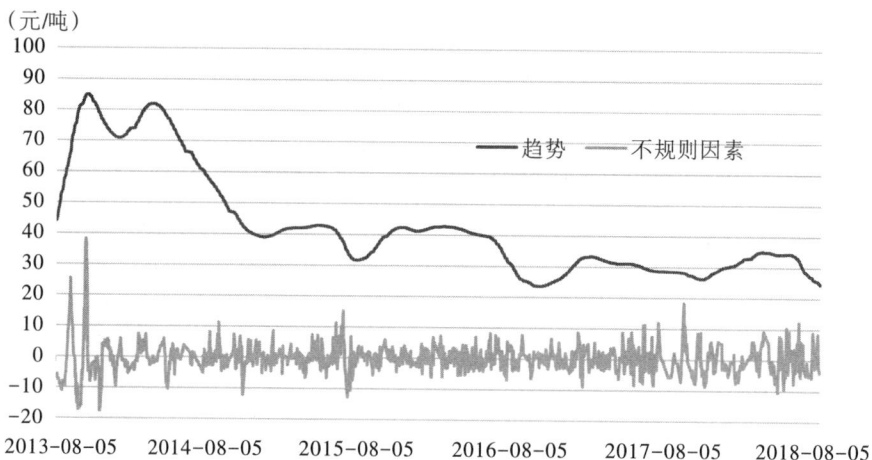

图 15-5　深圳碳价的 HP 滤波分解

2.只有减少配额供给量才能有效提升碳价

EU ETS 和 RGGI 等都较早实行了拍卖制度，在碳市场实现价格发现功能的过程中起着重要作用。由于 EU ETS 市场覆盖了众多国家，分别在不同的拍卖平台上轮流进行拍卖，也即 EU ETS 拍卖较频繁，是验证拍卖制作用的较好的研究对象，所以，下面主要以 EU ETS 市场为例来研究拍卖

---

① 高鹏飞,陈文颖,何建坤.中国的二氧化碳边际减排成本[J].清华大学学报(自然科学版),2004,44(9):1192-1195.

② 陈德湖,潘英超,武春友.中国二氧化碳的边际减排成本与区域差异研究[J].中国人口资源与环境,2016,26(10):86-93.

制和配额供给量减少对碳价的影响。从图15-6可以看出，二级市场的价格都落在拍卖的最高出价和最低出价之间，同时，EU ETS的二级市场价格更加接近拍卖的最高价，这说明最终拍得碳配额的买方不可能在二级市场上卖出获得太多套利，拍卖价格与二级市场交易价格趋于统一。由于二级市场的参与方更加多元化，日常交易量也更大，也即二级市场的流动性更好，因此价格发现的过程主要发生在二级市场上。为了检验拍卖价格与二级市场交易价格的相互作用，接下来，我们基于VEC模型对EU ETS市场上这两个价格的关系进行了分析。

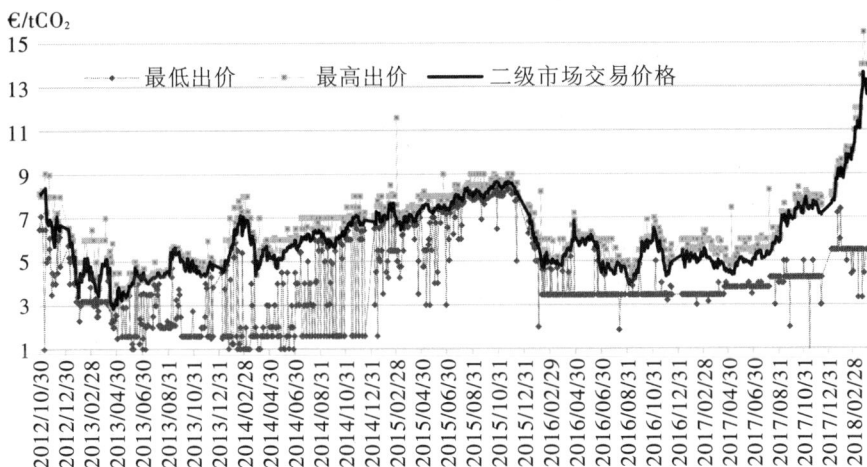

图15-6　EU ETS市场拍卖出价和二级市场交易价格

　　通过VEC模型的分析可以发现，EU ETS拍卖价格与二级市场交易价格之间具有协整关系，而且它们互为格兰杰因果关系。从图15-7的脉冲响应函数可以看出，滞后两期（即两个交易日）的拍卖价格对二级市场交易价格具有正向冲击，效应约为0.1，这个效应比二级市场交易价格对拍卖价格的影响小很多。由此至少可以得到两个结论：（1）二级市场是价格发现的主要场所，流动性对价格发现至关重要，所以，拍卖应当发挥增强而不是扭曲二级市场的作用。（2）拍卖并不是二级市场碳价上升的主要原因，前期的二级市场碳价对之后的拍卖价格有较大影响，而拍卖价格对二级市场交易价格的影响要小很多。

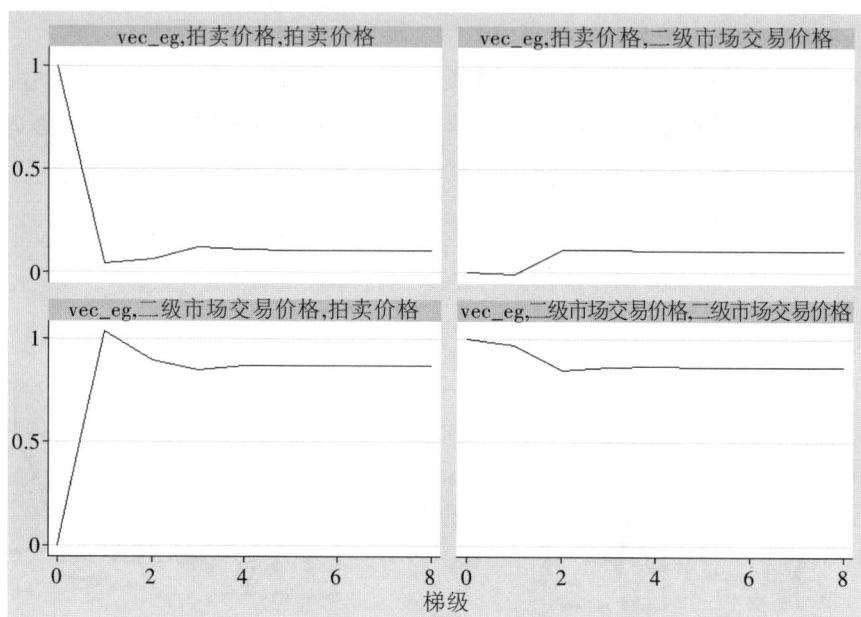

图 15-7　　EU ETS 拍卖价格与二级市场交易价格的关系分析（基于 VEC 模型）

3.深圳碳配额供给量减少对碳价影响的预测

深圳碳市场建立之初的半年时间里，碳价经历了从 40 元左右大幅上升到 120 元左右的增长期，之后开始进入较平稳的时期。2014 年的配额供给量超过了企业的实际碳排放量，而且 CCER 履约用量约为 100 万吨，导致了碳价在 2014 年一季度之后的下降。如果排除配额供给量超出实际需求量以及碳市场建立之初的炒作等因素，可以认为深圳碳价的合理水平为 70 元/吨左右（如图 15-8 所示）。

根据配额供给量和市场的实际需求量，再考虑到投资者的情绪，可以分析配额的超额供给对均衡碳价的影响（造成碳价下降幅度的分析），也可以运用同样的原理分析将来配额供给的减少对碳价可能造成的影响

（元/吨）

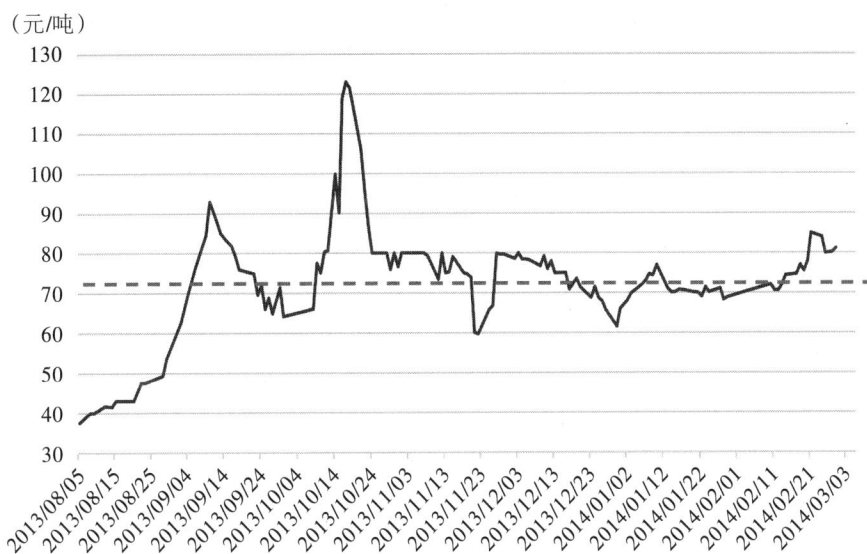

图15-8　深圳碳市场建立期初的碳价情况

（造成的碳价上升幅度的分析）。本部分使用供给需求的分析框架以及时间
序列模型相结合的方法预测未来一年深圳碳配额净供给减少100万吨对碳
价的提升效果。另外，投资者情绪和预期导致的需求曲线的移动，会使得
价格上升（或者下降）较大幅度，所以，在预测深圳碳市场价格的可能变
化时，尤其要注意预期和炒作使得需求曲线可能发生的移动幅度，要预防
预期的变化导致碳价上升过高的风险。

　　首先，使用供给–需求框架分析深圳碳市场2014年碳价下降的情况。
与2013年相比，2014年深圳碳市场管控交易的碳排放总量下降了约100
万吨。可以假设深圳碳市场在引入CCER之前配额的供需基本平衡，设
2013年的配额剩余为50万吨，2013年排放量（需求量）为3 300-50=
3 250万吨。2014年的排放量为3 150万吨左右，则不算CCER的话配额还
剩3 300-3 150=150万吨，再算上履约的100万吨CCER，2014年共剩余约
250万吨配额。所以，2014—2015年碳价的大幅下降应主要归因于超额供
给和管控企业碳排放量的下降。分析过程如图15-9所示。据此可以估算
出配额供给每增加1吨，会使得碳价下降约0.14元。

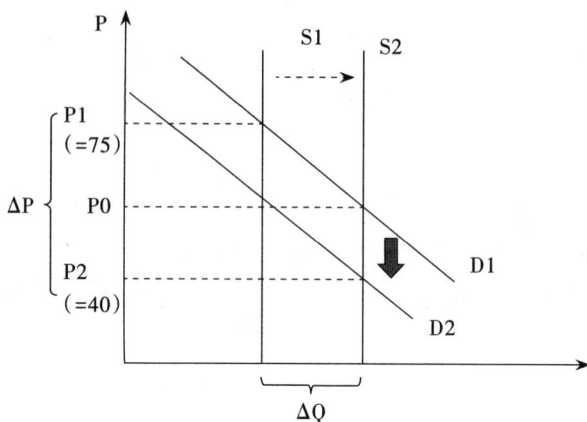

图15-9　使用供给–需求框架分析深圳碳市场2014年碳价的下降

依据同样的原理，可预测当未来一年碳配额供给减少时碳价的上升幅度。配额供给在下一年净减少100万吨，当需求曲线不移动时，价格大概可以上升14元。注意，这里还需要考虑当有关部门宣布减少配额供给计划之后，配额需求者的预期导致的需求曲线的上移对碳价造成的影响。如图15-10所示，当需求曲线不变时，配额供给减少后，供给曲线由S3移动到S4，价格由P2上升到P3；当预期未来价格上涨，投机者或者投资者储存大量配额时，会造成需求曲线的上移（由D3移动到D4），这时价格由P3进一步上升到P4。预期造成的需求曲线移动的幅度可以分不同的场景进行预测。假设分别等于EU ETS市场、RGGI市场以及深圳2014年碳市场预期导致的需求曲线的变化幅度，则：（1）当投资者预期与EU ETS市场类似时，预期导致价格平均每年变化为2.6欧元，则此时碳价一共上升约33.8元；（2）当投资者预期与RGGI市场类似时，价格上升2~4美元，则此时的碳价共上升约26.8元~39.6元；（3）当投资者预期与深圳市场建立初期类似时，则此时的碳价一共上升约66元。（假设在引入CCER之前供需基本平衡，合理价为70元；2013年10月18日成交价为122元，比合理价上升52元）。

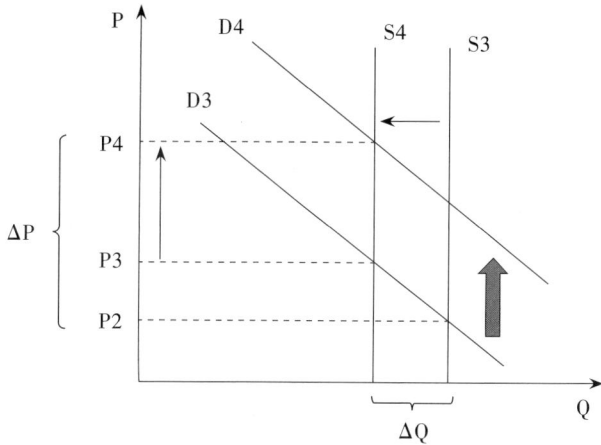

图15-10　使用供给-需求框架分析减少配额供给导致碳价的上升

　　为了预测未来碳价，根据时间序列模型，本文在将碳价按HP滤波分解成趋势项和波动项之后（如图15-5所示），分别进行预测，最后再把这两部分加总即可得到未来碳价的预测值。根据碳价趋势项的形态，可用指数函数进行拟合（如图15-11所示）。然后，利用ARMA模型预测碳价价差的变动，可以预测碳价变动的95%置信区间。将这两部分预测相结合，即可预测接下来的若干个交易日碳价的可能变化。最后，将前面的供给-需求框架预测的碳价的变化和时间序列模型的预测相结合，即可预测出未来一年减少100万吨配额供给量带来的碳价的可能变化。

　　4.深圳碳市场有效性需要提高

　　Cong和Lo证实了深圳的碳市场不如金融市场有效。[1]本部分也对深圳碳价和EU ETS碳价的变化率做了游程检验。此检验用于两个独立样本的比较和观测结果随机性的检验测试，可以用来分析市场是否为弱有效市场，原假设视样本为随机过程。从表15-4中发现：无论是用样本数据的中位值还是平均值作为检验值，深圳的碳价数据均拒绝了原假设，EU ETS数据均

---

① Cong R，Lo A.Emission trading and carbon market performance in Shenzhen，China[J].
　　Applied Energy，2017，193：414-425.

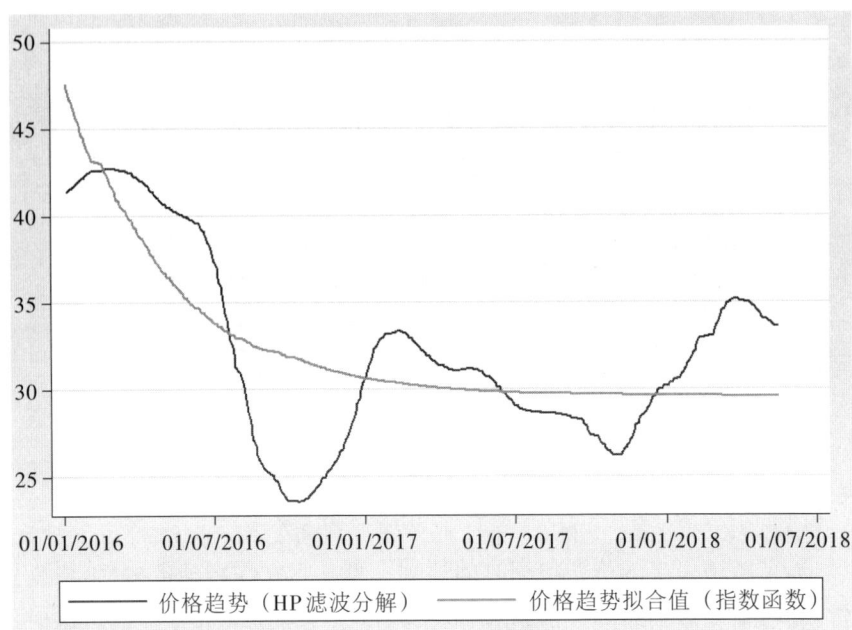

图 15-11　深圳碳价的趋势与指数函数拟合值

不能拒绝原假设。也就是说，深圳碳市场还不是有效市场，而欧盟碳市场是有效市场。所以，深圳碳市场建设还有较大的改进空间，要学习欧盟碳市场的一些做法，最主要的是尽快引入拍卖制提高碳市场的定价效率。

表 15-4　　　　　　　　　　EU ETS 和深圳碳价变化率的游程检验

	EU ETS碳价变化率	深圳碳价变化率		EU ETS碳价变化率	深圳碳价变化率
检验值（中位数）	0	-0.0290	检验值（平均值）	0.0820	0.6549
个案数＜检验值	649	543	个案数＜检验值	701	614
个案数≥检验值	710	543	个案数≥检验值	658	472
总个案数	1359	1086	总个案数	1359	1086
游程数	686	638	游程数	682	628
Z值	0.374	5.707	Z值	0.118	5.763
P值：渐近显著性	0.709	0	P值：渐近显著性	0.906	0

四、深圳碳市场发展方向

（一）全球碳市场发展趋势

在全球性气候变暖背景下，碳排放权交易是目前推动低碳经济发展的重要途径，在欧美等发达国家已取得了良好的成效。拍卖机制作为碳排放权交易的主要分配形式之一，因其公平、运行效率高等特性受世界各国和地区的重视。如欧盟碳交易体系（EU ETS）承诺2013年拍卖配额达到50%以上；区域温室气体倡议（RGGI）将超过90%的配额拍卖分配；加利福尼亚州碳交易体系在近年逐渐提升其拍卖配额额度。

全球现有的各个碳排放交易体系在配额拍卖的运用程度上大相径庭，详见表15-5。一种极端情况是，区域温室气体倡议（RGGI）在实施初期即采用高比例的拍卖机制（约占配额总量的90%），且各州可自行选择处理拍卖收入的方式。一些碳排放交易体系（例如美国的加利福尼亚州和加拿大的魁北克省）从一开始就将碳排放交易体系部分定位为增加收入的工具。在其他情况下（例如欧盟碳排放交易体系），以拍卖方式分配配额的范围则随时间推移而逐步扩大（主要针对电力部门）。欧盟碳排放交易体系自第三阶段起把拍卖分配的比例提高到五成。相比之下，深圳碳市场运行至今仅举行过一次拍卖。

（二）拍卖制的理论基础

在理论上，拍卖分配的优势在于：第一，公平地对待所有的参与人包括新进入者，早期采取减排行动的企业对配额的需求较少，是对早期采取减排行动企业的一种奖励；第二，过多分配易造成企业"不劳而获"，拍卖能够有效避免这一点；第三，相对于免费分配中可能产生的寻租和游说等行政成本，拍卖相对简单透明，对行政和管理的成本要求也较小；第四，从效率的角度而言，拍卖比免费分配更加可取，能够激励企业进行技术创新，使调节现有的生产向低碳排放的产品生产调整；第五，拍卖产生的收益可以用于支付政府支出，减少税收的扭曲效应；第六，设计合理的拍卖机制可以为市场提供配额的价格信息，反映出市场温室气体的边际减排成

表 15-5　　　　　　　　　全球碳排放交易体系配额分配方式

碳排放交易体系	免费分配/拍卖比例	免费分配接受方	免费分配方式
欧盟 （第一二阶段）	混合模式、以拍卖方式分配的配额	发电厂、制造业	混合模式、以祖父法方式分配的配额比例较大，以基准法方式分配的配额比例日益增大
欧盟 （第三阶段及后期）	混合模式、以拍卖方式分配的配额比例较大并不断增加	制造业与航空业	固定的行业基准
新西兰	混合模式、以拍卖方式分配的配额比例极小；尚未启动拍卖机制	排放密集且易受贸易冲击的行业（EITE）	基于产出：曾部分采用祖父法，现已取消
瑞士	混合模式	制造业	固定的行业基准
区域温室气体倡议（RGGI）	100% 拍卖	无	不适用
东京	100% 免费分配	全部	祖父法，其基础是 2002—2007 年间在任何连续 3 年中设定的针对特定实体的基准
琦玉县	100% 免费分配	全部	祖父法，其基础是 2002—2007 年间在任何连续 3 年中设定的针对特定实体的基准
加利福尼亚州	混合模式、以拍卖方式分配的配额比例较大并不断增加	代表纳税人的电力配送公司与天然气供应商；排放密集且受碳排放交易冲击的工业活动	基于产出的分配法（OBA）；拥有基于产出且针对具体行业的碳排放强度基准，部分采用祖父法；基于长期采购计划（电力行业）；基于历史数据（天然气行业）
魁北克省	混合模式、绝大多数配额以拍卖方式分配，并随时间推移不断增加	排放密集且易受贸易冲击的行业（EITE）	基于产出的基准法
哈萨克斯坦	100% 免费分配	全部	祖父法
韩国	100% 免费分配	全部	祖父法（应用于大多数行业），基准法（应用于水泥业、炼油业、国内航空业）

　　资料来源：国际碳行动伙伴组织，德国国际合作机构. 碳排放交易实践：设计与实施手册 [R/OL]. （2017-11-23）. http://www.huanjing100.com/p-1596.html.

本，为企业决策者进行长期的减排决策提供有效的信息。

从长期看，免费分配在总体上降低了企业的生产能力，并且在一定程度上妨碍竞争，理论分析和各国的经验也都指出拍卖是初始分配的主要发展趋势，但从部分拍卖到完全拍卖需要一段时间的过渡：在交易制度建立之初，确定一个免费分配的比例，再将其进一步划分成若干个阶段，逐渐降低免费分配的比例配额，直到实行完全拍卖为止。

碳交易体系在初始阶段引入拍卖机制的情况较为有限，其目的在于逐渐以拍卖取代免费分配。分配方法可因行业不同而异，例如，电力部门往往是配额拍卖机制的典型候选行业，因为相比碳交易体系中的其他行业，电力部门通常不易受碳泄漏的冲击。与此同时，主管部门通常会向制造业发放某种形式的免费配额，至少在最初数年间如此。有策略地使用拍卖所得收入可成为推进碳排放交易体系实施的强有力卖点。

（三）深圳碳市场转向拍卖制的展望

深圳碳排放配额目前每年都存在着部分剩余，累积将会形成碳价持续走低的内在压力。国际经验表明，从配额的免费发放逐步转向配额的有偿拍卖是实现价格发现的重要机制设计。深圳碳市场在设计之初，即明确了逐渐向碳配额拍卖发展的市场发展目标。适时推出配额拍卖，对于深圳碳排放权交易市场发展有着重要意义，深圳碳市场将继续为全国碳排放权交易市场的发展进行探索，继续起到引领作用，并早日与国际碳排放权交易市场接轨。

1.引入拍卖制的意义

引入拍卖制主要有四大意义：

①维护深圳碳市场有效运行，继续发挥碳价发现功能；

②确保深圳碳市场发挥引导我国碳价趋向合理的功能；

③为全国碳市场确定碳排放权的法律属性与资产属性；

④继续深化深圳碳市场试点功能，通过引入拍卖制逐渐形成具有中国特色、可在全国范围推广、比较完善、分层次、与金融市场协调发展的碳市场。

2.拍卖机制设计原则

①以有效促进工业节能降耗、传统产业低碳转型升级为最终目的，通过最优方式分配碳排放配额从而降低社会减排负担；

②确保价格发现功能（市场价格接近企业边际减排成本）；

③确保不妨碍配额市场流动性，不干预二级市场；

④确保公平性与透明性；

⑤限制价格波动；

⑥预防恶意市场操纵，避免囤积；

⑦降低行政成本与交易成本。

3.拍卖方式的选择与拍卖制的引用

深圳碳市场拍卖方式的选择与引入不仅需结合理论基础与国际实践，同时也需要结合深圳市碳排放市场的实际情况与当地企业的接受程度。深圳碳市场与国际碳市场最大的不同是其纳入门槛低（仅3 000吨），参与碳交易市场企业数量多、配额需求量低、行业差距大。因此，国际碳市场对深圳碳市场选择拍卖方式的直接借鉴意义有限。如何合理有效地选择并引入拍卖制是目前深圳碳市场发展的重中之重。

在主流的两种碳排放权拍卖方式中，由于深圳碳市场仅允许当期或往期配额可用于履约及交易[①]，增价式拍卖对于未来年份的价格发现功能无法发挥，结合拍卖规则难易程度以及实际操作普遍性等因素，深圳碳市场应选择密封式统一定价法作为拍卖方式。

在实际操作中，直接引入一般意义上的拍卖可能会导致管控企业与市场反应过激，无法合理有效发挥碳价发现功能。在拍卖制实施初期，以探索合理有效碳价机制为中心，在不增加管控企业负担的条件下，应通过委托拍卖制的形式引入拍卖（如图15-12所示）。在减少实际配额分配的基础上，通过引入委托拍卖制的方式逐步消除碳交易市场中的历史过剩配

[①] 《深圳市碳排放权交易管理暂行办法》第二十七条规定：“碳排放权交易的履约期为每个自然年。上一年度的配额可以结转至后续年度使用。后续年度签发的配额不能用于履行前一年度的配额履约义务。”

额，配额富余的管控企业可以通过委托拍卖的方式与配额短缺的管控企业在拍卖平台上实现双赢。除管控企业外的投资机构、企业及个人也可以通过拍卖平台参与碳交易。通过全社会的信息汇总，共同有效探索深圳碳交易市场的合理碳价机制。

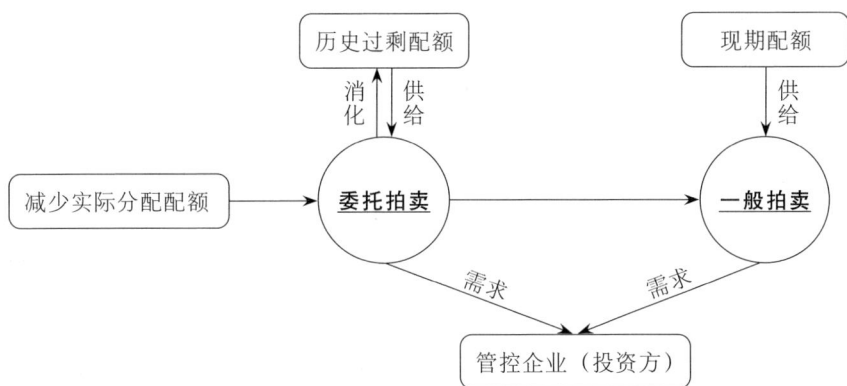

图15-12　深圳市碳交易市场引入拍卖制路径

在过剩配额消除后，开始实施一般意义上的配额拍卖。其操作逻辑为：在委托拍卖试运行一个阶段后，如发现市场对委托拍卖供小于求，市场在引入委托拍卖与减少实际分配配额的共同影响下已消除历史过剩配额，此时可由政府主管部门提供拍卖中部分或全部的配额，实现一般拍卖制。

深圳碳市场与国际碳市场最大的不同在于参与碳交易市场企业数量多，配额需求量低，行业差距大。深圳作为一个小型的碳排放权交易试点市场，纳入管控企业的标准也相对严苛。欧盟与加利福尼亚州碳市场的纳入标准排放量是深圳标准的8倍之多，说明深圳碳市场不仅要做到与国际接轨，更可能做到引领全球的示范作用。

在中国全国碳市场建立之际，深圳碳市场应充分发挥其试点效应，在引入拍卖制期间积累经验，逐渐形成具有中国特色、可在全国范围内推广、比较完善、分层次、与金融市场协调发展的碳市场。

第十六章

鼓励公众参与

一、国际合作

（一）积极参与国家低碳发展国际活动

按照国家发改委的要求，深圳市积极参加在美国纽约举行的联合国气候峰会以及在波兰华沙举行的联合国气候变化大会，宣传深圳市应对气候变化的成效和碳排放权交易的做法。同时，深圳市多次协助世界上知名环保机构围绕城市低碳发展举办了国际性会议，为深圳乃至全国城市的可持续发展提供探索经验。

2016 年 10 月，由美国土木师工程协会（ASCE）开创的城市可持续建设国际会议在深圳召开，该会议曾在多个国家举办，其主要目的在于探讨全球范围内可持续城市基础设施建设的所有相关议题，例如，可持续的城市基础设施规划与设计、适应气候变化、低碳城市发展路径探索等，并基于会议成果为未来全球可持续城市发展出台相关的指南、方针、指导意见等，最终形成工程示范。本次会议聚集了中美两国共 26 位工程院院士，为城市可持续发展建言献策，参会人数约 350 人，如图16-1 所示。

图 16-1　城市可持续建设国际会议

资料来源：佚名. 2016 城市可持续建设国际会议在深圳召开［EB/OL］.（2016-10-21）. http：//www.sohu.com/a/116825867_511137.

（二）增强与其他国家、地区的联络

深圳以"绿色发展、循环发展、低碳发展"为方向，多次举办各类低碳论坛，与其他国家或地区的先进组织进行更多经验的探讨，力求做到"高端组织，大众参与"。深圳市曾与美国、英国、荷兰、比利时、澳大利亚等国代表团就低碳领域发展进行过多次交流和探讨，与美国加利福尼亚州政府、洛杉矶政府进行了碳交易市场交流并签署了合作备忘录。在各类交流活动中，较为典型的是深圳国际低碳城论坛和光明论坛。

深圳国际低碳城论坛是在国家发改委和广东省人民政府指导下，由深圳市人民政府主办的。论坛共设有主论坛、平行论坛、专题研讨会、专题展览、配套活动等板块，共有来自40多个国家和地区的近2 000名嘉宾和近10 000名市民参加。该论坛主要探讨世界低碳城市规划、绿色建筑、低碳交通和低碳产业的发展等，在贯彻新理念方面，论坛主题上突出"绿色创新",内容上体现"均衡协调",模式上注重"开放共享",不断提高吸引力,增强大众获得感。在 2012 年举行的深圳国际低碳城项目的启动仪式上,中欧可持续城镇化合作旗舰项目深圳国际低碳城开发建设正式拉开序幕,这也意味着深圳正式与荷兰、美国等国家达成合作。首届深圳国际低碳城论坛,吸引了来自 16 个国家和地区的共 1 400 多位嘉宾参加,与美国加利福尼亚州、荷兰埃因霍温等签署了 10 项合作协议。截至 2017 年年底,深圳国际低碳城论坛已连续成功举办了五届,在海内外产生了较大反响。中国第一个碳市场在这里诞生,全球可再生能源领先技术蓝天奖在这里发布,国家低碳技术展在这里首次呈现,深圳国际低碳城论坛已经成为展示我国积极应对气候变化工作成效的重要窗口,并成为全球低碳领域探讨前沿话题、分享智慧成果、开展务实合作的重要平台。第四届深圳国际低碳城论坛如图 16-2 所示。

图 16-2　第四届深圳国际低碳城论坛

资料来源:根据深圳市发展和改革委员会相关资料整理.

　　光明论坛是由住房和城乡建设部与深圳市人民政府发起的，以低碳生态示范城市规划建设为主要议题的国际性交流平台。自2008年以来，光明论坛已经成功举办了多届，现已成为低碳生态城市建设学术交流的品牌。例如，2013年的光明论坛就以"从绿色建筑走向绿色生态城区"为主题，邀请国内外专家在城市规划、交通、建筑等多个领域就绿色生态城区的发展进行研讨，进一步扩大全社会对低碳生态城市建设的共识，会议规模约400人左右，其中一半的参会人员为本国及其他国家的专家、学者等，另外一半则来自社会公众的积极参与。

（三）与全球低碳组织广泛合作

　　在政府层面，深圳市与世界银行、全球环境基金、世界自然基金会（WWF）、C40城市气候领导联盟、R20国际区域气候组织等机构签署了16项合作协议，使得深圳成为中国大陆第一个正式参加C40城市气候领导联盟的城市。在社会组织层面，深圳市发改委、绿色低碳发展基金会与美国环保协会于2014年签署了合作备忘录。深圳市绿色低碳发展基金会与美国环保协会多次合作举行深圳市碳交易机制研讨会，就移动排放源纳入碳交易机制研究与实践进行了合作，以其研究和实践的独创性，设计了更为可持续的公共交通管理政策，为未来新能源汽车的发展提供了更为广阔的空间，同时为国内外其他地区将移动排放源纳入碳交易体系积累了宝贵的经验。

　　此外，深圳市绿色低碳发展基金会与世界知名国际组织及智库建成战略合作关系，包括C40城市气候领导联盟、倡导地区可持续发展国际理事会（ICLEI）、世界自然基金会（WWF）、能源基金会（EF）、德国国际合作机构（GIZ）、美国环保协会（EDF）、世界资源研究所（WRI）、落基山研究所（RMI）等。深圳市与这些机构共同组织了"碳交易机制""城市建筑能效""低碳城市发展示范能力建设""高效货运""达峰路径"等一系列专题研讨会，在绿色金融、绿色交通、峰值路径等诸多低碳发展领域开展课题研究，促进城市间低碳减排路径探索、机制建设及技术能力培训与案例分析。

（四）逐步加强企业间低碳国际合作

深圳市企业与美国劳伦斯伯克利国家实验室、美国低影响开发中心及荷兰应用科学研究院等低碳领域国际知名机构建立良好的合作关系。2016年10月，深圳市建筑科学研究院股份有限公司与美国劳伦斯伯克利国家实验室合作建设的中美低碳建筑与社区创新实验中心取得实质性进展。深圳排放权交易所也积极与世界银行的国际金融公司、合作银行等金融机构研究和开发了绿色结构性存款产品、碳基金与碳质押等创新型碳金融产品，促进了金融创新。中美低碳建筑与社区创新实验中心开工典礼如图16-3所示。

图16-3 中美低碳建筑与社区创新实验中心开工典礼

资料来源：根据深圳市建筑科学研究院股份有限公司相关资料整理.

二、低碳组织

在深圳市推进低碳发展的过程中，包括深圳市绿色建筑协会、深圳市绿色低碳发展基金会、深圳市低碳城市研究会在内的各类低碳组织大量涌现，使得社会力量的参与和政府部门的引导协同一致。

（一）深圳市绿色建筑协会

深圳市绿色建筑协会于 2008 年 12 月成立，秉持"发展绿色建筑，促进循环经济"的办会宗旨，为政府主管部门和绿色建筑领域的企事业单位提供技术服务，促进深圳市绿色建筑的创新、交流与合作，推动深圳市绿色建筑事业健康发展。该组织曾多次走访高校，进行全国青少年绿色科普活动，也曾多次参与各类绿色建筑发展论坛进行城市发展的沟通交流。

2015 年 12 月，由中国绿色建筑与节能专业委员会、深圳市绿色建筑协会主办，深圳大学建筑与城市规划学院、深圳大学土木工程学院、深圳市建筑科学研究院股份有限公司承办的"全国青少年绿色科普教育巡回课堂——绿色建筑走进深圳大学"大型教学活动在深圳大学举行，如图 16-4 所示。来自深圳大学、深圳职业技术学院的 200 余名学生，以及深圳从事绿色建筑事业的 50 余名专业人才参加了此次活动。该活动将学习绿色建筑的热情带入高校，在大学校园掀起节能环保、低碳生活、绿色建筑的学习与实践热潮，建立学生"绿色、生态、低碳"的行为意识，普及相关科学技术知识，培养绿色建筑领域的"后续力量"。

图16-4　全国青少年绿色科普教育巡回课堂——绿色建筑走进深圳大学

资料来源：根据深圳市绿色建筑协会相关资料整理.

2016年11月，该协会以"绿色引领，创新建设"为主题，举办了第十八届中国国际高新技术成果交易会绿色建筑展，如图16-5所示。该展览面向全社会公众展示我国以绿色为核心的建设科技产品与技术，展览内容涵盖绿色建筑、建筑工业化、城市轨道交通、绿色建材、园林绿化、智慧建设、垃圾及污水处理、智慧家居、空气净化等领域，共计吸引上千名社会公众参与了本次活动。通过这次展览，更好地向社会公众展示我国绿色建筑方面所取得的成就，并通过一种更为直观的方式，让社会公众更快地接受使用绿色建设科技产品所能带来的益处。

图16-5　第十八届中国国际高新技术成果交易会绿色建筑展览现场

资料来源：根据深圳市绿色建筑协会相关资料整理.

（二）深圳市绿色低碳发展基金会

深圳市绿色低碳发展基金会是国内首家以推动绿色低碳发展为宗旨的民间非营利社会组织。自2013年成立以来，该基金会运用智库力量为政府的城市低碳发展政策与机制设计提供前瞻性研究；提高中国城市在全球低碳城市协作中的国际影响力；协助企业在绿色升级转型中寻找新的经济增长点；培育公众低碳意识，形成可持续的碳减排行为。通过以上四个层面，深圳市绿色低碳发展基金会为中国应对气候变化的可持续发展贡献力量。

2017年4月，深圳市绿色低碳发展基金会为促进市民绿色出行、停用少用机动车，与深圳市绿色出行联席会议办公室、深圳市公安局交通警察局联合举办了"绿星级"荣誉市民评选活动，如图16-6所示。该活动以缓解道路交通拥堵，实现低碳、生态、宜居宜业的深圳为目标，倡导机动车主节能减排，树立社会责任意识，减少大气污染，让广大市民生活在更洁净、更健康的环境中。

图16-6 "绿星级"荣誉市民评选活动

资料来源：根据深圳市绿色低碳发展基金会相关资料整理.

2017年5月，由深圳市绿色低碳发展基金会发起的"Urban Farm城市艺术农场"绿色低碳生活公益项目顺利落地华侨城社区，如图16-7所示。携手侨城汇、润时光、华侨城物业以及Hun果汁，共同为社区居民带来一场不一样的绿色体验。华侨城作为深圳市具有影响力的绿色社区，此次引入城市农场项目，将引领新的绿色生活方式，为华侨城的居住环境带来更多价值。

图 16-7　Urban Farm 城市艺术农场活动现场

资料来源：根据深圳市绿色低碳发展基金会相关资料整理.

三、公众活动

（一）提高全民低碳意识

第一，加大低碳理念宣传力度，组织开展低碳理念宣传活动和科普活动，倡导低碳理念。低碳发展不单是一种经济发展方式，更是一种文化理念。因此，低碳发展的文化建设就成为完善公众参与低碳发展的基本途径之一。2013 年，深圳市政府在深圳国际低碳城举办了深圳绿色低碳实践成就展、深圳国际低碳城规划及未来体验展、低碳技术和产品交易展等展览，如图 16-8 所示，吸引了近 10 000 名市民积极参与，激励了市民以实际行动践行低碳环保政策的热情。2017 年 6 月 14 日，由深圳市发展和改革委员会主办的"深圳市 2017 年全国低碳日——气候影展"活动在深圳市工业展览馆开幕，如图 16-9 所示。展览影片来自"2015 中国（深圳）国际气候影视大会"的优秀获奖篇目，包括《气候变化与粮食安全》、《家园》、《绿·道》、《环球同此凉热》、《净土喀纳斯》及《大国民》六部作品。参展影片以打动人心和易于理解的方式使公众了解了气候变化对当下和未来的影响，从而唤起社会公众积极应对气候变化的责任和行动。

图16-8　深圳国际低碳城会展中心展示馆

资料来源：根据第二届国际低碳城论坛相关资料整理.

图16-9　"深圳市2017年全国低碳日——气候影展"活动

资料来源：深圳市工业展览馆."2017深圳市全国低碳日——气候影展"我馆开幕［EB/OL］.（2017-06-16）.http://www.szind.net/service/zhzz/20170616/3747.html.

第二，鼓励中小学校创新开展低碳教育，开展各种形式的低碳专题活动。例如，在2014年的"六一"国际儿童节深圳市举办了"阳光儿童地球梦"——第二届深圳国际低碳城论坛儿童分论坛（如图16-10所示）。通过丰富多彩的活动形式，让广大学生了解能源危机和绿色节能事业的发展，了解地球因为能源浪费所付出的沉重代价和人类在节能环保方面取得的丰硕成果。

图 16-10　"阳光儿童地球梦"——第二届深圳国际低碳城论坛儿童分论坛

资料来源：深圳市妇联. 深圳市领导与少年儿童共庆"六一"［EB/OL］.（2014-06-04）. http://www.gdwomen.org.cn/dsyw/201406/t20140604_490214.htm.

第三，积极开展土地日、地球日、水资源日、能源日、公共交通日、无车日、节水行动、减塑行动、熄灯一小时等低碳活动，强化公众低碳意识。2010年至2017年，深圳"地球一小时"熄灯活动期间共节约用电近122.97万千瓦时，相当于减少二氧化碳排放量1 226.66吨，图16-11为2016年"地球一小时"熄灯活动。

（二）多领域践行低碳生活

第一，组织开展节能培训。2016年，深圳市委继续开展多种形式的节能宣传和培训工作，开展节能技术培训44期，重点用能企业能源管理岗位持证培训4期，大讲堂2期，以及节能宣传周活动，累计参与培训与宣传的人数约5 000人。

第二，宣传低碳消费理念。2017年3月，深圳市人居环境委员会、深圳市教育局和共青团深圳市委员会联合举办"2017青少年环保节"，如图16-12所示，共吸引了约1 200人参与。此次活动设立了多个环保宣传项目，例如在现场开设低碳知识展示区，在青少年群体中普及气候变化

图 16-11　"地球一小时"熄灯活动

资料来源：窦延文. 深圳成"地球一小时"活动主场［N/OL］.（2016-03-20）. http：//
sztqb.sznews.com/html/2016-03-20/content_3483638.htm.

知识与背景，以寓教于乐的方式传递低碳生活理念。该活动还对低碳食品
的相关知识做了展览，展示了素食与气候变化的关系、素食对人体健康的
益处、如何践行素食饮食、在各节气下最佳食用和种植的蔬菜作物，以及
一些简单易行的低碳生活小常识。

图 16-12　"2017青少年环保节"市民参观低碳食品展览

资料来源：根据深圳市绿色低碳发展基金会相关资料整理.

第三，引导市民低碳出行。例如，深圳市于2013年3月实施了"爱我深圳、停用少用、绿色出行"的方案，鼓励市民利用公共交通工具、自行车、步行等低碳方式出行。通过引导市民每年自愿选择一定天数的停驶义务，深圳市对黄标车、公务车、外地牌照机动车采取限制性出行政策，在"特殊时段、特殊区域"采取一定的交通需求管理措施，减少交通出行碳排放。该行动自启动至2013年年末，有超过20万的车主通过各种途径申报了机动车停用少用。

此外，2016年10月，深圳排放权交易所等机构举办了第二届全国"双创"活动周低碳公益宣传活动暨"全民碳路"低碳公益主题活动，如图16-13所示。参与"全民碳路"的市民可以通过选择乘坐公共交通出行、以步代车等低碳行为和方式，获得低碳积分。市民不仅可以得到低碳荣誉，还能获得消费方面的激励。"全民碳路"低碳公益主题活动的开启，标志着创新发展与绿色发展理念找到了生动而有力的结合点，鼓励和引导社会民众践行低碳生活方式和消费方式，汇聚绿色低碳发展正能量，真正打造全民参与的"低碳深圳"、"健康深圳"和"公益深圳"。

图16-13 "全民碳路"公益活动

资料来源：陈育柱."全民碳路"低碳公益主题活动在深启动［EB/OL］.（2016-10-16）. http://sz.people.com.cn/n2/2016/1016/c202846-29150821.html.

第四篇

深圳绿色低碳未来

第十七章

深圳市低碳发展面临的挑战与外部借鉴

一、深圳市低碳发展面临的挑战

（一）外部政策环境与变化

应对气候变化需要国际合作。遏制全球变暖，必须减少温室气体的排放。为实现此任务，世界各国在 1992 年共同签署了《联合国气候变化框架公约》，为保护共同的生存环境迈出了第一步，1997 年的《京都议定书》和 2007 年联合国气候变化大会产生的"巴厘岛路线图"，则成为世界应对气候变化的基本框架和实施路线。2014 年 11 月 12 日，中美两国联合发布《中美气候变化联合声明》，首次公布了中美 2020 年后各自的行动目标，双方达成温室气体减排协议，美国承诺到 2025 年减排 26%，中国承诺到 2030年前停止增加二氧化碳排放。2015 年各国签定的《巴黎协定》，为 2020 年后全球应对气候变化行动作出安排。中国全国人大常委会于 2016 年 9 月 3日批准中国加入《巴黎气候变化协定》，中国成为第 23 个完成批准协定的缔约方。这是继《京都议定书》后第二份有法律约束力的气候协议。

近年来，我国高度重视适应气候变化工作，积极实施适应气候变化的政策和行动，取得了显著成效。党的十九大报告提出，中国要引导应对气候变化的国际合作，成为全球生态文明建设的重要参与者、贡献者、引领者，要坚持环境友好，合作应对气候变化，保护好人类赖以生存的地球家园。在 2017 年 11 月结束的《联合国气候变化框架公约》第二十三次缔约方大会上，中国兑现减排承诺、致力绿色发展，在国际合作中发挥了建设性作用，获得了世界各国的积极评价，可以看出中国在应对气候变化方面的工作及成就已备受世界各国瞩目，特别是美国宣布退出《巴黎协定》之后，中国的地位及作用进一步凸显，这也使得未来应对气候变化的工作进一步上升至国家战略高度。

从国内外形势变化可以看出，全球变暖问题受到世界各国的广泛关注，低碳经济是各国应对气候变化的必然路径，低碳发展也将作为各国发展的核心内容之一。从国内形势来看，国民经济和社会发展第十三个五年规划纲要以及党的十九大工作报告，都明确指出要加快生态文明体制改革，建设美丽中国。由此可以看出我国的低碳生态发展工作具有重要的战略地位。

深圳市定位为更具改革开放引领作用的经济特区、信息经济为先导的智慧城市、协调均衡的现代化城市、绿色低碳的生态文明城市、更高质量的民生幸福城市、一流法治城市、全面深化改革先锋城市。从深圳市的定位来看，绿色、低碳可持续发展是达成这一建设目标的必经之路，这也对深圳市未来节能减排工作提出了更高的挑战。

同时，在国家提出 2030 年左右二氧化碳排放总量达到峰值的目标之后，深圳市作为国内的低碳发展先锋城市，已经做出了在 2022 年达峰的承诺，这也要求深圳在"十三五"时期采取更加严格的温室气体减排措施，在深圳市工业已经达峰的前提下，要努力抑制建筑、交通随着经济发展而产生的碳排放硬性增长的速度，同时调整能源结构，大力发展可再生能源。

（二）深圳市面临的挑战与要求

目前，深圳市仍处于工业化、城市化深入发展的阶段，能耗总量仍处于攀升期，尚未达到峰值，能耗总量增长的趋势还将继续。大量成本较低、节能效益较好的技术已得到广泛使用，能耗继续下降空间变小，边际成本将不断上升，"十三五"时期的节能潜力十分有限。按照国家和广东省有关能源总量和单位能耗"双控"的要求、广东省对深圳市"十三五"

期间二氧化碳排放下降23%的要求，以及2022年深圳碳达峰目标的逼近，深圳市要进一步实现低碳发展将面临诸多挑战。

通过对上述深圳未来碳排放情景的分析，我们发现，随着经济发展与生活水平日益提高，交通与建筑领域刚性增长，成为碳排放重要部门，将严重影响碳达峰目标。

1.基本制度框架需持续优化

根据国际先进低碳城市的发展经验，完善的法律保障是基本，建立相关的促进低碳发展的基本制度是保障低碳城市发展的关键。因此，建立完整的制度体系，包括目标责任、行动计划、法规标准、奖惩机制、监管制度等，将对统筹引导低碳经济发展、营造建设低碳发展环境起到基础性作用，但目前深圳还缺乏明确的"低碳或低碳城市建设"的法律法规。

在低碳规划方面，应建立更加明确的低碳发展目标，如碳排放总量、碳排放强度等；从前面的分析可以看出，深圳市各部门对低碳相关政策的执行效果不一，应继续完善有利于低碳发展的体制机制，保证各领域执行效果达到较好状态。

2.绿色低碳发展面临容量瓶颈

深圳的能源结构虽然较为清洁，但与国外发达城市相比还有很大差距，特别是可再生能源利用处于较低水平；低碳产业体系尚不完善，深圳外向型经济面临绿色壁垒，受国际绿色壁垒的影响和压力比其他城市要大；深圳土地利用更多依靠城市更新转型升级，而在供需关系紧张的情况下，深圳城市更新项目和其他城市一样，面临着三个问题：拆不动、赔不起、玩不转。

此外，虽然深圳的绿色建筑发展较好，但是整体性能有待提高，既有公共建筑节能与绿色化改造亟须深化，建筑运维人员专业能力仍需提升。

深圳市私家车保有量大、碳排放量占比高，应该制定相关政策控制小汽车数量，且交通出行环境品质亟待提升，特别是慢性交通出行环境。

深圳市低碳发展的理念尚未广泛深入人心，尚未形成全社会共识，随着深圳工业碳排放达峰，交通与建筑等刚性碳排放持续增长，全民低碳氛围的形成迫在眉睫，应引导全社会参与其中。

3.公共融资结构刚刚起步发展

目前深圳市低碳企业的融资能力不足，企业自身在低碳技术研发能力和资金投入方面尚需加强；碳交易市场刚刚起步，目前还需要继续在碳金融、碳资产管理方面进行完善、创新，同时还要加快推进绿色信贷等公共融资手段。

4.加强开放包容的交流合作

深圳市要进一步加强国际交流合作，进一步深化与"一带一路"沿线国家、南南国家在低碳城市等领域的合作，与珠三角及国内城市间技术、项目合作更加紧密，尽快形成区域性碳交易中心。

二、国际先进低碳城市对比分析

目前，全世界范围内已掀起低碳城市和城镇建设浪潮。伦敦、东京、纽约等世界级城市先后提出低碳城市建设目标并制订相关规划或行动计划。现阶段国际上进行低碳城市建设可借鉴的案例城市主要为"世界大城市气候领导联盟（Large Cities Climate Leadership Group，简称C40）"成员，这些城市已进入低碳城市建设目标的实施阶段，包括伦敦、纽约、哥本哈根、东京、多伦多、波特兰、阿姆斯特丹、奥斯汀、芝加哥、斯德哥尔摩、西雅图等。

尽管国际案例城市大都处于较高发展阶段，即后工业社会，这与国内城市的经济社会发展和城市化阶段存在较大差异，各个国家及城市层面的低碳发展策略也存在区别，但国际城市的低碳建设实践经验仍值得我国学习和借鉴。

（一）低碳发展目标对比分析

伦敦、纽约、东京、香港等城市在低碳城市方面走在国际前列，其明确的减排指标、有效的低碳城市建设政策、高效合理的发展模式，这些宝贵的低碳城市建设经验对其他城市有示范意义和启示作用。

通过对比伦敦、纽约、东京、香港、哥本哈根与深圳的低碳城市目标，详见表17-1，可以发现：

表17-1　伦敦、纽约、东京、香港、哥本哈根与深圳低碳发展目标对比

城市	规划文件名称	总体目标	碳排放总量平均每年下降比例	2025年人均碳排放量（吨/人）
伦敦	《今天行动，守候将来》（Action Today to Protect Tomorrow）	到2025年，二氧化碳排放量减少60%（相对于1990年的水平），即2025年仅排放1 800万吨二氧化碳同时，将减排量细分到存量住宅、存量商业与公共建筑、新开发项目、能源供应、地面交通等五个领域	1.7%	无数据
纽约	《纽约城市规划：更绿色更美好的纽约》（PlaNYC: A Greener, Greater New York）	2030年比2005年的排放量减少30%，即3 360万吨排放量；市政部门运营的排放到2017年比2006财政年度减少30%；同时，将减排量细分到抑制蔓延、提高能源清洁度、建筑节能和可持续发展交通四个领域	1.2%	无数据
东京	《东京减碳十年项目》	与2000年相比，2020东京要把二氧化碳的排放量减少大约25%；到2020年，东京要把可再生能源占能源消耗总量的比例提高20%	1.25%	无数据
香港	《香港气候行动蓝图2030+》	在2030年实现碳强度比2005年的水平降低65%~70%，相当于绝对碳排放量减少26%~36%，人均碳排放量减少至3.3吨~3.8吨之间	1%~1.44%	3.3~3.8
哥本哈根	《哥本哈根2025气候计划》	实现世界第一座碳中和城市的目标。该计划分两个阶段实施：第一阶段目标是到2015年把该市二氧化碳排放量在2005年的基础上减少20%；第二阶段是到2025年使哥本哈根的二氧化碳排放量降低到零	2%	0
深圳	《深圳市低碳发展中长期规划（2011—2020年）》	到2015年，万元GDP二氧化碳排放比2010年下降21%，达到0.90吨，非化石能源占一次能源消费比重达到15%到2020年，万元GDP二氧化碳排放比2005年下降45%以上，比2015年下降10%，达到0.81吨，非化石能源占一次能源消费比重达到15%以上	—	无数据

1.国际先进低碳城市发展目标已经进入控制碳排放总量的阶段，其中哥本哈根、香港对碳排放总量与强度都提出了控制指标，而深圳低碳发展目标在这方面则较为模糊，这与深圳目前经济发展水平低于上述先进城市、碳排放总量还将持续增加有较大关系。

2.国际先进低碳城市碳排放总量每年下降比例为1%~2%，而哥本哈根则争取在2025年达到碳排放量为零，成为全球第一个碳中和城市。

3.有些先进的低碳城市将碳排放量细分到相关的各领域，如伦敦、纽约等。

（二）低碳发展举措对比分析

通过对比伦敦、纽约、东京、哥本哈根、香港等低碳城市与深圳的低碳发展举措，详见表17-2、表17-3，可以发现：

1.在制度政策方面，各大城市颁布了一系列有利于低碳发展的政策、法律和法规，各有特色。

伦敦市从政府做起，要求政府机关执行绿色政府采购政策，鼓励公务员养成节能习惯，以市场机制推动碳价格生成和制度建立，向进入市中心的车辆征收二氧化碳税。

纽约市发布的《纽约城市规划：更绿色更美好的纽约》是由长期规划和可持续发展办公室（OLTPS）制定的，该机构隶属于纽约市长办公室，执行严格的碳排放清单制度，每年发布相关数据报告，同时试行交通拥堵费。

东京则强制对企业提交的碳减排规划与措施报告进行评估并向社会公布，同时要求大型商业机构在2020年的碳排放量在2000年的基础上减少17%，不达标的公司将不得不购买造成污染的信贷，否则面临罚款。

哥本哈根则推行高税能源的使用政策，每消费1千瓦时电，需要支付26.6欧分，如果不采取节能方式，则会付出高额的代价。

深圳的低碳发展起步较晚，例如，试点城市建设小组是由政府相关部门抽调领导形成的临时小组，与这些先进的低碳城市相比，深圳市低碳相关的政策、法律和法规还需完善，应努力构建一个完善的政策、法律和法规体系。

表17-2　　　　　　伦敦、纽约、东京、哥本哈根、香港
与深圳在制度政策、城市规划、公众参与等方面的对比

城市	制度政策	城市规划	公众参与
伦敦	①严格执行绿色政府采购政策，采用低碳技术和服务，改善市政府建筑物的能源效益，鼓励公务员养成节能的习惯；②以市场机制，推动碳价格生成和制度建立，向进入市中心的车辆征收二氧化碳税	创建十个低碳区，集中采取一些创新的减排措施，并将融合地方政府、企业与产业界、公共部门和社区组织的力量，共同发展、示范和评估这些减排举措的影响	①通过商业活动来增加民众对节能减碳的认知；②通过网络或电话等方式的减碳节能咨询来帮助民众进行节能和资源的再利用
纽约	①建立纽约市能源规划局；②严格的碳排放清单制度；③绿色建筑资金支持，通过设立贷款基金向建筑改造、升级有资金困难的业主提供资金，同时积极提倡资助商业化；④安装太阳能电池板的建筑减免房产税；⑤试行交通拥堵费；⑥开放纽约市的校园为新的公共娱乐场地；⑦鼓励州政府发放基于社区的再开发项目资金（社区棕地治理资金）	①为大约100万新增的纽约人创建家园，同时保障住房的价格合理性和可持续性，住房集中布置在公交设施以及配套设施发达的已建成区；②确保所有纽约人居住在公园的"十分钟步行圈"内，增加娱乐休闲的水域，减少居民机动化出行；③清理所有被污染的土地，减缓用地开发向外扩张的速度，提高已建成区的用地使用率	①开展节能意识和宣传，通过"GreeNYC"等政府项目对公众进行教育，倡导低碳生活方式；②通过官方人员培训提供合格的能源审计师和低碳发展所需的技术人员
东京	①执行先进的环境政策，建立"全球变暖对策应对基金"；②根据法定标准对企业提交的碳减排规划与措施报告进行评估定级并向社会公布，《强制碳减排与排放交易制度》针对1 100家商业机构与300家工厂提出了节能减排的硬性要求，要求大型商业机构在2020年的碳排放量在2000年的基础上减少17%，不达标的公司将不得不购买造成污染的信贷，否则面临罚款，购买低污染低耗能汽车，给予一定的财政补贴	—	①鼓励生活节能，提倡废弃物减排运动；②实施能效标签制度，政府评估家电产品的节能程度与运行成本，将其分为5个等级，消费者可根据家电产品的等级来获得其节能信息以便购买，以提高家电产品的节能效率；③制定能源诊断员制度，旨在培养一批能够为单个家庭提供节能潜力评估、节能方案制订服务的专职人员，以促进家庭节能

续表

城市	制度政策	城市规划	公众参与
哥本哈根	推行高税能源的使用政策，每消费1千瓦小时电，需要支付26.6欧分，如果不采取节能方式，则会付出高额的代价	—	市民已经把"低碳生活"看作一种态度，积极提倡并实践低碳生活； 在家里节约能源：家居生活蕴藏着40%的节能量，通过改变居民的生活习惯减少用电量； 创新资源：引导市民将垃圾视为可再生资源，使当地资源得以以新的方式回收利用
香港	适应气候变化，进一步改善内部咨询分享和统筹架构，从而加强公共部门基建和工程计划	优化市区的生态系统及适当的绿化	加强社会对气候相关风险和紧急情况的反应；弥补知识差距和建立适当的决策架构
深圳	①建立低碳技术目录，编制低碳技术标准和规范；②加快出台和实施有利于低碳发展的价格、财税、金融等激励政策；③碳交易市场等	优化空间布局，促进低碳城市建设	倡导绿色消费，践行低碳生活

2.在城市规划方面，发达国家和地区的低碳城市由于已经过了城镇化高峰时代，因此更多地采取修修补补上或者没有该方面的措施。

然而，纽约作为世界级大都市，人口依然缓慢增加，为了给大约100万新增的纽约人创建家园，同时保障住房的价格合理性和可持续性，住房集中修建在公交设施以及配套设施发达的建成区。该目标分为四项工作：①推广以公交为导向的用地开发模式，通过提高公交可达性刺激房地产开发；②在公共设施用地上插建新住宅，包括在政府社团用地上增加住宅用地和更新老式建筑的功能；③挖掘更多用地的潜能，包括开发利用率较低的区域，以修补之前被割裂的社区，充分利用交通基础设施投资的潜力，利用铁路调车场、轨道线的上方空间；④有针对性地扩大可支付性住房项目的规模，包括研究新的融资策略，在更大范围内实施可支付性住宅分区规划，鼓励自有住房和确保在整个纽约市范围内可支付性住宅的存量。

同时，纽约注重城市的绿化、水域等公共空间，重视城市中居民的居住质量，如确保所有纽约人居住在距离公园的"十分钟步行圈"内。无独有偶，香港也和纽约类似，注重优化市区的生态系统及适当的绿化。

借鉴香港低碳发展经验，深圳在以往的城市建设中也十分注重优化空间布局。现阶段，深圳应基于产业布局现状和生态环境基础，通过优化空间布局促进低碳发展，同时也应重视居民的生活质量。

3.在公众参与方面，哥本哈根市民以低碳为时尚，积极提倡并实践低碳生活。东京创新制定能源诊断员制度，旨在培养一批能够为单个家庭提供节能潜力评估、节能方案制订服务的专职人员，以促进家庭节能。

上述低碳城市的居民普遍具有较高的低碳意识和较多的低碳知识，深圳与其差距明显。深圳应持续加强低碳宣传教育，全面提升公众低碳意识，形成"政府引导、全民参与"的良好氛围。

4.在能源利用方面，各大城市在努力降低化石能源消耗的基础上，积极推动可再生能源、分布式能源等低碳技术。例如，哥本哈根利用其丰富的风力资源发展风力发电，伦敦等城市推行建筑太阳能发电并网。深圳应根据自身的资源禀赋，加大可再生能源的开发利用，发展分布式能源，利用小型可再生能源装置和储能技术，减少外购电量的输电损耗。

5.在产业方面，这些低碳城市已经进入后工业化时代，主要以第三产业为主，均有较为成熟的产业体系，因此减碳潜力有限，绝大部分没有提出相关措施，只有伦敦提出商业投资向低碳一体化方向过渡。

与这几个低碳城市相比，深圳尚处在高速发展的阶段，主要产业正在经历着发展与调整的过程，然而随着深圳市产业结构转型的成功以及低碳产业的继续发展，深圳市在产业领域的减排空间也将越来越小。

6.在交通方面，纽约、哥本哈根、东京等城市均着力构建大运量公共交通、推广使用清洁能源的汽车及BRT等环保交通方式，有的还开展了自行车专用道建设等。

与这几个城市类似，深圳市人口规模大，应重点发展轨道交通、快速交通等公共交通，利用大型、快速交通工具实现人口流通，利用清洁能源汽车代替传统汽车，减少碳排放。

虽然深圳市绿道建设已有2 400公里，然而自行车使用率依然很低，这与深圳市目前自行车道不连贯、骑行环境差有较大关系，后续应对以步行道和自行车道为代表的慢行交通进行完善。

7.在建筑方面，各大城市均鼓励既有建筑改造、新建建筑达到高性能标准，在建筑领域应用可再生能源等，而且伦敦还对政府建筑提出了改造技术标准。

深圳市在新建绿色建筑领域取得了瞩目的成绩，然而随着城市建设从增量转入存量时代，应加强对现有建筑的能源审计与节能改造。

表17-3 伦敦、纽约、东京、哥本哈根、香港
与深圳在能源、产业、交通和建筑等方面的对比

城 市	能 源	产 业	交 通	建 筑
伦敦	推行智能电网，发展低碳及分散的能源供应，尽可能地减少对国家电网的依赖，转而依赖伦敦当地的低碳能源——分布式能源，包括发展冷热电联供系统、小型可再生能源装置、废弃物能源等，减少因长距离输电导致的损耗	所有商业投资向低碳一体化过渡	①推出电动车充电站计划，构建电动车充电网络；②实施包括自行车出租、专用车道、专用停车位等在内的绿色出行计划，争取到2025年使5%的伦敦市民通过自行车完成出行	①提高住宅中的能源和水利用效率，提高公共部门和商业建筑的能源使用与供应效率；②对存量住宅，推行"绿色家居计划"，向伦敦市民提供家庭节能咨询服务，对社会住宅进行节能改造，给予顶楼与墙面绝缘改造补贴，要求新建建筑优先采用可再生能源；③对存量商业与公共建筑，推行绿色机构计划，进行绿色建筑标识评定；④对新开发项目，要求采用分布式能源供应系统，并强化对节能的要求，成为节能示范项目；⑤开展"建筑物能效提升计划"，在大伦敦政府的100幢建筑物中实施减排措施

城　市	能　源	产　业	交　通	建　筑
纽约	升级能源基地设施：替换效率低的能源厂；采用清洁型分布式发电系统；促进可循环利用的发电厂	—	①为居民、游客、上班族增加数百万客运能力来改善出行时间，历史上首次全面实现道路、地铁和铁路的"良好维修状态"；②扩建公交基础设施、改善现有基础设施服务，从而提高大运量公交的运载能力	①提高现有建筑的能效；②发展高能效建筑；③增加用电设备的效率；④促进城市建筑和能源法规的绿色化
东京	开发清洁能源，建立100万千瓦的太阳能发电设施	—	①促进生物柴油应用计划，针对市区范围内的公共汽车引入生物柴油；②发展轨道交通；③加速向低碳型汽车社会转变，推进市域内每5公里范围内必备一处电动汽车快速充电设施项目建设	①推广绿色建筑，对建筑物引入绿色标签制度，要求开发者在出售公寓时必须提供环保效益标识；②市政和公共服务部门必须使用绝缘性好、节能效率高的电器设备，增加绿化面积和利用可再生能源；③通过应用数字化先进技术将真实世界的资讯或内容与虚拟现实空间相互衔接；将建筑内的空调、照明、电源、监控、安全设施等子系统与互联网相联，通过传感技术和智能技术的应用，对电能控制和消耗进行动态、有效地配置和管理，从而大大减少了电能消耗；④低碳建筑的认证与评选
哥本哈根	大力推行风能和生物能发电，十分重视新能源的研发推广和提高能源使用效率	—	①倡导低碳出行，制定积极的自行车交通政策，建成了覆盖整个社区的自行车道路网络，自行车信号绿波保证连续的自行车交通流；②政府财政的大力支持；③坚持城市公交引导（TOD）紧凑开发与有机更新；④限制小汽车发展	电力供应大部分依靠零碳模式，推广节能建筑，对房屋保温层和门窗密封程度都有严格规定

续表

城 市	能 源	产 业	交 通	建 筑
香港	在 2030 年前逐步减少燃煤发电，并以天然气取代；根据现已成熟的商用技术，由政府带领，以更系统的方式引入可再生能源	—	扩展铁路网络及改善公共运输服务，将香港运输业的人均运输碳排放保持在低量水平	除了持续提升新建建筑的节能表现外，更会集中处理既有建筑及公共基础建设
深圳	优化能源结构，建设低碳清洁能源保障体系，加大节能降耗力度，提高能源利用效率	调整产业结构，构建以低碳排放为特征的产业体系	发展公共交通；推广新能源汽车；绿色港口计划等	新建绿色建筑；既有建筑节能改造；可再生能源建筑；住宅产业化、绿色施工与运营等

[第十八章]
深圳市未来低碳发展的制度框架

在绿色低碳发展规划评估工具的基础上，对深圳市进行了碳排放LM-DI分析-各部门（交通、建筑、产业）的LEAP碳排放预测-目标分解-碳达峰减排路径-政策体系框架，结合深圳市近些年政策的实施成效，参考借鉴国际先进城市发展经验，为深圳市绿色低碳发展方向提供依据，对深圳市未来的低碳发展方向提出了涵盖10大领域的54项政策建议，详见表18-1。

表 18-1　　　　　　　　深圳市绿色低碳发展政策建议

绿色低碳领域	序号	政策建议
完善既有法制保障，制定目标引领的低碳发展法规	1	制定综合性低碳法律法规
	2	以立法的形式分解落实碳排放峰值目标
	3	探索不同行政区域差异化的碳排放峰值目标方法
深化供给侧改革，培育绿色低碳增长新动能	1	构建正向激励绿色发展的制度体系
	2	促进重点领域的绿色转型
	3	推进新工业生产体系建设
突出区域发展特色，建立健全绿色低碳循环发展的经济体系	1	加快转型升级，构建工业循环体系
	2	推进绿色服务，构建服务业循环体系
	3	引导绿色消费，构建社会循环体系
	4	实施创新驱动，构建循环经济支撑体系

续表

绿色低碳领域	序号	政策建议
推动可再生能源规模化应用，构建清洁低碳、安全高效的能源体系	1	加快优化电源结构，增强电力供应保障能力
	2	珠三角、粤港澳湾区融合，协调发展"绿电"建设
	3	大力推动可再生能源规模化应用
	4	继续进行能源创新技术应用
	5	强化重点领域节能降耗
	6	完善燃气供应体系，促进天然气广泛应用
控制小汽车总量，发展以 TOD 为导向的低碳交通体系	1	合理规划城市交通布局
	2	大力发展无人驾驶
	3	加强交通能耗监测
	4	控制小汽车总量
	5	推广新能源汽车
	6	政策保障共享交通发展
	7	强化智能交通管理
	8	优化货运交通结构
	9	加快建设绿色港口
推动绿色建筑规模化发展，利用市场化机制推进既有建筑节能改造	1	促进绿色建筑规模化发展
	2	建立共享平台，鼓励建筑空间共享
	3	利用市场化推进公共建筑节能改造
	4	结合城市更新任务，提升建筑的使用年限
	5	推进物业节能降耗
	6	建立能耗监测与评估制度
	7	推进建筑废弃物综合利用
实施全领域碳交易市场，探索新模式下碳排放权交易体系	1	建立碳强度、碳总量双目标控制的弹性机制
	2	重新划定行业基准线
	3	提升碳市场透明度，增强社会监督力度
	4	逐步扩大碳交易品种和参与方
	5	加大政府支持力度，减轻企业负担
	6	扩大碳交易领域，鼓励全民参与

绿色低碳领域	序号	政策建议
加强多试点资金统筹，创新低碳投融资模式	1	本地奖励资金统筹管理
	2	支持绿色信贷创新发展
	3	鼓励资本市场支持绿色产业发展
	4	支持区域性碳金融市场发展
	5	健全企业信用信息共享机制
扩大低碳发展开放合作，积极推动低碳区域试点示范	1	加大开展中尺度低碳试点建设
	2	近零碳排放区示范工程建设
	3	大力宣传已建成低碳试点
	4	拓宽国际交流渠道，推进国家间务实合作
	5	继续办好深圳国际低碳城论坛
引导全社会参与，积极倡导绿色低碳的生活方式	1	建设智慧碳排放监管平台
	2	建立个人碳账户，鼓励低碳生活
	3	努力营造低碳生活环境，树立全民的低碳环保意识
	4	政府率先垂范绿色消费
	5	构建绿色消费市场
	6	提高绿色消费意识

一、完善既有法制保障，制定目标引领的低碳发展法规

深圳针对低碳领域发布了若干地方性法规，例如《深圳经济特区循环经济促进条例》、《深圳经济特区碳排放管理若干规定》等，但是现有法条设定相对原始和单一，缺乏促进低碳发展系统性、综合性的规范内容，难以满足目前低碳发展的整体形势和要求，因此要加快节能低碳领域的地方性法规修订完善工作，使之适应现阶段深圳低碳发展形势以及要求。

1.研究制定综合性低碳地方性法规。就深圳市目前的发展来看，虽然深圳市针对不同的领域颁布了大量低碳发展规划，但是与综合低碳相关的

地方性法规数量偏少，而且部分低碳发展相关内容已经难以适应当前需求，应结合国家及深圳市"十三五"的低碳发展要求纲领，对深圳市的低碳规划、各领域低碳发展、碳交易等政策以立法形式明确，进一步巩固和提高低碳发展政策的地位，提高相关地方性法规的科学性、可操作性，统筹全市低碳相关工作。

2.以立法的形式分解落实碳排放峰值目标。深圳市在修订和完善现有地方性法规的同时，还应抓紧研究提出为达到2022年碳排放峰值目标的分解落实机制，并以立法的形式加以确认，明确分地区、分部门的碳排放峰值目标及路径；要求部门碳减排基础较好的地区在"十三五"期间率先达峰，为碳排放值较高的区域预留一定的排放空间，并要求工业部门提高减排力度，为交通和居民生活腾出一定的排放空间。

3.探索不同行政区域差异化的碳排放峰值目标方法。在峰值目标分领域落实的同时，深圳市还要率先探索在不同行政区内实现差异化峰值目标的创新机制。区域发展的差异性为深圳市实现碳排放峰值目标添加了不确定性，应结合主体功能区的规划要求，通过碳排放峰值目标形成倒逼机制，利用市场手段引导经济发达地区有效降低二氧化碳排放控制成本，鼓励后发地区探索因地制宜的低碳发展之路。

二、深化供给侧改革，培育绿色低碳增长新动能

深圳市结合自身的发展，把握供给需求规律，创新供给管理理念，破解供给结构难题，坚定不移地打造"深圳质量"，在改革中创新、在创新中发展、在发展中突破，实现了有质量的稳定增长和可持续的全面发展，率先走出了一条创新驱动、质量引领的发展之路。

深圳牢固树立创新、协调、绿色、开放、共享五大发展理念，紧紧围绕"五位一体"总体布局和"四个全面"战略布局，坚持创新驱动打造发展新动能，主要措施包括：

1.构建正向激励绿色发展的制度体系。结合供给侧改革的需要建立一种提供绿色供给的激励机制，包括将低碳发展成效以及生态环境价值评估

纳入绿色经济核算体系。要全面开展环境成本核算，并应用于生态补偿制度安排和各项相关工作中。督促各区政府以正确的政绩观落实新发展理念，鼓励各区开展绿色低碳竞争，对低碳城市建设和生态环境质量改善明显的行政区给予正向奖励，特别是处于低碳发展新动能转换期间，要特别重视正向激励的作用。加快绿色财税制度改革，支持绿色低碳产业发展。

2.促进重点领域的绿色转型。大力推进工业、服务业等重点领域的绿色转型。在工业领域绿色转型方面，要特别重视制造业的绿色转型和绿色发展新动能转换，要着力避免一个误区，即不能忽略以制造业为代表的实体经济的绿色转型和发展，片面强调转向第三产业就是绿色转型，特别是过于强调第三产业中的信息化、金融业等虚拟经济。推动"互联网+"、机器人等新兴技术与制造业的结合，提高制造业的资源能源效率，降低污染排放，促进构建绿色制造体系。要充分认识绿色制造业仍然是绿色发展的基石。综合运用规制、税收、关税、出口限制等管理手段提高现有工业体系效率和全社会资源配置效率。在服务业方面，要发挥新兴服务业对可持续发展和绿色转型的推动作用。

3.推进新工业生产体系建设。以绿色高效技术替代传统落后技术，提高能源和资源利用率，降低生产与服务过程的能源与资源消耗，鼓励组织实施传统制造业专项技术改造，开展绿色低碳产业化示范，促进工业领域资源综合利用与信息产业、工业服务业和社会服务业深度融合。对传统高能耗的产业进行绿色化改造，坚决淘汰落后产能；推进先进制造业和战略性新兴产业的高起点、绿色化发展，特别是要实施绿色科技创新引领工程。

三、突出区域发展特色，建立健全绿色低碳循环发展的经济体系

根据深圳市经济社会发展现状和循环经济发展基础，合理规划布局，突出区域循环经济发展特色；切合实际，科学制定循环经济发展目标和任务，切实发挥循环经济促进经济转型升级的作用，有效破解能源资源环境难题，实现社会、经济、环境可持续发展。

1.加快转型升级，构建工业循环体系。在工业领域全面推行循环型生产方式，实施清洁生产，促进源头减量。鼓励产业集聚发展，实施园区循环化改造，实现能源梯级利用、水资源节约利用、废弃物循环利用、土地节约集约利用，促进产业结构优化调整、园区循环式发展、企业循环式生产，构建工业循环体系。

（1）推进工业绿色低碳化，持续增强优势传统产业自主创新能力，以先进制造技术、信息技术改造优势传统产业，鼓励传统产业转型升级，加速发展战略新兴产业，有序推进绿色未来产业，全面贯彻落实深圳市未来产业发展扶持政策，加大生命健康、航空航天、机器人、可穿戴设备和智能装备等未来产业培育发展力度，培育壮大蓝色经济，优先发展海水淡化、海洋电子信息、海洋生物等产业，打造全国海洋经济科学发展示范市。

（2）加快园区循环化改造，发展创新循环化改造模式，鼓励园区引进或培育专业化公司为园区废弃物管理提供"嵌入式"服务，采取合同能源管理方式推进园区及企业节能改造，创新环境服务模式，积极推进污水、垃圾处理等基础设施建设和运行的专业化、社会化，推动技术创新、管理模式和商业模式创新，发挥循环经济整体效益，同时打造园区循环化改造标杆，开展园区循环化改造示范试点，实现园区资源高效、循环利用，不断增强园区可持续发展能力。

（3）促进企业循环式生产，大力推进清洁生产，加大自愿清洁生产普及力度，鼓励企业开展自愿清洁生产审核。逐步适时扩大强制清洁生产审核企业范围，深化工业企业节能。提升工业用水效率，严格实行用水总量控制，实施计划用水与定额管理，开展重点工业行业企业水平衡测试和用水定额修编工作。

2.推进绿色服务，构建服务业循环体系。积极推进建筑、交通运输、餐饮酒店、旅游等服务主体绿色化，服务过程清洁化，配套设施建设低碳化，促进服务业与其他产业融合发展，加快构建服务业循环体系。

（1）推进餐饮酒店绿色化。实施严格用水管理，加强和规范餐饮、酒店等服务业用水管理，实施最严格水资源管理制度。加大推广使用节水器具力度，完善节水技术标准，加强宣传教育，强化服务业经营者和消费者节水意识，提高全行业用水效率；完善餐厨废弃物综合利用体系，加快推进餐厨废弃物无害化处理与资源化利用试点工作，进一步完善集餐厨废弃物收集、运输、处理及利用一体化的产业链。

（2）发展绿色生态旅游，推进景区绿色管理，结合深圳自然资源和地域人文特色，在旅游景区开发、经营和管理中全面引入绿色设计、节能管理、生态保护、绿色消费等理念，强化旅游资源保护性开发，最大限度降低对资源和环境的损耗，减少各类废弃物的产生，实现景区资源的高效和循环利用；完善景区绿色配套，推广使用节能环保产品，鼓励利用可再生能源，配套建设污水再生利用、雨水收集、垃圾无害化处理系统。

3.引导绿色消费，构建社会循环体系。以深化节水型社会建设、提升城市垃圾综合利用水平、倡导绿色消费等方面为重点，突出水资源和固体废弃物的循环利用，构建社会循环体系。

（1）持续深化节水型社会建设，挖掘全社会节水潜力。树立节约集约循环利用的资源观，实行最严格的水资源管理制度，加强水资源开发利用控制红线管理，继续深化阶梯水价改革。提高水资源循环利用效率，加大污水深度处理再生利用，结合污水处理厂提标改造，使污水处理厂尾水达到各主要河流生态补水的水质水量要求。

（2）提升废弃物综合利用水平，推进生活垃圾分类减量，以政府主导、部门协同、辖区负责、社会参与的方式，全面推动深圳市生活垃圾分类减量工作；扩大垃圾资源化规模，按照国际先进标准新建扩建垃圾焚烧等基础设施，加快建成东部环保电厂、老虎坑垃圾焚烧发电厂三期工程、妈湾城市能源生态园等垃圾焚烧厂；推进电子废弃物资源化，全面推进废旧手机、废旧电池、废旧家电等废旧电子产品的回收体系建设及其再生资源利用产业化，规范废弃电子产品回收处理行为，逐步建立"龙头企业主导+个体回收+回收基地+信息管理"废旧电子产品回收和综合利用网络；强化建筑废弃物安全处置，加强建筑工地、余泥渣土运输车辆和受纳场全过程管理，加大建筑垃圾受纳场选址、建设、运输等环节监管力度，建立全市房屋拆除工程信息共享；加强危险废弃物处置，加强重点监管企业的危险废弃物管理，对危险废弃物从产生、收集、贮存、转移、处置进行全过程的监督管理。

4.实施创新驱动，构建循环经济支撑体系。以循环经济技术创新、能力建设为重点，不断加大科研投入，增强自主创新能力，加强人才队伍建设，积极构建循环经济支撑体系，促进深圳市循环经济健康发展。

（1）加大循环经济技术创新，增强自主创新能力，引进或创建与循环经济相关的国家重点实验室、工程实验室，提升深圳市循环经济研究水平；实施标准化战略，大力开展循环经济与节能减排领域的标准化建设，实施循环经济标准创新工程；促进技术交流与合作，以循环经济技术交流合作为重点，引进和借鉴发达国家的先进技术和经验，在应对气候变化、加强生态环境保护、推进节能环保产业发展等方面，加强技术交流。

（2）加快循环经济能力建设，健全循环经济统计核算体系，将深圳市循环经济重点指标纳入政府统计指标体系，扩大统计调查范围；实行循环经济重点企业统计数据报告制度，规范数据来源和核算方法；加强人才队伍建设，加强循环经济相关人才培养和队伍建设，建立和完善人才培养激励机制和技能认定机制，逐步建立一支人员稳定、结构合理、经验丰富的循环经济人才队伍。

四、推动可再生能源规模化应用，构建清洁低碳、安全高效的能源体系

能源结构优化是指在一定的资源和技术经济条件下使各种能源占能源总量的比例趋于合理，以达到提高能源开发利用整体效益的目的。深圳市应积极推进能源生产和消费革命，构建安全可靠、经济高效、清洁低碳的能源供应消费体系，加快转变经济发展方式，实现有质量的稳定增长、可持续的全面发展，勇当"四个全面"排头兵，建设现代化国际化创新型城市。深圳市要更好更快地发展绿色低碳经济，就必须优化低碳能源结构和提高其使用效率，推动能源多元化发展，加快可再生能源和新能源对常规化石能源的替代。

1.加快优化能源结构，增强电力供应保障能力。按照"依托南网、本地支撑、深港互联、适度超前、可靠高效、环境友好"的方针，扩大引进利用滇西北水电、粤东电等市外电源，加强市内天然气发电、抽水蓄能电站等清洁电源和调峰电源建设，因地制宜发展可再生能源、电池储能、天然气热电冷联供等分布式电源，推进煤电升级改造，形成"多元、可靠、高效、清洁"的电源结构，增强电力供应保障和调峰能力。

2.珠三角、粤港澳湾区融合，协调发展"绿电"建设。积极推动新建外来电通道，特别是外调可再生能源生产的"绿电"，将成为珠三角、粤港澳湾区协同发展的重要举措。深圳市在能源低碳政策的制定和实施过程中应当在持续实施当前的节能改造与节能管理政策的基础上，逐步将当前以能源结构调整政策为主转变为鼓励新能源和可再生能源发展的政策方向，特别针对外调"绿电"等当前缺乏政策保障的措施制定促进政策。同时，在粤港澳湾区一体化框架下制定实施"绿电"交易政策，逐步提高绿电比例。

3.大力推动可再生能源规模化应用。制定妈湾电厂退役时间表，调整深圳市能源结构，优先使用南方电网的清洁电力，大力发展太阳能、生物质能等可再生能源，特别是扩大增加可再生能源在建筑领域的应用；与绿色建筑相结合，利用通风廊道、喷雾降温等创新方法应对城市热岛效应。

4.继续进行能源创新技术应用。依托深圳市良好的综合创新环境和完备的产业配套能力，加强新能源汽车、储能、智能电网、核电、太阳能、风能等新能源核心技术研发和产业化，推进光明太阳能产业集聚区、南山智能电网产业集聚区、坪山新能源汽车产业基地、龙岗核电产业基地等建设，成为国内新能源产业重要的集聚区和创新基地。在合适项目中应用分布式能源、智能微网等技术，新建燃气发电、分布式光伏发电，提高现有燃气发电利用小时数，创新垃圾发电；冷热电三联产技术，如以深圳国际低碳城启动区为示范，推动建设以天然气为主体、太阳能和风能为补充的分布式能源系统，配套建设沼气制备中心、热电冷管网和智能电网，为园区1平方公里提供热电冷三联供形式的能源供应，提高区域能源利用效率，实现能源就地供应和消纳。

5.强化重点领域节能降耗。着力推进工业、建筑、交通、公共机构等重点领域节能减排管理，加大先进适用的节能技术改造力度，提高能效水平。深化和加强建筑、交通、工业、商业、公共机构等重点领域的节能管理，健全行业节能标准体系和配套政策；加强能源需求侧管理，研究采取相关价格、技术、法规等方面的措施，鼓励用户调整优化用能结构和方式；支持节能服务体系发展，加快推进合同能源管理、能效标识管理和节能产品认证管理；严格实行固定资产投资节能审查制度，研究建立用能指标审核制度；加强节能技术创新和宣传，促进先进节能技术和产品的推广应用。

6.完善燃气供应体系，促进天然气广泛应用。按照"多气源、一张网、互连互通、功能互补"的总体目标，多渠道落实天然气气源供应，做好天然气供需平衡和新气源衔接；建设完善城市天然气输配管网，优化高压、次高压管网布局，提高中压管网覆盖水平，加快推进老旧住宅区和城中村管道燃气改造，推进天然气利用，提高供气优质服务水平。完善城市燃气高压管道、次高压管道以及中压市政管道等基础设施建设，提高天然气接收能力。

五、控制小汽车总量，发展以TOD为导向的低碳交通体系

深圳市的交通碳排放中小汽车的碳排放占交通碳排放的比重最大，为33%；其次是航空运输和货车，分别为24%和21%，交通领域要实现节能减碳，应重点关注这些领域的减碳工作。

1.合理规划城市交通布局。加强城市低碳交通发展规划，推广道路设计与城市海绵建设模式相结合，以公交走廊作为城市的发展轴，使人口居住和就业沿公交走廊向两侧集聚，构建最佳"居住地+公交走廊+就业地"出行组合。积极发展大运量、集约化的交通运输方式，继续深化一体化公交都市建设思路，构建以轨道交通为骨架、常规交通为网络、出租车为补充、慢行交通为延伸的一体化公共交通体系。

2.大力发展无人驾驶。完善现有交通法规，支持无人驾驶，并制定无

人驾驶汽车研究、测试等相应的规定，如上路测试的许可、要求、必要的保护措施等，以及安装相应的监测设备，用于记录测试过程中的操作数据，并提出针对无人驾驶汽车的保险政策等。

3.加强交通能耗监测。通过交通领域碳排放权交易等市场手段，有效减少交通运输碳排放。完善交通运输能耗统计监测和污染物排放统计监测制度，打造能耗和污染物排放统计监测平台，建立标准统一的行业能耗及污染物排放统计数据库，逐步提高交通运输的自动化和信息化管理水平。

4.控制小汽车总量。将交通碳排放问题与城市交通拥堵问题共同治理，继续通过限牌、管控车辆出行时间等控制私家车增长规模，并逐步减少牌照发放。提高停车收费，制定并实施汽车尾号限行政策措施，中心城区对外干道实施HOT收费，鼓励"绿色出行"和自愿停驶，核心城区内推广"机动车低排放区"。

5.推广新能源汽车。继续发挥公交行业新能源汽车应用的示范引领作用，加快推进公共交通领域新能源汽车应用。完善新能源汽车相关配套基础设施建设，将充电设施纳入城市规划和建筑设计标准规范，加快充电站、充电桩等配套基础设施建设，完善新能源汽车推广相关配套政策，全面推进新能源汽车普及。制定燃油出租车退役时间表，引导居民购买使用新能源汽车，强制淘汰污染严重的车辆，深圳市区限制燃油火车通行，混合动力货车替代燃油货车，货车油改气等。

6.政策保障共享交通发展。加强行业监管，完善共享交通在运行机制、监管方式、政策引导、法律规制、风险防控、安全保障等方面的规章制度，营造开放包容的监管环境，切实保障共享交通行业内竞争的公平性和维护共享交通企业的合法权益；建立健全共享交通保障体系，交通主管部门应根据共享交通行业属性和发展现状，有针对性地提供完善的社会保障及配套措施，以保证其健康、持续发展；完善共享交通信用体系，在当前信用体制缺失的背景下，共享交通应着力推进信任文化体系建设，加快打造品牌和培育信誉。

7.强化智能交通管理。建设具有国际水平的交通信息化管理系统，扩大智能交通系统应用领域和范围，提高智能交通系统管理和服务水平。通过设施供给、经济杠杆、行政管理、信息化手段和宣传倡导等综合手段，合理配置交通运输资源，优化城市交通方式结构，缓解深圳市道路交通压力，减少交通能耗和污染。

8.优化货运交通结构。加强子部门联合，实现结构性减排的集约效应。要做到这一点，就要打破公路、铁路、水路和航空这些子部门之间的信息障碍，着重实现不同子部门之间的运力协调。在货运方面，由高单耗的道路货运、航空货运逐渐向低单耗的铁路运输和水路运输转移；在客运方面，大力发展高速铁路和城际快轨，转移航空客运需求量的急剧上涨，从而实现深圳市交通部门的整体优化和节能。

9.加快建设绿色港口。强制靠港船舶使用岸电或转用低硫燃油。深圳市所有集装箱泊位、客滚和游轮专业化泊位具备向船舶供应岸电能力，集装箱船舶靠港期间岸电使用比例不低于15%。推动在珠三角海域设立船舶排放控制区，进入控制区的船舶强制转用低硫燃油。新增港作船全面使用LNG燃料，柴油港作船探索加装烟气洗涤器或颗粒物捕集器。港口码头内拖车全部完成油改气、油改电。

六、推动绿色建筑规模化发展，利用市场化机制推进既有建筑节能改造

"十二五"期间，深圳市建筑产业规模稳步扩大，民用建筑能耗持续增长。截至2015年年底，全市新建节能建筑累计超过1.1亿平方米，全市民用建筑用电量约占全市会总用电量的40%。由于建筑领域的碳排放量随着经济发展以及人民的生活水平提高呈现一个刚性增长的趋势，因此要在深圳市绿色建筑大力发展的基础上，进一步抑制建筑的碳排放量的增长速度。

1.促进绿色建筑规模化发展。严格执行《深圳市绿色建筑促进办法》等法规规章，新建民用建筑100%执行绿色建筑标准，在条件允许的地区提高高星级绿色建筑比例。积极引导绿色生态园区和城区建设，促进绿色建筑规模化、区域化发展。推动大型公共建筑节能改造和强化用能管理，

提高用能效率和管理水平。进一步挖掘建筑节能潜力，探索推进超低能耗、零能耗和正能效建筑试点示范。实行绿色规划、设计、施工标准，推广绿色建材和装配式建筑，加快推进建筑工业化，促进绿色建筑和工业化建筑规模化发展。

2.建立共享平台，鼓励建筑空间共享。鼓励公共建筑对使用率较低的空间、非私密空间进行共享，如会议室、运动场、休息空间、停车场等，研究建立信息共享平台，将深圳市的资源整合，除了空间共享可收取一定的费用外，深圳市政府还应出台相应的奖励政策，对这些企业、建筑结合共享使用情况进一步进行资金激励。

3.利用市场化推进公共建筑节能改造。以大型公共建筑为重点，推进空调、通风、照明、热水等用能系统的节能改造工作，提高用能效率和管理水平。积极探索市场化机制研究，加强政府把控，完善现有合同能源管理以及PPP模式在既有建筑节能改造中应用的弊端；加速推广新能源微电网示范工程项目，加快推进太阳能光伏发电、自然光导照明系统在公共建筑上的应用。积极开展建筑信息模型（BIM）技术推广应用，利用信息技术和数字模型对建设工程项目进行设计、施工、运营，实现建筑全生命期的信息管理。鼓励建筑业主在进行节能改造的同时，进行安全性、舒适性、信息化等综合性改造。

4.结合城市更新任务，提升建筑的使用年限。对使用年限达到30年及以上的建筑，进行系统诊断，对于安全性、使用功能没有较大问题的建筑，应采取相应的改造措施，延长建筑的使用年限；深圳市应出台相应的房屋安全评估技术标准及规定，综合考虑安全性、经济性以及实用性等，对达到一定年限且还有使用价值的建筑进行强制性改造，同时出台相应的资金支持政策。

5.推进物业节能降耗。深入开展智慧城区和智慧社区建设，全面推行绿色物业管理。在建筑建造和管理使用全生命期融入绿色建筑、可持续发展理念，大力推广智能小区、楼宇智能化、空调、照明、供水等方面的技术、产品和商业运营模式，淘汰落后技术和设备，从物业管理的各个系统实现整体节能。

6.建立能耗监测与评估制度。进一步完善公共机构能耗监测平台建设，实行能耗动态监测。扩大公共建筑能耗监测平台覆盖面，将公共机构重点能耗企业、大型民用建筑等纳入能耗监测平台，定期统计、分析能耗数据。大力培育第三方中介评价机构，建立公正、公平、客观的评价机制，建立能效评估制度。

7.推进建筑废弃物综合利用。实施建筑废弃物源头减量化，在土地出让环节科学安排土地开发及建筑物拆除所产生的建筑垃圾，推广建筑废弃物减量技术，有效减少建筑废弃物产生量。开展建筑废弃物用于建筑工业化部品部件生产和市政道路工程路基垫层等领域的研发工作，建立深圳市建筑废弃物综合利用技术规范和资源化产品标准。鼓励建筑废弃物现场分类处置，提高建筑废弃物现场处理和资源化利用规模，加快推进建筑废弃物综合利用项目建设，形成建筑废弃物多元化处理模式。

七、实施全领域碳交易市场，探索新模式下碳排放权交易体系

碳交易制度是一项复杂的经济体系，国外碳市场从酝酿到出台要经历数年的规划，我国碳交易试点从2011年开始部署，2012年开展工作，2013年启动市场进行试点，到2017年全国碳市场正式全面启动，发展速度较快，目前深圳在碳交易方面主要侧重于学习欧盟、美国等市场化比较成熟国家的经验，在实施过程中，在碳排放总量控制体系、行业分类及行业基准线、碳市场流动性以及透明度方面都还存在提升的空间。企业中对碳交易制度的认可度一般，接受相应的政策还需要一定的时间，碳交易在机制的合理性以及全面性上还有很长的路要走，因此未来深圳市碳交易发展方向主要包括：

1.建立碳强度、碳总量双目标控制的弹性机制。深圳每年的实际碳配额按照"碳强度×工业增加值"的结果进行分配，当碳强度确定后，工业增加值的大小就决定了配额的高低。因此，建议主管部门在下一履约期建立碳强度、碳总量双目标控制的弹性机制，根据《"十三五"控制温室气体排放工作方案》的要求，结合新形势和新要求，将碳排放总量控制目标

作为约束性指标纳入"十三五"国民经济和社会发展规划中，加快建立碳排放总量控制制度。具体来说，主管部门在配额分配决策之前，应对各纳管行业、企业的生产、经营以及排放数据进行深入分析，根据当年的实际情况和对未来的理性预测，制定合理的总量和强度双目标。每期履约时，对企业总量和强度目标进行双重考核，只有总量和强度都下降的企业才被视为履约成功。

2.重新划定行业基准线。正确的行业分类是碳交易平稳健康运行的关键。由于某些企业所属的行业难以从产品表面判断且产品不唯一，加大了对行业归类的难度，这势必影响后续配额的分配，应当在原有模式的基础上，结合行业具体技术工艺、能源消耗水平和碳强度等情况进行分类调整和细化，保证碳强度目标设定的行业内部一致性和公平性。从企业的角度来看，应该具体情况具体分析，对主营业务的总量、公司营业结构等变动的企业进行跟踪，设定企业规模和结构变动的临界判断体系，在变动超过相应临界值时，对企业所属行业、行业中所属组别进行动态调整，从而保证碳强度目标设定的公平性。

3.提升碳市场透明度，增强社会监督力度。目前碳交易市场透明性较差，主要是因为政策制定者在具体方案的设计和执行方面经验不足，相关方案或信息的发布效率偏低。另外，政府基于保密性的原因不愿意将相关数据公布，导致一些企业对碳配额的基础数据和计算方式产生质疑，建议应当在保护纳管企业商业机密的前提下，尽可能地实现行政公开。政府应在企业培训的过程中，重点强调碳强度目标的计算方式，让企业知其所以然。另外，鼓励纳管企业间交流，可考虑建立行业内或组内数据公开制度，在一个组内或者行业内，若所有企业均同意披露自身增加值和排放强度信息，则可在纳管行业内部公开相关数据和计算流程，打消企业疑虑。未来碳交易主管部门应该对企业积极辅导，让企业对相关政策充分认知，确保企业的知情权，以激发企业在碳交易中的积极性和活跃度，及时披露市场和制度等信息，建立相应的问题诉讼流程和机制，安排专人或专门时间处理企业的诉讼请求。

4.逐步扩大碳交易品种和参与方。在提升市场流动性方面，深圳市碳交易市场存在交易方式较少、成交规模小与流动性差的特征，主管部门应当逐步扩大碳交易的品种和参与方，以提升市场的流动性。应积极开发设计新的碳金融产品，并为相关产品的上报审批提供全力支持；大力宣传碳交易体系，吸引机构和个人投资者进入碳市场投资；积极与国际和国内其他试点接轨，在条件允许的情况下，可考虑与国内其他试点甚至国际碳市场配额建立兑付制度，形成扩大的碳交易市场。

5.加大政府支持力度，减轻企业负担。碳交易增加的企业成本主要是购买碳配额的成本和企业内不采取节能减排措施的成本。这些成本会削弱企业参加碳交易的积极性，对企业运营造成压力。深圳政府应在考虑公平性原则的同时，对因碳交易承受较大亏损影响竞争力的企业制定扶持规则，对积极参与碳交易并进行节能改造的企业进行一定资金的补助或奖励。碳交易的最终目标是节能减排，政府部门对积极采取节能减排的企业给予资助，既符合碳交易相关政策，又可以有效减少企业对于目前碳强度核定等方面的强烈反应。

6.扩大碳交易领域，鼓励全民参与。目前深圳市进行碳交易的主要是工业企业，建筑领域仅制定相应的配额计算方法，但并没有上线交易，在未来深圳市的碳交易市场发展中，应该进行全领域的碳交易的框架搭建，建立建筑、交通等领域的碳配额制定方法以及实施细则，并鼓励公众积极参与到碳交易市场中来，建立个人碳账户。

八、加强多试点资金统筹，创新低碳投融资模式

城市的低碳发展离不开绿色金融体系的支持。通过政策创新和金融产品创新，城市绿色金融发展体系逐渐得到了发展和完善，为交通、建筑和能源等行业的绿色低碳化提供了更加便利和较低成本的融资渠道。发挥政府与市场的协同作用，创造支持绿色金融发展的制度环境和配套服务系统，建立促进绿色金融发展的激励约束机制。从目前的实际情况来看，深圳市低碳发展资金主要来源于国家财政拨款和地方政府的财政支持，来源较为单一，缺乏市场资金。因此，深圳市在未来应探索多试点奖励资金统

筹协调，并积极发展绿色金融，创新投融资模式。

1.本地奖励资金统筹管理。深圳市除了国家财政支持以外，本地还在多个领域有财政支持政策，例如，《深圳市循环经济与节能减排专项资金》《深圳市节能环保产业发展专项资金》《深圳市新能源产业发展专项资金》《深圳市建筑节能发展资金》等，未来可结合深圳市实际发展需要，将这些奖励资金统筹管理，对于某些领域使用不完的资金用来支持城市的低碳发展建设工作。

2.支持绿色信贷创新发展。鼓励绿色信贷产品、服务创新。鼓励银行业金融机构积极开展绿色信贷业务，开发绿色信贷管理系统，开辟绿色信贷快速审批通道，配套绿色信贷专项规模，探索碳排放权、排污权、节能量（用能权）质押融资贷款，持续创新信用贷款和其他非抵押类信贷产品。完善绿色低碳信贷增信机制；引导融资性担保机构加大对深圳市中小微企业绿色信贷的担保力度，将中小微企业绿色信贷纳入深圳市融资担保风险补偿和担保保费资助范围。适当扩大再担保支持范围，对将绿色低碳产业项目贷款纳入深圳市再担保体系给予支持。

3.鼓励资本市场支持绿色产业发展。支持节能低碳环保企业上市融资和再融资。加大节能低碳环保企业上市培育力度，重点支持一批市场前景好、综合效益高、核心竞争力强的企业在多层次资本市场上市或挂牌，并对相关企业给予财政补贴；推动低碳资产证券化，鼓励银行业金融机构积极开展绿色低碳信贷资产证券化业务，支持低碳产业中优质的、具有稳定现金流的存量资产开展证券化业务，鼓励绿色产业PPP项目资产证券化创新业务；同时，设立低碳产业投资基金，在现行市政府投资引导基金政策框架下设立低碳产业投资基金，发挥财政资金的引导、放大效应，吸引有实力的机构投资者和社会资本向环保、节能、清洁能源、绿色交通和绿色建筑等领域的企业、项目进行投资。

4.支持区域性碳金融市场发展。创新碳金融产品与服务，支持金融机构发行碳基金、碳债券等投融资产品，开展碳租赁、碳资产证券化等创新业务，探索碳指数开发及应用。将创新能力强、示范性好的创新型碳金融产品纳入"金融创新奖"申报范围；鼓励辖内金融机构开展各类基于碳排放权资产的抵质押、回购业务，对碳排放权融资项目进行贴息鼓励；完善碳金融增信担保机制，支持深圳市碳市场增信担保方式创新，支持社会资本发起设立专业化碳市场融资担保机构。

5.健全企业信用信息共享机制。探索建立低碳产业项目库，畅通低碳产业项目信息共享机制。研究设立绿色金融信息共享平台，金融行业监管部门与产业主管部门加强企业低碳环保信息监测，将企业环境违法违规、安全生产、节能减排等信息纳入政务信息资源共享平台等地方信用信息共享平台和金融信用信息数据库；通过企业环境信息的共享和建立守信联合激励与失信联合惩戒机制，为金融机构的贷款和投资决策提供依据，加强企业低碳绩效行为评估和信息披露并与信贷挂钩等。

九、扩大低碳发展开放合作，积极推动低碳区域试点示范

深圳市作为国家首批低碳试点城市，积极贯彻落实试点工作的要求，充分发挥经济特区改革创新、先行先试的优势，采取了一系列较为有效的政策措施，形成具有深圳特色的低碳发展模式，取得了较好成效。未来在深圳市低碳发展方向上，应在低碳城市的试点基础上进一步，积极开展其他领域的低碳示范，并加强与国外低碳发展先进城市开放合作。

1.加大开展中尺度低碳试点建设。积极开展低碳政府机关、低碳企业、低碳城区、低碳园区和低碳社区等试点示范项目建设，突出特色、综合示范。尤其是在低碳社区建设（与居民生活息息相关）、低碳生活方式和低碳文化培育方面，要鼓励社区居民在衣、食、住、用、行等各方面践行低碳理念。推行低碳化运行管理，建立社区能源资源数据采集平台和碳排放信息系统，推行低碳管理服务新模式。

2.近零碳排放区示范工程建设。结合国家"十三五"规划纲要的要求，深化各类低碳试点，实施近零碳排放区示范工程建设。例如，依托中美低碳建筑与社区创新实验中心等项目，打造国际领先的低碳技术集成和综合应用示范基地。争取实现部分或全部社区零碳排放。对各种新技术和产品进行长期跟踪和测试，探索夏热冬冷区域适宜的低碳建筑解决方案，

为规模化推广和机制标准研究提供支撑。

3.大力宣传已建成低碳试点。着重向市民推荐深圳国际低碳城、光明新区凤凰城的低碳城区，开展论坛、讲座、展览等各种活动，吸引公众游览参观，提升低碳城区影响力。

4.拓宽国际交流渠道，推进国家间务实合作。以加入C40城市气候领导联盟为契机，不断提升深圳的国际影响力和资源集聚能力。同时，与"一带一路"沿线国家、南南国家在低碳城市等领域进一步深化合作，加强对珠三角区域辐射带动。按照《珠三角城市群绿色低碳发展深圳宣言》确定的方向，加快示范输出低碳城规划建设的经验，以深圳国际低碳城为核心，联合莞惠边界区域共同开展低碳发展一体化行动，分领域、分步骤开展边界区域的低碳发展合作。

5.继续办好深圳国际低碳城论坛。每年举办一届"深圳国际低碳城论坛"，从低碳规划、能源、交通、建筑以及低碳生活等多方面，交流低碳发展趋势、研讨低碳产业方向、推介低碳技术成果，逐步成为展示我国应对气候变化行动、促进低碳发展国际合作的重要载体和政府、企业、智库共商应对气候变化治理能力和可持续发展问题的对话平台。

十、引导全社会参与，积极倡导绿色低碳的生活方式

习近平总书记在中共中央政治局第四十一次集体学习上强调"建设绿色家园是人类的共同梦想；建设美丽中国更是实现中华民族伟大复兴中国梦的重要内容"。生态文明建设同每个人息息相关，每个人都应该做践行者、推动者，要把推动形成绿色发展方式和生活方式摆在更加突出的位置。深圳市政府应以身作则，积极倡导市民采取绿色低碳的生活方式，实现生活方式和消费模式向勤俭节约、绿色低碳、文明健康的方向转变，力戒奢侈浪费和不合理消费，引导人们自觉在生活细节上体现绿色生态的理念。

1.建设智慧碳排放监管平台。构建以碳监测为特征的多领域、多层级智慧化碳排放管理体系，可以包括城市、城区、园区、社区等层面，对交

通、工业、建筑等领域的能源资源消耗、碳排放进行实时监测和动态管理，为深圳市提供智慧化的碳排放管理服务，同时平台考虑多用户的需求，面向公众开放，定期向社会披露深圳市各区的碳排放情况，鼓励公众参与到城市碳排放管理中来，并推送相关低碳生活的知识，鼓励公众进行低碳生活。

2.建立个人碳账户，鼓励低碳生活。为市民建立个人碳账户，鼓励市民从自己做起、从身边的小事做起，倡导绿色低碳生活方式，养成绿色生活的日常行为习惯。使用再生材料产品，支持垃圾分类和可再利用资源回收，绿色出行，餐后打包剩余食物，尽量少用一次性物品，拒绝过分包装等。

3.努力营造低碳生活环境，树立全民的低碳环保意识。深圳市应积极响应"全国低碳日"的号召，结合"全国低碳日"加大低碳知识宣传和舆论引导力度，开展低碳行为进社区、校区、园区和试点示范活动，加强对居民低碳文明主流价值观的普及，提升居民适度消费和可持续消费的意识。培养低碳生活习惯，出台低碳生活指南，履行低碳环保责任。选取2~3个重点社区试点开展垃圾分类管理，鼓励全民参与，共同将深圳打造成为低碳城市；并举办低碳主题系列展览、科普活动，介绍应对气候变化相关知识，展示国家重点推广的低碳技术，宣传近年来深圳市和国内其他低碳试点城市的绿色低碳发展成果。同时，邀请国内外著名低碳类企业参展，提供合作交流平台，促进深圳市绿色低碳产业发展。开展地球日、无车日、节水行动、减塑行动、熄灯一小时等低碳活动。开展低碳行为进社区活动，加大对社区居民低碳理念的宣传和引导，提高居民进行垃圾分类的自觉性，培养居民适度消费和可持续消费的意识，引导和培育居民的低碳消费观。

4.政府率先垂范绿色消费。政府部门要在节能、节水、节材、节油等方面率先垂范，制定切实可行的绿色办公相关标准和目标，深入推广电子政务，推行无纸化办公，建立办公用品废弃物分类回收体系，建设节约型政府。严格执行强制或优先采购节能环保产品制度，发挥政府绿色采购目录导向作用，提高再生产品和再制造产品的政府采购比重，引导深圳市绿色消费行为。

5.构建绿色消费市场。严格绿色准入门槛，大力推行能效标识、节能产品认证和环境标志产品认证等绿色产品认证制度。引导企业打造绿色供应链，主动承担环境保护的社会责任，自觉实施和强化绿色采购。鼓励市民采购节能绿色低碳产品和通过环境标志认证的产品，引导居民节约消费、适度消费，鼓励简易装修，减少一次性用品的消费。全面落实生产者责任延伸制度，探索大型超市和商场建立销售者责任制，鼓励市民绿色消费，逐步形成政府引导，生产者、销售者、消费者共同参与的绿色消费市场体系。

6.提高绿色消费意识。充分发挥宣传导向作用，加强公益广告传播，发挥微博、微信等新媒体传播优势，加大绿色消费理念宣传力度，重点开展全国节能宣传周、低碳日、地球日等宣传活动。积极开展绿色消费教育，鼓励中小学校创新开展各种形式的专题教育活动，普及绿色消费知识，树立绿色循环消费理念。强化公众绿色消费意识，培养绿色循环消费习惯，推动全社会逐步形成绿色生活方式。

↘ 后　记

本书研究成果得到全球环境基金项目"通过国际合作促进中国清洁绿色低碳城市发展项目"（赠款号：TF0A0276）中的"典型城市（深圳）的挑战、政策工具和制度框架"（合同编号：PSC-6）、中德政府间合作项目"城市能源体系及碳排放综合研究关键技术与示范"（项目号：2017YFE0101700）、深圳市战略性新兴产业和未来产业发展专项资金项目"应对气候变化与低碳经济学科建设项目"的资助。

本书是对深圳市"十一五""十二五"期间绿色低碳工作与成效的集中展示，在此基础上，形成了深圳绿色低碳发展的模式、路径、挑战及未来低碳发展制度框架，为我国其他可持续及低碳试点城市提供参考借鉴。作为探索性、阶段性成果，欢迎可持续低碳城市研究和实践领域的读者朋友们提出宝贵意见。

本书在撰写过程中得到了下述单位的大力支持，在此一并谨致谢忱（排名不分先后）：

统筹单位：深圳市建筑科学研究院股份有限公司、哈尔滨工业大学（深圳）经管学院、北京大学深圳研究生院、深圳市城市发展研究中心。

参与单位：深圳市发展和改革委员会、深圳排放权交易所、深圳市住房和建设局、深圳市经济贸易和信息化委员会、深圳市人居环境委员会、深圳市光明新区住房和建设局、深圳市绿色低碳发展基金会、深圳市绿色建筑协会、"通过国际合作促进中国清洁绿色低碳城市发展项目"项目管理办公室等。

由于时间关系及自身水平有限，本书有诸多局限性和缺失之处，敬请读者和专家赐教。

著　者

2019 年 5 月